学术搜索
从入门到精通

郭劲赤 / 著

上海社会科学院出版社
SHANGHAI ACADEMY OF SOCIAL SCIENCES PRESS

序言

FOREWORD

人的一生都需要学习，学习伴随人的整个生活阶段并影响人一生的发展。学习没有捷径，但有方法和技巧。

人的基本能力有 3R：阅读（**r**eading）、写作（w**r**iting）、计算（a**r**ithmetic），但有学者觉得还不够，应该加上第 4 个 R，即参考（**r**eference），指的就是学习的方法和技巧。掌握了学习的方法和技巧，就等于掌握了人的一生学习和研究的一把钥匙。

参考（reference）强调的不只是获取知识的能力，而且是分析综合的能力和提炼归纳的能力。在现代社会，光掌握获取和吸收信息的能力是不够的，还需要有效地分析信息，利用信息，并在创造和创意过程中活用信息。比如写一篇论文，做一个课题，一般分三步：收集信息，分析研究，然后归纳提炼获得新的发现，这整个过程需要有一种参考能力，用现代的专业术语来说，就是信息素养（information literacy）。

郭劲赤老师的这本《学术搜索：从入门到精通》，就是如何掌握学习的方法和技巧的信息素养指南。本书共分为四篇十五章，包括了纸本资源导览、学术搜索引擎、电子资源导览、中外文期刊数据库、学位论文数据库、图书数据库、学位论文开题的文献调研、引文数据库、统计数据库、移动图书馆和数据库 App 等各方面的内容，由浅入深，从入门篇到精通篇，几乎包含了一个学生学习和研究中需要的所有与获取和分析信息有关的知识。不仅如此，本书还特别加上学术规范篇，将写论文和做课题所需的学术道德规范、引用与发表规范，以及查重与检测方式包含在内。本书不仅是最基本、最常用的参考工具书，而且正像作者所说的那样，是做学问的"通关秘籍"。

作者长期从事信息素养教育工作，不仅拥有多年课堂教学的经验，而且在图书馆指导学生实习的过程中积累了许多实际操作的事例。这些丰富的课堂教学和现场实习的实践经验使得本书更具有创新性和实用性。所谓创新性是指，它不像一般信息素养课程那样，只讲基本知识和概念，不考虑读者怎样理解和消化，而是从问题出发，以读者可理解的方式，将信息素养的知识和技能蕴含于全书之中；所谓实用性，主要体现在本书类目编排和写作方式上，从内容编辑到具体操作，都从读者可操作出发，将实际应用放在重要位置上。这就是本书的创新和独到之处，不是为传授而传授，从课堂到课堂，而是从读者可理解、可操作出发，将学习与应用结合起来，将学校学习和走向社会终身学习结合起来，更重要的是，把信息素养教育变成一个更实用、更有趣的教学实践活动。相信读者通过掌握有效的参考能力，能在今后工作、生活和研究中有效地应对各种复杂的环境和问题。

学校开展信息素养教育最基本的目的，是让读者在学校学习时就培养一种利用图书馆的好习惯，并将图书馆看作是人生旅途中的终身伴侣。

是为序。

中国图书馆学会学术研究委员会名誉主任　吴建中教授

2022 年 9 月 4 日

前言

PREFACE

学术搜索能力，对于每一位需要撰写论文、从事科研的“学术人”来说，都是很重要的。在开题或论文撰写之前，高效的学术搜索能力有助于你确定选题的价值；在开题后或论文撰写过程中，它有助于你全面、准确搜集资料；论文撰写完成后，它则有助于你掌握引用规范、写作规范，提升论文质量，让你的论文变得更专业、更规范。

我在华东师范大学图书馆担任本校研究生的“数字信息资源检索”与“文献调研的策略与方法”课程的教学工作多年，每学期解答学生和院系老师的各种检索提问，积累了大量的检索案例，也从中发现很多有意思的实例，这促使我写了这本有趣的、实用的检索书，让你掌握在信息海洋中遨游的本领，即如何快速准确地大海捞针、获取信息。

希望读者通过本书的系统学习，学会合理合法地获取学术资源，在逐步掌握检索方法的基础上，整合全面、准确、新颖、权威的学术信息，使论文选题、课题立项，既有站在前人研究基础上的学术传承，又有基于前人研究的学术创新。

一、本书的主要内容

本书分为导论篇、入门篇、精通篇、学术规范篇，共十五章。

导论篇，通过真实提问，展示学术搜索到底可以解决哪些问题，让你了解学术搜索的范围、原则、要点等，以及检索方法、检索途径、检索策略、检索技术等检索基础知识。

入门篇，让你熟悉纸本资源、学术搜索引擎、图书馆电子资源及其检索和利用。

精通篇是本书的主要内容，通过检索案例，讲解如何系统地检索各类数据库，包括期刊数据库、学位论文数据库、图书数据库、引文数据库、统计数据库等，推荐相应的网络免费资源，并帮助你掌握搜索如何做到全面、准确、新颖、权威的方法。

学术规范篇，让你知晓引用规范、写作规范、发表规范等学术规范；通过案例分析，指出学术不端行为带来的严重后果，警示学术研究不能踩“红线”；教你如何甄别期刊、核心期刊真伪，如何查证期刊投稿方式、投稿网站；以及了解论文查重的方方面面。

二、本书的特点

本书具有全、新、实用三大特点。

1. 全

(1) 全方位。定位学术信息，不仅包括纸本资源，还包括电子资源；不仅包括数据库，也包括网络免费资源；不仅可从电脑端获取，而且可从移动端获取。

(2) 全过程。从开题或论文撰写之前，到开题后或论文撰写过程中，再到论文撰写完成后，包含了学习和研究中需要获取和分析信息的全过程。

2. 新

(1) 新内容。智能学术搜索引擎、统计数据库、移动图书馆和数据库App、查证期刊投稿方式、论文查重等本书的新内容，都是根据新一代学习者的需求来设置的。检索案例也包括人工智能、大数据等研究热点，以开拓你的学术视野。

（2）新方法。以问题为导向，一步一步教你怎样做好学术搜索："小试牛刀"和"答疑解惑"，让你边练边学；通过真实案例，带你了解论文开题的文献调研的全过程，以其曲折经历，让你领略检索的奥秘。

（3）新体系。本书构建以学习者需求为导向、以问题为导向的体系，精简基本知识和概念，从问题出发，循序渐进，将学术搜索的思路、策略和方法体现在搜索过程中。

3. 实用

从学习者需求出发，注重操作实战。本书所有检索提问、检索案例均来自真实提问。为保护提问者研究的创新性，这些精选的提问和案例，都源于已完成论文或课题的提问者。希望这些提问和案例能让你"感同身受"，并举一反三，学会快、狠、准地查到所需文献。此外，本书从实用角度考量，尽量采用大众用语替代图书情报专业术语，利于各类读者学习和理解。

三、说明

本书使用了较多的数据，如图书馆的馆藏量和所购数据库的数量、数据库收录的文献数量、检索案例在数据库中的检索结果数量等，所有数据都截至 2022 年 6 月，因此请注意查看最新版的数据库指南。

本书只对检索算符、检索词、检索式，统一采用黑体，以示区别。

四、面向的读者

本书主要面向广大高校学生、教师和研究人员，以及对科研、论文写作、信息搜集感兴趣的人士。

本书也适用于教师和研究人员的科研能力提升的培训。

五、致谢

感谢中国图书馆学会学术研究委员会名誉主任、澳门大学图书馆馆长吴建中教授为本书撰写序言。这篇序言令我受益良多，希望读者也能从中受到启迪。

谢谢我多年来的学生们，王思闻、潘前前、邱瑜、冯抒阳、向双秋、江其霞、章亚雯、穆奕蓓、王璇，感谢你们对课程的宝贵建议；还有向我提问的各位同学，感谢你们乐于分享这些提问。

谢谢家人的支持，家人的关爱是我的动力源泉。

感谢上海社会科学院出版社的责任编辑曹艾达女士以及编审、美编等工作人员，对你们为本书的出版所付出的辛勤劳动，深表感谢！

因作者知识范围有限，难免疏漏，敬请读者指正。

郭劲赤
2022 年 9 月于华东师范大学

目录

CONTENTS

精　通　篇

学术规范篇

导论篇

第一章
学术搜索导论

我们有幸生活在这个飞速发展的信息社会，有研究称人类信息储存量已创新纪录，平均每 18 个月就增加一倍，其中有近 94%是数字形态(digital format)[1]。可以说，这是最好的年代，也可以说，这是最坏的年代。这是最好的年代，因为我们拥有如此海量的信息；这是最坏的年代，因为我们必须在如此海量的信息中大海捞针，找到我们需要的信息。本书旨在让你掌握在信息的海洋中遨游的本领，即如何快速准确地大海捞针，获取信息。

常听不少学生说，写论文找文献这谁不会啊？上网去"百度一下"，到知网搜一下，有什么不能解决的？那么你遇到过以下问题吗？这些提问全部来自 985 高校的硕博士生或本科生，如果是你，能解决吗？从信息需求的角度，将这些提问大致分类如下。

一、开题文献调研

Q：我要准备硕士论文开题了，初步的选题是"音乐学视角中的噪音"，但检索与之相关的文献，结果很少，如何查到更多结果？

Q：我要准备本科毕业论文开题，打算写"隐性采访的适度性"，但检索相关论文，结果很少，如何查到更多结果？

Q：我打算做一个关于游戏化教学的研究，用英文表达，应该是gamification in education，想查找国外这方面的实证研究（empirical research 或 experimental research），我在外文数据库 ProQuest、SpringerLink、JSTOR、ERIC 上输入关键词 gamification，主题选择教育类，结果好像不是很多。我该怎样查？

Q：如何查找本专业近 20 年的博士论文？

Q：我听说"二战"时期，上海成为犹太人的"诺亚方舟"。我对这一段历史很感兴趣，想作为论文选题，想知道上海图书馆、国家图书馆收藏了哪些与"犹太人在上海"相关的图书，如何查找？

二、查找事实、数据

Q：查文献时，看到很多论文都提到了同一本中文专著，所以在写文献综述时，我也把它包括在内。那么，我如何确认这本专著的学术影响力很大？

Q：怎么判断期刊是 C 刊？C 刊的刊名目录去哪里查？

Q：怎么判断期刊是 SCI 刊？SCI 刊的期刊目录去哪里查？

Q：我想查近几年美国城市的一些数据，如人口、就业、新经济发展、城市发展、生态建设等。哪里可查？

Q：我想查近几年的旅游数据，最好能查到电子版的。我要去哪里查？

Q：我想查询历年的高校招生数、在校学生数、毕业生数、学位数等。哪里可以查到？

三、查找原文

Q：我在《美国〈学校领导标准〉的制定与启示：从 1996 到 2008》一文中，看到下面这句话：

《为学习而领导：连接州、学区与学习的政策与实践》指出，“标准、培训与条件”是构成学校领导发展系统的核心要素。

我想引用这句话，但找不到《为学习而领导：连接州、学区与学习的政策与实践》这篇原文。该怎么办？

Q：我想找张建卫写的《小学期家长参与及其与儿童学校适应的关系》，是2003年北京师范大学博士论文，发现学校图书馆购买的所有数据库里都没有这篇学位论文的全文。怎么办？

Q：我想找杜威《民主主义与教育》的英文原版书。在EBSCO下载到了电子版，但是页面排版很差，只占据了左边，而且加了密码，无法打印。我也搜索了上海图书馆和本校图书馆，没发现有纸本。怎样才能找到纸质版或者电子版的这本书？

Q：我想找“社会发展的速度取决于权利和知识的结合程度”这句话的出处，但在查阅了很多文献后，一直没有结果。我是在一篇学位论文中看到这句话的，在引用时，可以标注转引自学位论文吗？

Q：我的学位论文要开题了，我想对美国作家Paule Marshall的小说*Brown Girl*，*Brownstones*进行文学评论和分析，能在国内的图书馆找到英文原版图书吗？

Q：我在美国爱荷华大学留学，需要查找明末清初华亭女诗人章有湘的《閨秀詞鈔》，但遍寻不得，想起她是华亭人，现在华亭在行政划分上应该属于上海，想请上海的老师帮我查找。

Q：我有个出国留学的师姐，托我查一本《钮氏源流考》，说全国只有三本，在华东师范大学图书馆有一本馆藏，可是我怎么找不到？

Q：我在一篇论文中发现谢天振在1989年6月发表过一篇文章《为“弃儿”寻找归宿——论翻译在中国现代文学史上的地位》，我怎样才能找到这篇文章？

以上问题都属于学术搜索所要解决的范畴。本书在相关章节也设有“小试牛刀”和“答疑解惑”环节，可以边练边学。

第一节　学术搜索概述

学术搜索能力，对于每一位需要撰写论文、从事科学研究的“学术人”来说，都是非常重要的。在开始学术搜索之前，先要了解学术搜索的范围、原则、要点、误区，以及学术规范。

一、学术搜索做什么

在学术研究中，不同领域的相关课题之间，同一领域的不同课题之间，同一领域同一课题的不同分支之间，都有相互借鉴研究方法和研究成果的需要。学术研究，是“站在巨人的肩膀上”才能继续发展。通过学术搜索，可以获知当前研究基础是什么：已有哪些研究方法？已有哪些研究成果？当前研究现状是什么：当前的研究方法有哪些？当前的研究热点有哪些？研究趋势是什么：前人与同行研究的失误和不足在哪里？可能的研究方向在哪里？我能在此基础上做什么？学术搜索、文献调研是学术创新的基础，它提高了我们的研究起点，提供研究思路，节约研究时间，避免了做重复或无意义的研究。从信息需求的角度，学术搜索大致可分为几类：开题文献调研、查找事实或数据等、查找原文。

二、学术搜索的范围

学术搜索的范围很广泛，不能只依赖单一的网络或纸本书，而是要全面查找：图书馆纸本资源、图书馆电子资源、网络免费资源，一个都不能少。其中,图书馆纸本资源包括本馆的和外馆的;图书馆电子资源包括各类数据库:期刊数据库、学位论文数据库、图书数据库、引文数据库、统计数据库等。本书在讲解各类数据库时,同时还会推荐相应的网络免费资源,如:电子期刊、学位论文、电子图书、统计数据等。

学术搜索不是说“只要能查到的文献都拿来用”,而是要明确学术搜索的4个要点,系统地、有针对性地查找文献,这4个要点就是:全面、准确、权威、新颖。

学术搜索还应遵循就近原则,先从网络免费资源和身边的图书馆开始查找,优先利用正规、权威的免费信息。

➢ Tips

纸本书思维与网络思维的区别:所谓纸本书思维,指更关注一本书、一篇论文;所谓网络思维,是更关注本研究领域的相关文献等。要学会跳出纸本书思维,把眼界打开。

从搜索角度来看,纸本书思维与网络思维也是有区别的:纸本书思维,是一本书一本书找,一本刊一本刊翻目录;网络思维,是在选取检索词后,可以搜索一类相关信息。有的同学似乎还没有跳出纸本书思维:看期刊论文一定要找目录;看图书这部分的内容则不相信数据库搜索结果,一定要拿着纸本书一页一页翻,求证有没有遗漏。这其实是一种低效的方式,对于全面检索海量信息来说是不利的。

三、学术搜索的原则

学术搜索的就近原则,可概括为以下3个方面。

一是指地理位置上的“近”。这是指要先从身边的图书馆开始查找，顺序是你所在的图书馆—本省市公共图书馆（如上海图书馆）—国家图书馆—其他图书馆。这看起来好像是谁都知道的事，但是就像本章开头的举例一样，当要找一本外文原版书时，很多人都会忘了要从身边的图书馆找起，而误以为外文原版书就要去国外找。

二是指网络便利上的“近”。网络就在身边，如今我们不仅可以上网搜到免费信息，还可以通过网络远程登录所在机构的图书馆，利用图书馆购买的数据库。更妙的是，各种大型图书馆不仅拥有丰富的纸本文献，还提供通过网络查找纸本文献的书目查询系统，而且书目查询系统是公开的、免费的；许多图书馆还提供通过图书馆获取纸本文献的馆际互借和文献传递服务，如国家图书馆、上海图书馆和大部分大学图书馆，馆际互借和文献传递服务通常是一项收费服务；有的还提供部分电子资源免费全文下载或在线浏览，如国家数字图书馆。很多同学觉得图书馆只是去“看看书、借借书”的地方，殊不知图书馆还提供大量的电子资源和很多专业的服务。

三是指省钱省力上的“近”。如果有合法版权的免费信息，可优先利用免费信息，如网络免费信息、所在图书馆的数据库、所在图书馆的纸本文献等。当没有免费信息时，可利用图书馆的服务。其中，馆际互借和文献传递服务，可以方便地通过网络提交申请，获得所要查找的纸本文献或其复制品，有些服务项目虽然需要付费，但CASHL有时推出免费活动，NSTL收费比较低，可以根据情况做出选择。考虑到亲自跑到外地甚至外国图书馆查找资料的差旅费和精力耗费，还是很合算的。

遵循就近原则，就是不要舍近求远。有的学生轻视或者忽视本校资源，总觉得别人家的图书馆资源更多，费老大劲去别的大学图书馆找，最后发现原来自己学校图书馆就有这篇论文或这本书。另外，不应过于“迷恋”电子版，或“执着”于纸本书，哪个易于获取，就先找哪个。

四、学术搜索的要点

在网络时代的今天，海量的信息呈现在我们眼前，学习搜索各种信息，以及鉴别和筛选信息，可以助力我们畅游信息海洋，花最少的时间和精力便能获取真实、有效的信息。能否学会充分利用网络的开放性和多元性，将决定一个人掌握有效信息量的高度、广度和深度。在开展学术搜索之前，首先要明确的是学术搜索的4个要点：全面、准确、新颖、权威。

（一）全面

所谓全面，包括两层含义：全面地选择各类信息源；在所选信息源中的检索要全面。

全面地选择各类信息源，要求不仅有纸本资源，还有电子资源；不仅有图书馆购买的数据库，还有网络免费学术信息；不仅有中文信息源，还有英文信息源；不仅有期刊论文，还有图书、学位论文，等等。缺一不可，不可偏废。以此全面了解与自己课题相关的领域，以及各种不同的观点。全面了解信息后，可能得出与之前完全不一样的结论，也可能会发现，之前信息获取不全面时，得出的结论是以偏概全的，甚至错误的。

在所选信息源中的检索要全面，即要使用全面的检索词、近义词及其逻辑关系，检索与自己课题相关的全面信息。

（二）准确

所谓准确，包括两层含义：选择合适的信息源；在所选信息源中的检索要准确。

选择合适的信息源，是找到准确信息的第一步，“方向比努力更重要”，如果信息源选错，拥有再好的检索技术都是徒劳。了解各个信息源的功能和优势，要利用各个信息源最擅长的功能，而不要仅用它的弱项，也不要把某个信息源的附加功能当作主要功能。比如，查找纸本文献，应该选择使用书目系统或联合目录；查找电子全文，应该选择全文数据库；查找高被引论文，应该选择引文数据库。

在所选信息源中的检索要准确，即要使用准确、规范的检索词及其逻辑关系，检索与自己课题密切相关的文献。

（三）新颖

所谓新颖，包括两层含义：选择更新及时的信息源；在所选信息源中选择最新的检索结果。

当需要查找最新学术信息时，要选择更新及时的信息源。查看最新的图书和期刊论文，就可以了解最新研究进展吗？不一定。其实，论文相对科研前沿来说，还不够新颖，图书出版周期长，信息比较滞后，而科学家、学者或科研团队的网站、博客、微博或微信等，以及相关新闻，就比图书、期刊等更快速更及时。某青年学者曾跟踪一科研团队的最新研究，当看到该团队一篇最新发表的专业论文时，他发现在两年前，新闻报道就已经介绍了该团队的这一研究动向。

在所选信息源中选择最新的检索结果，从而获取最新研究信息，追踪最新进展，及时跟进最新研究动态，紧跟专业领域的研究前沿。

（四）权威

所谓权威，包括两层含义：选择权威的信息源；在所选信息源中选择权威的检索结果。

选择权威的信息源，即面对海量的学术信息，要首选权威的信息源。如当需要查找统计数据或法律法规、条例时，首选政府网站或知名的数据库，而不是只查搜索引擎或网络百科之类。

在所选信息源中选择权威的检索结果，包括选择权威作者、权威期刊或出版社、经典论文或图书等。当今学术信息日益丰富，但同时却良莠不齐，并不是所有的信息都是可靠的、确凿的。因此，需要分析、筛选所获取的信息，首先阅读由权威作者撰写、权威机构出版的高质量论文或图书等，这样才是真正“站在巨人的肩膀上”，继续做进一步的学术研究。

全面、准确、新颖、权威，并不是同时做到百分之百，而是一个递进关系，先全面再准确，然后，在“全面到准确”的基础上，兼顾新颖和权威。具体如何做到全面、准确、新颖、权威，将在随后的章节通过检索案例陆续展开。

五、学术搜索的误区

学术搜索，并不是想象的那么简单，有些同学之间可能还交流过以下这些“经验”。

中文文献就在中国找，外文文献就到国外找。

有学长重点推荐了一个好方法，如果找到一篇跟自己研究方向相似又得到专业内好评的论文，那就从这篇论文的参考文献按图索骥，用来填充自己的参考文献……

有学长说，最好的方法就是多去图书馆看看纸质期刊(最权威的几本专业期刊你应该很容易知道)，自己去看上面的文章，自己去感觉一下，效果可能更好，因为很多知名教授的观点往往并不一致，谁是对的，需要自己判断。今天导师就忠告说别太依赖网络，网上的东西完全靠不住。

有学长说，导师要求看什么书，我就看什么书；导师说做学问要看大量的文献，我就每天“泡图书馆”，埋头于书海和网络。

以上这些，真的是可以互相推荐的好经验吗？

➢ Tips

经常有学生问：在学校的中外文数据库中，哪些可以看到中外文期刊的全文？哪些可以看到中外文图书的全文？在写毕业论文、查找中外文献过程中，发现有的数据库里都只能看到引文，不能下载全文吗？“我只要找全文下载，别的都无所谓，请只要告诉我哪里能下载全文”。

需要特别强调的是：检索≠找全文，学术搜索≠到知网下载全文。

检索不等于找一篇文章的全文，有些学生觉得只要找到一篇文章，然后全文下载就万事大吉了，殊不知更重要的是找“本研究领域的相关文献”。只满足于找到一篇特定文章并下载全文，就好比“只见树木，不见丛林”一样，不是真正的学术搜索，也无法做到搜索的“全面”，会错过很多相关的信息。

学术搜索不等于到知网下载全文。学术搜索需要查找各类信息源，最基本的中文期刊数据库就有三大数据库，此外还有学位论文数据库、图书数据库，还要有外文的各类数据库，以及纸本资源，绝非只是查查知网就算搞定了。

还有同学问：本校的硕博论文库，为什么可以下载其他学校的论文？

这个提问比较模糊，是指本校购买的硕博论文数据库，还是学校自建的本校毕业生的硕博论文数据库？若是购买的硕博论文数据库，当然会有其他学校的学位论文；若是自建的硕博论文数据库，就只有本校毕业生的学位论文。由此来看，首先要学会正确地提问，归纳提炼出你到底要解决什么问题，再开展学术搜索。

六、学术搜索与学术规范

图书、论文都是他人辛勤劳动的成果，所以使用时要有版权意识。

尊重版权，就是指在学术搜索时，要合理合法使用信息，应注意：

介绍、评论某一作品或说明某一问题，可在作品中适当引用他人已经发表的作品；

只能用于个人学习、研究或欣赏，不得用于商业牟利；

不可批量下载电子资源，不可复印整本书；

用于访问本校购买的电子资源的个人账号，不可借出或租给校外人员。

目前的状况是：作为用户时，大家都希望得到免费分享；但成为作者时，就过于强调版权，想保密，不想给他人看。

我们应该努力追求的理想状态是：作为用户，使用他人文献时要有版权意识，尊重他人的劳动成果；作为作者，要有分享意识，论文完成之后是需要给别人看的。这样才能促进学术的交流和发展。

在此向各位建议：我们应当学会分享，学位论文提交时慎重使用“保密”要求，因为学位论文的成果不仅是用来取得学位的，你的研究成果需要被更多人了解、得到认可、哪怕是批评，才能有利于学术的整体发展；如果动辄选择论文“保密”，等几年后解密时，不仅你的论文失去了新颖性，也失去了用于同行交流的价值。

第二节　检索基础知识

在开始学习具体的书目系统、学术搜索引擎、数据库等检索之前，需要先掌握基本的检索知识，了解什么是检索字段、检索方法、检索策略、检索技术。

注意：在本书中，将搜索、检索这两个词视为同义词。

一、检索途径

数据库等检索系统提供的各种检索途径，也叫检索字段。检索字段对检索结果有直接的影响。常见检索字段主要包括：著者检索、题名检索、关键词检索、主题词检索、序号检索、分类检索等。

（一）著者检索

著者检索是根据已知的著者姓名进行检索。著者包括个人著者（作者、编者、译者等）和团体著者（团体、机构、组织等），并且无论是第一作者，还是第二作者、第三作者等，都包括在内。

（二）题名检索

题名检索是根据已知的部分题名或者整个题名进行检索。题名包括书名、丛书名、并列书名、期刊名、论文篇名等。

（三）关键词检索

关键词的含义比较广泛，指表达某个概念、人物、事物、事件、动作、过程等的名词、实义词或短语。关键词检索，指通过反映信息的内容特征的关键词，进行检索。例如一本图书的书名或部分书名、副标题、作者名，发表的学术论文中作者提供的关键词，文献全文中自由抽取的词，都可作为关键词检索。

（四）主题词检索

主题词是反映信息的内容特征、经过规范化的名词术语（包括词组和短语）。主题词检索，主要用于查找比较专指的信息，适用于检索专业人士使用。有的专门学科数据库使用专用的主题词表，如ERIC数据库（教育学数据库）有专门的主题词表"Thesaurus of ERIC Descriptors"。

（五）序号检索

序号检索是根据文献的序号特征进行检索。如常见序号：ISBN

(International Standard Book Number)，即国际标准书号；ISSN (International Standard Serial Number)，即国际标准刊号；DOI (Digital Object Identifier)，即数字对象标识符，很多知名学术出版机构都使用 DOI 作为数字资源的标识符，一般期刊论文都有 DOI。书名、刊名、论文篇名有可能重名，但 ISBN、ISSN、DOI 都是唯一的。当遇到相同题名的图书、期刊、论文时，就可使用序号检索(ISBN、ISSN、DOI)，快速、准确查到文献。

(六) 分类检索

分类检索即用分类号或分类名进行检索。分类检索用于浏览或检索某一范围的文献，具有族性检索的优点，可以快速地将同一个类目下的文献一网打尽。虽然对多主题、交叉学科文献易造成漏检，分类检索对于扩大检索范围仍很有用处。

二、检索方法

选择合适的检索方法，一方面可让检索过程达到事半功倍，一方面可让检索结果更全面、准确、新颖、权威。检索方法主要有：基本检索、高级检索、专业检索、导航浏览。

大部分书目系统、学术搜索引擎都提供基本检索和高级检索两种检索方法，大部分数据库都提供基本检索、高级检索、专业检索三种检索方法。有的数据库即使界面只显示有基本检索、高级检索两种方法，其实也提供专业检索方法，只是隐含在基本检索或高级检索中。

(一) 基本检索(Basic Search)

基本检索也叫初级检索、简单检索、快速检索或一框式检索。基本检索只有一个检索框，输入检索词，系统将在默认的检索字段(主题字段、全文字段等)检索。数据库默认的检索方法，一般都是基本检索，部分数据库的基本检索也支持使用检索式，如万方数据知识服务平台。

基本检索的特点是方便快捷，是很多人常用的检索方法。

（二）高级检索（Advanced Search）

高级检索是可选择不同检索字段、逻辑关系的组合检索。高级检索有多个检索框，每个检索框之间的逻辑关系可选择逻辑与、逻辑或、逻辑非。部分数据库的高级检索也支持使用检索式，如EBSCO。

利用高级检索，可提高检索的全面性和准确性。

（三）专业检索（Expert Search）

专业检索是编制由布尔逻辑算符等检索算符组成的检索式进行检索。检索式要语法正确，才能检索到想要的结果。关于专业检索及其检索算符，各个数据库都有使用说明。

专业检索，一般适用于熟练掌握检索技术的专业人员。但其实，检索式没有你想象的那么难，关键是要学会厘清逻辑关系，熟悉检索算符，一旦学会，瞬间就会有“菜鸟”变身高手的感觉（检索案例详见第五章等章节）。

（四）导航浏览（Browse）

大部分数据库都提供分类浏览、字顺浏览两种导航浏览方式。导航浏览是很容易被忽略的检索方法，有时将分类浏览和检索词/检索式检索结合起来使用，能得到很有效的检索结果。

分类浏览，是按学科分类提供树状浏览，可沿着这棵“树”进入不同分支，到达“叶子”节点，并在节点看到检索结果列表，如知网、读秀、ProQuest 等数据库都支持这一功能。

字顺浏览，是按首字母顺序浏览。如期刊数据库中，点击字母A，即可列出以 A 为首字母的所有期刊列表。

三、检索策略

检索策略，是指根据检索需求选择适当的信息源，使用一定的检索技术查找所需的信息，并获取所需文献的实施方法和步骤。组织好检索策略，不仅需要明确信息需求，熟悉和了解信息源，还需要能灵活运用多种检索技能，并融入个人不断积累的检索经验。简而言之，检索策略包括：明确信息需求、选择信息源、选取检索词和扩充近义词、明确检索词之间的逻辑关系及编制检索式、调整检索策略、分析和优化检索结果等。

（一）明确信息需求

明确信息需求，好像人人都会。也许每个人都会觉得自己当然知道想要查什么文献。那么，还有必要分析自己的信息需求吗？这一步其实很重要。常见的信息需求主要包括以下几类。① 开题文献调研。硕博士论文、基金课题等都需要开题文献调研，这类信息需求的重点是要进行各种文献类型的全面检索，如贯穿本书各类数据库的检索案例。② 查找事实、数据等。如一句话、一个数据的出处，这类信息需求有针对性强的特点，强调的是结果要准确、权威。③ 查找原文。根据已有线索，查找一本图书、一篇论文的原文，这类信息需求的重点是要综合利用各类数据库、搜索引擎、图书馆书目系统和文献传递服务等。

（二）选择信息源

什么是信息源（Information Source）？联合国教科文组织（UNESCO）出版的《文献术语》将信息源定义为：个人为满足其信息需要而获得信息的来源。也就是说，要根据不同的信息需求，选择合适的信息源。

“方向比努力更重要”，这句话同样适用于检索，选择信息源就像选方向一样重要。选择信息源时，首先要选择信息源类型，学术信息源的几大类型包括：纸本资源、各类数据库、网络免费资源，要明确需要查找哪一类资源。如果确定了要找各类数据库，那么就要再选择合适的数据库，这需要从数据库收录的语种、类型、学科等几个方面考量（详见第四章）。

（三）选取检索词，扩充近义词

提炼课题的关键词作为检索词，与直接用课题名称（即用自然语言）相比，其检索结果的全面性、准确性都更好。

选取检索词的要点：首先，明确信息需求，即明确你所要达到的目标，要查找的到底是什么；然后，再分析这些信息都有些什么共性，以及区别于其他同类信息的特性；最后，从这些方向性的概念中，提炼出最具代表性的关键词，尽量选取实意词、专指词、专业术语、特定概念等，避免虚词、广义词、普通词、泛指概念等。如：研究、分析、角度、视角、路径、举措、影响、发展、基于、背景下等，都属于泛指词、广义词，不宜用作检索词。

选取检索词后，要为每个检索词扩充相关的同义词和近义词，找出检索词的不同表达方式（如全称、缩写等），并明确每个检索词之间的逻辑关系，不同检索词之间的逻辑关系是逻辑与，一个检索词及其近义词之间的逻辑关系是逻辑或。这样可以扩大检索范围，检索到与自己课题相关的全面信息。

➢ Tips

如果检索词为词组，在不影响原意、不产生歧义的前提下，最好把词组拆分为两个或多个检索词，检索词之间的逻辑关系为逻辑与。近义词并不是越多越好，一般 3—8 个，如果 3—8 个还无法穷尽常用近义词，那就应该考虑更换检索词，如用原检索词的上位概念来表示，如“艺术”是“音乐”的上位概念。

（四）编制检索式

检索式是检索策略的具体表达形式。检索式，一般由多个检索词、检索算符（如逻辑算符）构成。编制检索式时，可使用适当的检索技术，例如：逻辑算符、截词符、词组检索、位置算符等，以表达检索词之间的逻辑关系和位置关系，若要改变优先顺序则使用英文半角圆括号( )表示。编制某个数据库的检索式时，应先了解数据库的检索规则，如所支持的检索技术、检索算符等。

（五）调整检索策略

检索结果应兼顾全面（查全）和准确（查准）。应根据课题的信息需求、检索结果，确定是否需要调整检索策略。

查全率和查准率是互补的关系。在一个检索系统中，当查全率不断提高，查准率就会降低；而当查准率不断提高，查全率又会降低。当查全率和查准率都很低时，可以通过检索策略的调整使之同时得到提高（详见第六章）。

检索过程需要经过多个检索步骤，通过不断调整，才能最终取得所需的检索结果。调整检索策略，不只限于调整检索式，检索步骤的每一步都可以进行调整：① 明确信息需求；② 选择信息源；③ 选取检索词，扩充近义词；④ 明确检索词之间的逻辑关系，编制检索式；⑤ 调整检索策略，根据检索结果，选取①②③④中的一个或多个步骤，进行调整。

调整检索策略不是一蹴而就的，也许要进行多次调整，最后才能获得较理想的检索结果。

（六）分析和优化检索结果

较理想的检索结果，需要达到 4 个要点，即全面、准确、新颖、权威。在检索策略中，不仅包括明确信息需求、选择信息源、选取检索词和扩充近义词、明确检索词之间的逻辑关系及编制检索式、调整检索策略等检索步骤，这些主要是为了兼顾全面和准确；同时还需要从新颖和权威角度做进一步筛选，可以通过数据库等检索系统提供的检索结果排序、筛选等功能，进一步分析和优化检索结果。

四、检索技术

检索算符的使用是以追求检索结果的全面、准确为前提，以对检索结果的期望数量和检索系统的实际响应情况为依据，灵活地加以运用。

常见的检索算符主要有：① 布尔逻辑算符（逻辑与、逻辑或、逻辑非）；② 截词符（常见截词符 * 和?）；③ 词组检索符号（英文半角双引号" "）。

（一）布尔逻辑算符

布尔逻辑算符的使用是以信息需求的主题分析为基础，以课题的关键词及其近义词之间的逻辑关系为准绳。

1. 逻辑与，表示两个或多个检索词同时出现。逻辑与可以缩小检索范围，有利于提高查准率。逻辑与的符号，有的数据库默认空格为逻辑与，中文数据库常用星号 * 表示，* 前后不空格；中外文数据库常用 **AND** 表示，**AND** 前后要空格。

2. 逻辑或，表示两个检索词任意出现一个。逻辑或可以扩大检索范围，有利于提高查全率。逻辑或的符号，中文数据库常用加号＋表示，＋前后不空格；中外文数据库常用 **OR** 表示，**OR** 前后要空格。

3. 逻辑非，表示不要出现的检索词。逻辑非可以缩小检索范围，有利于提高查准率。逻辑与的符号，中文数据库常用减号－表示，－前后不空格；中外文数据库常用 **NOT** 表示，**NOT** 前后要空格。

4. 优先运算，表示对检索词进行分组，确定优先运算次序，用英文半角括号( )表示。在一个检索式中,可以同时使用多个逻辑算符,构成一个复合逻辑检索式。复合逻辑检索式中,运算优先级别从高至低的次序一般是逻辑非、逻辑与、逻辑或(注意:优先顺序有特例,本书讲解具体的数据库时将特别提醒),可以使用括号改变运算次序。逻辑或需要优先运算时,将逻辑或要运算的一组检索词用( )括起来。

(二) 截词符

截词检索,是将检索词在合适位置截断,然后使用截词符并进行检索。截词检索能扩大检索范围,提高查全率。大多数外文数据库都提供截词检索的功能。截词检索一般是指后截词,部分支持中间截词。

注意:截词符仅用于英文数据库中,中文数据库不使用截词符。

1. 截词符。按截词的字符数来分,可分为有限截词符和无限截词符。

(1) 有限截词符,即一个截词符只代表一个字符,常用英文半角问号?表示,?前后不空格,多用于英美不同的表达等,例如:检索 **wom?n**,可检索到 woman、women、womyn 等。

(2) 无限截词符,即一个截词符可代表 0—n 个字符,常用英文半角星号 * 表示,* 前后不空格,多用于包括一个词根的所有形式等,例如:检索 **micro***,可检索到 micro、microscope、microcomputer、microwave、micron 等。

注意:* 在中文数据库和英文数据库中,含义完全不同,在中文数据库中表示逻辑与的逻辑算符;而在英文数据库中表示无限截词的截词符。

2. 截词位置。按截词的位置区分,可分为后截词、前截词以及中间截词。

（1）后截词，即前方一致，位于单词的最后，如，**comput*** 代表如下单词：computable、computation、compute、computer、computers、computarize、computerization、computing、computor 等。

（2）前截词，即后方一致，位于单词的最前，如，***magnetic** 代表如下单词：magnetic、electromagnetic、paramagnetic、thermomagnetic 等。

（3）中间截词，位于单词的中间，如，**organi?ation** 代表如下单词：organization、organisation 等。

（三）词组检索

中外搜索引擎、中外数据库等检索系统，几乎都用英文半角双引号" "来限定词组关系，" "前后不空格，表示检索词组是作为一个整体出现、不能被拆分。如输入：**"音乐教育"**，搜索结果中的音乐教育是以词组方式作为一个整体出现，筛除了音乐、教育分开出现的结果。

注意：词组检索，顾名思义，当检索词是一个词组时才需要使用，当检索词是一个词或一个字时，本身已经无法拆分，就不再需要使用词组检索。

需要强调的是，所有检索算符都使用英文半角的符号。

参考文献

[1] Hilbert M, López P. The World's Technological Capacity to Store, Communicate, and Compute Information [J]. Science, 2011, 332(6025): 60 - 65. DOI: 10.1126/science.120097.
[2] 吴建中. 转型与超越：无所不在的图书馆[M]. 上海：上海大学出版社，2012.
[3] 肖珑. 数字信息资源的检索与利用：第 2 版[M]. 北京：北京大学出版社，2013.
[4] 花芳. 文献检索与利用：第 2 版[M]. 北京：清华大学出版社，2014.
[5] 曾晓牧. 科研文献检索与管理[M]. 北京：高等教育出版社，2019.

[6] 陆建平. 信息检索：从手工到联机、光盘、因特网[M]. 上海：华东师范大学出版社，2001.
[7] 潘卫. 网络学术信息资源及其检索[M]. 南京：东南大学出版社，2001.
[8] 莱茵戈德. 网络素养：数字公民、集体智慧和联网的力量[M]. 张子凌，老卡，译. 北京：电子工业出版社，2013.
[9] 舍恩伯格. 大数据时代：生活、工作与思维的大变革[M]. 盛杨燕，周涛，译. 杭州：浙江人民出版社，2013.
[10] 张静波，等. 信息素养能力与教育[M]. 北京：科学出版社，2007.
[11] 周建芳. 信息素养与信息检索：第 3 版[M]. 北京：科学出版社，2021.
[12] 柯平. 信息检索与信息素养概论：第 2 版[M]. 北京：高等教育出版社，2015.

入门篇

第二章
纸本资源导览

本章重点讲解如何利用网络、图书馆书目系统、联合目录、馆际互借与文献传递服务，查找纸本文献。

提到查找文献，一般首先会想到查找图书、期刊等纸本文献，那么在找纸本文献时你遇到过以下问题吗：

书目系统用来找什么？

书目系统的检索与搜索引擎、数据库有什么不同？

本校图书馆书太少，羡慕别人家的图书馆？

馆际互借去哪里借？文献传递可以传递哪些文献？

请你先“小试牛刀”。

Q：我听说“二战”时期，上海成为犹太人的“诺亚方舟”。我对这一段历史很感兴趣，想作为论文选题，想知道上海图书馆、国家图书馆收藏了哪些与“犹太人在上海”相关的图书，如何查找？

Q：我在美国爱荷华大学留学，需要查找明末清初华亭女诗人章有湘的《閨秀詞鈔》，但遍寻不得，想起她是华亭人，现在华亭在行政划分上应该属于上海，想请上海的老师帮我查找。

Q：我的学位论文要开题了，我想对美国作家 Paule Marshall 的小说 *Brown Girl*，*Brownstones* 进行文学评论和分析，能在国内的图书馆找到英文原版图书吗？

Q：我有个出国留学的师姐，托我查一本《钮氏源流考》，说全国只有三本，在华东师范大学图书馆有一本馆藏，可是我怎么找不到？

Q：怎样通过 CALIS 从上海交大图书馆借书？我想借阅收录了朱瑞熙的《一个长盛不衰的官僚家族：宋代江阴葛氏家族初探》一文的图书。

Q：我在一篇论文中发现谢天振在 1989 年 6 月发表过一篇文章《为“弃儿”寻找归宿——论翻译在中国现代文学史上的地位》。我怎样才能找到这篇文章？

以上问题都属于通过查找图书馆书目系统所能解决的范畴。需要注意的是，查找文献的过程，并不仅仅是一个“解决找不到某本书或某篇论文的问题”的过程，更是一个锻炼检索能力、积累检索经验的绝佳机会。所谓熟能生巧，就是通过不断积累检索经验，提高检索能力。因此在检索过程中，需要重视的不仅是检索结果，更要重视检索过程，要注意记录每一步的检索过程。这不仅能积累检索经验，更能发现哪个检索步骤有问题，从而不断改进检索策略。

第一节　如何高效查找纸本资源

一、利用网络查找图书馆纸本资源

学术搜索的范围很广泛，不能只依赖单一的网络资源或纸本资源，而应该是：图书馆纸本资源、图书馆电子资源、网络免费资源，一个都不能少。

在网络越来越普及的今天，很多人越来越依赖网络，常常忽视了传统的图书和期刊等纸本资源。其实，并非所有纸本文献都已经有了电子版。比如，大多数外文期刊论文，一般自20世纪90年代中期才开始有电子版，即使有的期刊数据库做了回溯收录，但仍有很多期刊论文没有回溯全面。图书和学位论文也有类似的情况，更不用说某些珍贵的民国文献和古籍在各种原因下，缺乏电子版。因此，纸本文献仍是学术搜索不可或缺的重要部分，在检索时注意要包括纸本资源，以保证学术搜索的全面（查全）。

查找纸本资源也要善于利用网络。一方面，可以通过网络利用图书馆书目系统，查找本馆（即本校图书馆或本机构图书馆）的纸本文献；一方面，可以通过网络利用联合目录等，查找其他图书馆的纸本文献，并通过网络利用馆际互借与文献传递服务，获得其他图书馆文献的扫描件。

二、纸本文献的查找思路

纸本文献的查找思路，归纳起来就是：以充分利用图书馆为主线，借助网络（如上网查找图书馆书目系统和各种联合目录，通过网络申请馆际互借和文献传递等），重点仍是获取图书馆的纸本文献。

需要再次强调一下，即使是查找纸本文献，也并不排斥网络，而是要利用网络，定位纸本文献在哪个图书馆有收藏，再通过馆际互借和文献传递服务获取，并非一定要亲自跑到具体的某个实体图书馆，显而易见，这样可以省时省力且更有效。

纸本文献的查找原则正是遵循前文提到的学术搜索的就近原则，即地理位置上的“近”、网络便利上的“近”、省钱省力上的“近”。这听起来简单，大家似乎都懂，但知易行难，实践时却常常会忽略，例如，“中文纸本文献在中国找，外文原版图书到国外找”，真的是好经验吗？本章讲解各大图书馆以及联合目录的时候，按照就近原则展开，也是为了体现这一原则的重要性。查找纸本文献的基本顺序是先从身边的图书馆开始查找，即本馆—本省市公共图书馆（如上海图书馆）—国家图书馆—其他图书馆，具体如下。

1. 本校图书馆。要学会利用图书馆的书目系统，了解著者、题名、关键词、主题词、出版者、ISBN、ISSN、分类号、索书号等各种检索途径。

笔者在解答校内外学生的提问时，发现有些同学有过类似的想法：“我们学校的强项是理工科，所以文科的大部头文献以及古籍什么的，就不用查我们学校图书馆啦，去找文科强的大学的图书馆更靠谱一些”，或者“我们学校不如某名校，图书馆估计也不如名校图书馆，我曾经去图书馆网站看过一眼，没发现有什么东西，我们学校图书馆肯定没有收藏这种书”，因此他们在还没有查过本校图书馆的时候，就“舍近求远”去查校外图书馆。

2. 本省市公共图书馆、国家图书馆。查找本校图书馆之后，首选公共图书馆，而不是首选其他大学图书馆，这是因为大学图书馆的首要服务对象是本校师生，基本不对校外用户开放，而公共图书馆是服务于当地公民的，开放度更好，也更加便利。另外，公共图书馆还有一大优势，即收藏比较丰富的地方性文献，若要研究地方性文献，可利用当地的省市公共图书馆。

3. 联合目录。如 CASHL、NSTL、CALIS 联合目录等，以定位哪个图书馆有馆藏。

4. 馆际互借与文献传递。通过图书馆的馆际互借与文献传递服务，从所定位的图书馆获取纸本文献或纸质复印件、扫描电子版。

第二节　图书馆书目系统

查找学术信息，不能只会“百度一下”，而是首先要学会“图书馆一下”。

图书馆的书目系统，也称为书目查询系统、目录查询系统、馆藏目录系统，是图书馆的藏宝地图，反映了图书馆的主要馆藏文献。书目系统为快速、准确地查到用户所需要的文献信息，提供了最便捷的渠道。而且，图书馆的书目系统，都是公开的、免费的，不需要任何注册、登录，可以随时访问和查询。也就是说，在中国的学生、教师、科研人员等，可以随时、免费查询国内国外的图书馆书目系统；在国外的学生、教师、科研人员等，也可以随时、免费查询中国的图书馆书目系统。

一般来说，图书馆书目系统通常提供著者、题名、关键词、主题词、出版者、ISBN、ISSN、分类号、索书号等各种检索途径。从检索结果中，可以查看书目的详细信息、馆藏信息和流通信息等，如：馆藏地点、索书号、馆藏状态（是否归还、是否可借）等。了解馆藏状态的含义，用户可以更快地借阅或预约所需要的文献。

一、检索途径

图书馆书目系统提供的各种检索途径，也叫检索字段，归纳起来主要包括：著者检索、题名检索、关键词检索、主题词检索、序号检索、分类检索等。第一章已讲解检索字段，以下重点强调书目系统中主要检索字段的特点。

（一）著者检索

著者检索适用于知道作者名，想查找这个作者的某本著作或所有著作。使用书目系统中的著者检索时，只能用图书、学位论文等的著者姓名查，不能用论文集中的论文著者姓名查，也不能用期刊论文的著者姓名查，这是与数据库检索的不同之处。

（二）题名检索

题名检索适用于知道书名或部分书名，想查找具体的某本图书或某套丛书。比如，导师布置学生课后看一系列补充读物，学生忘记具体书名了，只记得是“走向未来”丛书中的几本，就可以用“走向未来”进行题名检索。使用书目系统中的题名检索时，只能用书名、期刊名等查，不能用期刊论文的篇名查，也不能用论文集中的论文篇名查，这也是与数据库检索的不同之处。

（三）关键词检索

有的书目系统，题名检索是前方一致匹配，如用**大数据时代**做题名检索，检索结果都是书名以“大数据时代”开头的图书；关键词检索则是任意位置匹配，适用于找到更多的图书。

（四）主题词检索

在书目系统中，中文图书一般采用《汉语主题词表》标引主题词，西文图书一般采用《美国国会图书馆主题词表》标引主题词。检索时当输入的主题词和检索系统标引的主题词相匹配时，才能得出检索结果。

（五）序号检索

查找图书，除了用书名或作者姓名查，还可以有更精妙的方法。因为图书的书名，有可能重名；图书的作者，也有可能重名；即使是同一个作者的图书，也可能有不同的版本；但每本图书的 ISBN 号是唯一的，要想快速准确查找一本图书，可以用 ISBN 号。

注意：ISBN 原则上是唯一的，但实际上可能有例外，如部分国家的 ISBN 是由出版社购买的，出版社为了降低费用，可能用老的 ISBN，但这种情况比较少见。

（六）分类检索

分类检索适用于查找某个分类的所有图书，接下来就带你认识中图法、分类号和索书号，以及相关具体检索实例。

二、中图法

图书馆的文献资料，一般采用《中国图书馆分类法》(原名《中国图书馆图书分类法》，简称《中图法》)进行分类[1]。《中图法》共分五大部类，22 个基本大类。采用字母和数字相结合的混合号码，用一个字母代表一个大类，以字母顺序反映大类的序列，在字母后用数字表示大类下类目的划分。为适应工业技术发展及该类文献的分类，对工业技术二级类目采用双字母。依据《中国图书馆分类法》，可以将任意一本图书分到一个确定的类目之下。但这 22 个基本大类仅是基本分类，在每一个基本分类下，又有更多的细致分类层级，这些更多的分类层级是用数字来表示的。需要注意的是，每多一位数字就代表更深入的一个分类层级，因此分类号不是按自然数顺序排列的。分类号的数字部分每 3 位加 1 个“.”来分隔，没有任何含义，只是为了看得清楚。

以《中国图书馆分类法》大类、《中国图书馆分类法》经济 F 类、《中国图书馆分类法》经济学分支科学 F06 为例[2]，分别列举如下：

《中国图书馆分类法》大类

A 马克思主义、列宁主义、毛泽东思想、邓小平理论

B 哲学、宗教

C 社会科学总论

D 政治、法律

E 军事

F 经济

G 文化、科学、教育、体育

H 语言、文字

I 文学

J 艺术

K 历史、地理

N 自然科学总论

O 数理科学和化学

P 天文学、地球科学

Q 生物科学

R 医药、卫生

S 农业科学

T 工业技术

U 交通运输

V 航空、航天

X 环境科学、安全科学

Z 综合性图书

《中国图书馆分类法》经济 F 类

F0 经济学

F1 世界各国经济概况、经济史、经济地理

F2 经济计划与管理

F3 农业经济

F4 工业经济

F49 信息产业经济(总论)

F5 交通运输经济

F59 旅游经济

F6 邮电经济

F7 贸易经济

F8 财政、金融

《中国图书馆分类法》经济学分支科学 F06

[F061.1] 生产力经济学

F061.2　增长经济学

F061.3　发展经济学

F061.4　福利经济学

F061.5　区域经济学

F061.6　国土经济学

F062.1　资源经济学

F062.2　生态经济学

F062.3　科学经济学、知识经济学

F062.4　技术经济学

F062.5　信息经济学

F062.6　公共经济学

[F062.9] 产业经济学

F063.1　非生产领域经济学
[F063.2] 消费经济学
[F063.3] 国防经济学
F063.4　家庭经济学
F063.6　民族经济学
[F064.1] 计量经济学
F064.2　比较经济学
F065.2　短缺经济学
F069.9 其他

三、分类号和索书号

（一）认识分类号和索书号

先从一个实例来认识中图分类号和索书号：怎样在图书馆书架上找到[英] 维克托·迈尔-舍恩伯格的《大数据时代：生活、工作与思维的大变革》这本书？

首先，通过某图书馆的书目系统，查到这本书的索书号为：F062.5/M166。然后，用索书号到阅览室或书库的书架上找到这本书（书脊的标签上写着索书号）。那么，F062.5/M166 代表什么含义呢？

索书号分成两个部分，“/”之前的是索书号的第一部分，是根据图书在《中国图书馆分类法》中的学科分类所取的分类号。索书号中的分类号，使同一学科的图书集中在一起，方便读者查找。在某图书馆，《大数据时代：生活、工作与思维的大变革》一书的分类号是F062.5，其中各部分含义如下。

F：大类

分类号的首位是大写字母，代表该图书所属的大类，即学科领域。例如，F 表示“经济”。

062.5：详细分类

大写字母后面的数字，代表该图书所属的详细分类，数字越多，分类越细，每 3 个数字用圆点分隔，例如，F062.5 表示“信息经济学”。

索书号中“/”之后的是索书号的第二部分，是书次号。书次号有著者号、种次号、出版年代号等类型。其中，按照图书作者姓名所编排的是著者号。著者号由第一作者姓氏首字母和 3 位数字组成。索书号中的著者号，使一位作者所著的同一学科的图书集中在一起，同样方便读者查找。在某图书馆，《大数据时代：生活、工作与思维的大变革》一书的著者号是 M166。

注意，索书号是由图书馆的编目人员给出的。由于每个人对同一本书的分类可能有不同理解，因此不同图书馆对同一本书的分类可能有些许差异；又由于每个图书馆的书次号依据不同的标准，因此不同图书馆赋予同一本书的书次号可能完全不一样。如《大数据时代：生活、工作与思维的大变革》一书在不同图书馆的索书号为：

F062.5/8662

F062.5/134

F062.5-49/M269

➢ Tips

索书号是图书馆赋予每一种馆藏图书的号码，在一个图书馆中，每个索书号都是唯一的，是图书馆进行图书排架的依据，代表图书在书架上的排列位置，便于读者准确快速查找图书。索书号的排列顺序是：先按中图分类号排；如果分类号相同，会再按著者号排；著者号相同，再按卷册、年代顺序排。

（二）利用分类号和索书号查找图书

分类号，可找到一类图书；索书号，可准确定位所要找的书。

例如，用分类号 F062.5，可以找到"信息经济学"这个分类下的所有图书。而且，与在题名字段搜索**信息经济学**相比，找到的书要更全面更相关，因为很多图书属于"信息经济学"这个分类，但书名中并没有"信息经济学"这几个字，如《大数据时代：生活、工作与思维的大变革》一书。用索书号 F062.5/8662，则可以在上海图书馆直接找到《大数据时代：生活、工作与思维的大变革》一书。

➢ Tips

图书馆书目系统的检索，相比搜索引擎、数据库检索的主要区别在于：图书馆书目系统，主要揭示的是纸本文献的收藏，检索时有局限性，即书目系统无法进行全文检索；进行题名检索时，只能检索书名、期刊名，无法检索书内的章节、论文集中的论文篇名、期刊论文的篇名；进行著者检索时，只能检索图书作者，无法检索论文集中的论文作者、期刊论文的作者。

四、检索结果

书目系统查找的是纸本文献的信息，因此检索结果不提供全文下载，只提供题录信息、馆藏信息。题录信息是指文献的基本信息，通过题录可以区别于其他文献。馆藏信息主要包括索书号、馆藏地、阅览或外借、已借出图书的归还日期等。同一本书，在不同图书馆的书目系统中反映的题录信息是相同的（书目格式可能不同），而馆藏信息则是不一样的。

常用文献类型的题录信息举例如下。

1. 图书：作者、书名、出版地、出版社、出版年。

2. 期刊：刊名、出版者、出版地、出版年。

3. 学位论文：作者、篇名、导师、学校/机构地点、毕业学校/机构、毕业年。

4. 报纸：报纸名称、出版者、出版地、出版年。

➢ Tips

图书馆书目系统，主要用于纸本文献的书目查询，一直是公开的、免费的，不需要任何注册、登录，可以随时访问和查询。可惜很多人甚至大学教师，都不太了解这个“常识”，以为除了自己所在图书馆的书目系统，其他图书馆书目系统都没有权限查询。

第三节 国家图书馆与省市级图书馆

国家图书馆和省市级图书馆，肩负科学普及和学术收藏的双重责任，有着丰富的特色馆藏，而并非像大家想象的那样，公共图书馆只注重科学普及，缺乏学术性较强的馆藏特色。同时，国家图书馆和省市级图书馆也拥有很好的开放度。这种开放度，不仅是指向公民开放纸本文献，公民可以办理借阅证，到图书馆借书或阅览；而且还指向公民开放电子资源，在一定前提下，公民可以免费访问图书馆的数据库。值得一提的是，分别从电脑端和移动端访问上海图书馆和国家图书馆，各有特色资源和服务，本书将在移动图书馆这一章讲解从移动端访问图书馆。

本节将主要先以书目系统作为切入点，讲解国家图书馆和省市级图书馆馆藏资源的检索。此外，需要注意的是，图书馆所提供的服务不仅仅是书目查询，还包括咨询服务、文献传递服务等，我们要学会善用图书馆提供的各种服务，不要以为图书馆只有书目查询。

一、国家图书馆

国家图书馆（简称“国图”）是中国的国家图书馆，前身是创建于1909年的京师图书馆，先后更名为国立北平图书馆、北京图书馆，1998年12月12日改称国家图书馆。国家图书馆也是综合性研究型图书馆，是国家总书库，馆藏中外文献超过3500万册，并以每年近百万册的速度增长，馆藏总量位居世界国家图书馆第7位。特色馆藏有敦煌遗书、善本古籍、金石拓片、古代舆图、少数民族文字典籍、名家手稿等珍品280多万册。最早的文献可远溯到3000多年前的殷墟甲骨[3]。

国家图书馆中文文献收藏量居世界第一，1916年起正式接受国内出版物的呈缴本，全面入藏国内正式出版物，同时重视收藏国内非正式出版物，是国务院学位委员会指定的学位论文收藏中心和博士后研究报告收藏馆。国家图书馆也收藏了中国港澳台地区出版物。国家图书馆的外文文献收藏量为国内首位，拥有123种文字的外国文献，约占馆藏的40％，并大量入藏国际组织和政府出版物，是联合国资料的托存图书馆。

面对如此丰富的馆藏资源，怎样才能找到所需要的文献？国家图书馆书目系统就像是这3500多万册文献的搜索引擎。

随着信息载体的变化和网络服务的兴起，国家图书馆不仅收藏了丰富的缩微制品、音像制品，还拥有了大量数字资源。数字资源总量超过1000 TB，并以每年100 TB速度增长。实施“中国记忆”项目，围绕中国现当代重大事件、重要人物等专题，采集口述、影像、音频等文献史料。

国家图书馆提供馆际互借和文献传递服务，可通过本地图书馆获取国家图书馆的文献与服务。

（一）国家图书馆书目检索

国家图书馆书目系统，可检索图书、期刊、报纸、学位论文、古籍、音乐、影视、缩微等各类文献。检索方法包括基本检索和高级检索。高级检索又包括多字段检索、多库检索、组合检索、通用命令语言检索、字顺浏览、分类浏览。检索字段包括正题名、其它题名、著者、主题词、中图分类号、索取号、ISSN、ISBN、ISRC等。检索结果，可按著者/年、年/著者、著者/题名、题名/年、年/题名，进行排序。

（二）国家数字图书馆

国家数字图书馆，包括自建特色数据库和商业购买数据库。国家数字图书馆的用户分为3类：读者卡用户、实名认证用户和非实名注册用户，权限各不相同。其中，读者卡用户可以访问大部分数据库，实名认证用户可以访问部分数据库，非实名注册用户可以访问少量数据库。好消息是3类用户都可以访问所有自建特色数据库（详见第四章）。

国家数字图书馆提供3种检索方法：基本检索（选择要检索的专题库，输入检索词，可以直接按检索词定位到想要的目标资源）、高级检索（在题名、作者、出版社、出版时间、出版地、摘要、主题词等检索字段中输入检索词，并对检索词进行逻辑与、逻辑或组配）、分类导航检索（选择某个专题库，按照某种分类进行逐级细化的资源查找）。

二、上海图书馆

上海图书馆（简称“上图”）是综合性研究型公共图书馆，收藏中外文献超过 5700 万册，特色馆藏为：古籍善本、碑帖尺牍、名人手稿、家谱方志、西文珍本、唱片乐谱、民国文献及专利标准等。其中，馆藏历史文献 370 万册，古籍 170 万册（件），碑帖拓片 15 万件，名人手札约 10 万件。距今 1400 年的《维摩诘经》是上海图书馆最早的藏品。另外还收藏了 15 万余张老唱片等非书资料[4]。

如果是上海高校的在读学生或教师，上海图书馆的参考外借图书还可以通过馆际互借的方式进行借阅，特色馆藏则可通过文献传递的方式获得扫描复制本，免去直接跑去图书馆的舟车劳顿。

（一）上海图书馆书目检索

上海图书馆书目系统，可通过点击上海图书馆网站最上方的书目检索，即出现搜索框。默认为书目检索，可检索上海图书馆的各类纸本文献，也可选择电子书检索、资源发现。检索方法包括一框式检索和高级检索。检索字段包括标题、作者、主题、索书号、ISSN、ISBN、出版社、出版地、丛书名等。检索结果，默认按相关性排序，也可按作者、题名、出版日期进行排序；可按文献类型、作者、出版年、所属馆、借阅类型、语言、中图法等，进行筛选、精确。

（二）中文古籍联合目录及循证平台

中文古籍联合目录及循证平台，整合了中国古籍善本书目、中国古籍总目、古籍普查目录 3 个联合目录，是上海图书馆数字人文平台的一个试验型项目，目前收录有 1400 余家机构的古籍馆藏目录，共 60 多万条记录。其中，上海图书馆的古籍馆藏、柏克莱加州大学东亚图书馆的中文善本馆藏、哈佛燕京图书馆的中文善本馆藏、澳门大学图书馆的中文古籍馆藏可在线访问部分扫描影像全文。此外，还融合了一些在历史上有一定影响的官修目录、史志目录、藏书楼目录、私家目录和版本目录等，辅以人名、地名、印章、避讳字、刻工等规范数据，并结合内容分析统计、时空及社会关系分析和可视化工具。

该项目旨在实现各馆现存古籍珍藏的联合查询、规范控制，并提供学者循证版本、考镜流藏的功用。

检索方法分为简单检索和高级检索。简单检索即一框式检索，输入标题、责任者、批校题跋者、版本类型、丛书，即可进行快速检索；支持分词功能；同时提供空检功能，可检索出所有机构的馆藏古籍目录。高级检索提供更多的检索字段组合检索，检索字段包括：题名、责任者、主要责任者、批校题跋者、版本、丛书、版式、避讳、藏印、馆藏机构。检索结果，可按标题、版本时间、责任者，进行排序；可按馆藏机构、版本类型、版本时间、责任者、批校题跋者，进行筛选、精确。

三、浙江图书馆

浙江图书馆（简称"浙图"）是国内创办最早的省级公共图书馆之一。前身为创建于 1900 年的杭州藏书楼，馆名几经变更，1953 年确定使用"浙江图书馆"为馆名。浙江图书馆馆藏文献超过 700 万册，特色馆藏有珍贵古籍、地方文献等。其中，古籍线装书 80 余万册（含善本 15 万册），雕版 15 万件。普通图书则有 510 多万册，报刊合订本 95 多万册，现报刊 6500 多种。馆藏电子图书 320 多万册，数据库 190 多个。其中，浙江家谱、地方志等特色数据库 40 多个。外文文献收藏较丰富，与美国、日本、澳大利亚、韩国、俄罗斯、印度、新加坡、菲律宾等国家以及中国香港、台湾等地区的十多个图书馆保持书刊交换关系[5]。

（一）浙江图书馆书目检索

从浙江图书馆首页的搜索框（默认为"浙图书目"），即可检索浙江图书馆的图书、期刊、报纸、古籍、图片、新舆图等。检索方法有基本检索和高级检索。检索字段：任意词、题名、ISBN、著者、主题词、分类号、控制号、订购号、出版社、索书号等。检索结果，可按匹配度、出版日期、主题词、题名、著者、索书号等，进行排序；可按图书馆、馆藏地点、主题、著者、出版日期、文献类型、语言种类、新到时间、可借等，进行筛选、精确。

（二）全国借书服务

浙江图书馆虽然属于省级图书馆，但它依托互联网技术优势，面向全国读者推出全国借书服务，即使是不在浙江的用户，也可以借阅浙江图书馆的图书。浙江图书馆于2018年4月23日世界读书日开通全省借书，2018年12月开通全国借书。只要成为浙江图书馆的用户，就可通过信用借阅远程借书，具体操作方法如下[6]。

第一步，持本人身份证等有效证件，免费网上注册成为浙江图书馆的用户，可远程借阅中文图书、远程访问数据库等。有以下三大便民措施。

免押金：芝麻信用达到550分，免押金借书。

免读者证：凭芝麻信用分、身份证或杭州市民卡借书，无须办理读者证。

免逾期费：超期不再产生逾期费，如逾期，暂停外借，归还后，恢复外借。

第二步，登录以下系统的“信阅”平台即可自助借书：浙江图书馆微信服务号、支付宝生活号、浙江图书馆官网或App。

第三步，选择图书，浙江图书馆有100万册馆藏中文图书可供快递借阅，基本借阅规则如下。

读者可借阅馆藏文献20册+“信阅”新书3册。

借期30天，续借期30天。

已预约图书不能续借。

支付宝绑定读者账号，系统自动推送还书提醒。

外借日期自快递签收当日起开始计算。

可通过邮寄方式归还所借图书,归还日期以工作人员实际收到图书进行系统操作时间为准。“信阅”平台新书(书商直供)寄递归还时,须附上身份证号码。

注意:因防疫等突发公共卫生事件的特殊时期,可能暂停远程借书服务。

第四节　联合目录

当用户在本校图书馆或本机构图书馆、本省市公共图书馆、国家图书馆都未找到所需要的文献时,可以使用联合目录。联合目录是指揭示多个图书馆或文献收藏单位所藏文献的目录。用户可以从一个联合目录来检索多个图书馆的馆藏,从而知道哪个图书馆收藏了所需要的文献。联合目录能扩大检索和利用文献的范围,在获知文献所在的位置后,可以通过馆际互借与文献传递来获取。

本节主要讲解几种常见的联合目录:CASHL、NSTL、CALIS 联合目录。这几种联合目录各有特点、相互补充,使用顺序以就近原则中“省钱”上的“近”为宗旨,因为文献传递服务通常不是免费的,CASHL 经常有免费传递期刊论文的活动,是用户的首选;NSTL 虽然不免费,但费用较低,并且传递全文速度较快;而 CALIS 的优势在于涵盖的高校图书馆的范围比较广。此外,如果要查找的是地方文献,那么可去当地省市级图书馆;而如果不是地方性很强的文献,则可通过联合目录来查找。

注意:联合目录查到的是纸本文献的馆藏位置,通过联合目录确定文献所在的图书馆之后,需要通过馆际互借与文献传递才能获得原件或复印件,并非是直接在线下载全文。

一、CASHL

CASHL(China Academic Social Sciences and Humanities Library)即中国高校人文社会科学文献中心，是全国高校图书馆在资源建设方面形成的一个外文人文社科文献联合保障体系，由北京大学、复旦大学、武汉大学、吉林大学、中山大学、南京大学、四川大学、北京师范大学、东北师范大学、华东师范大学、兰州大学、南开大学、山东大学、清华大学、厦门大学、浙江大学、中国人民大学等17所综合性高校图书馆，70余所教育部文专院校及近900家成员馆组成。CASHL还与高等教育文献保障系统(CALIS)、中国社科院图书馆、上海图书馆达成战略合作。CASHL的资源以外文人文社科文献为主。截至2021年，纸本期刊约6.2万种，纸本图书345多万种，电子期刊20多万种，电子图书约177.5万种，大型特藏246种。此外，CASHL已揭示开放获取(OA)的数据库200多个[7]。

CASHL的收藏特点是揭示人文社会科学的外文期刊和外文图书，目前不收录中文文献。用户在本馆中查找不到的文献，可以利用CASHL查找，找到后可以直接查看馆藏地，并根据自己的需要进行馆际互借与文献传递。

CASHL的检索方法包括基本检索和高级检索；检索字段包括题名、作者、主题、ISBN、ISSN、DOI、摘要、出版社、出版物名、目次、全文、中图分类号等。

注意：CASHL经常有免费传递期刊论文的活动，指的是外文期刊论文部分免费传递，而外文图书的馆际互借都是要收费的。

二、NSTL

NSTL(National Science and Technology Library)即国家科技

图书文献中心，是数字时代的国家科技文献信息资源保障基地，整合了中国科学院文献情报中心、中国科学技术信息研究所等 9 个文献信息机构收藏的文献。主要收录中外文的学术期刊、学术会议、科技报告、图书、学位论文、专利、标准、计量规程等文献类型。其中，中文学位论文近 500 万篇，外文学位论文近百万篇。NSTL 拥有纸本外文文献 2.5 万多种。其中，外文期刊 1.7 万多种，外文会议录等 8000 多种。面向全国开通网络版外文现刊 500 多种，回溯期刊 3000 多种，事实型数据库 2 个，OA 学术期刊上万种等。学科范围涉及理、工、农、医四大学科领域，并兼顾社会科学和人文科学。此外，NSTL 已整合开放获取(OA)的期刊上万种，期刊文献 700 多万篇，会议文献 50 多万篇[8]。

NSTL 的收藏特点是涵盖多种文献类型，包括期刊、学位论文、会议论文等，并且外文纸本文献多；收藏多语种，包括中文、西文、俄文、日文等；涉及学科范围广。用户在本馆中查找不到的文献，可以利用 NSTL 查找，找到后可以根据自己的需要进行馆际互借与文献传递。

NSTL 的检索方法包括基本检索、高级检索、专业检索等；检索字段包括题名、作者、机构、关键词、主题词、摘要等。

三、CALIS

CALIS(China Academic Library & Information System)即中国高等教育文献保障系统。CALIS 联合目录公共检索系统(简称“CALIS 联合目录”)，又称 CALIS OPAC 系统，是教育部高等教育文献保障中心提供的全国高校系统的联机目录查询系统。CALIS 联合目录已有书目记录 800 多万条，涵盖纸本图书和连续出版物、古籍、地图、乐谱、电子资源和视频资料等文献类型；涵盖中文、西文、日文和俄文等语种[9]。

CALIS 联合目录的收藏特点是以图书和期刊为主的书目记录；收藏多语种，包括中文、西文、俄文、日文等；涉及学科范围广。用户在本馆中查找不到的文献，可以利用 CALIS 联合目录查找，找到后可以直接查看馆藏地，并根据自己的需要进行馆际互借与文献传递。

CALIS 联合目录的检索方法包括简单检索和高级检索，还提供古籍四部类目浏览。检索字段有题名、责任者、主题、出版者、ISBN、ISSN 等。

第五节　馆际互借与文献传递

如同搜索引擎不能穷尽所有的网络资源一样，任何一个图书馆，都不可能收藏穷尽世界上所有的文献资源。当用户查询某个图书馆的馆藏后，发现仍然无法找到所需文献时，可以利用图书馆的馆际互借与文献传递服务，通过本馆向合作馆提出申请，图书馆将设法通过各种途径帮用户从国内外图书馆查找所需要的文献，包括期刊论文、学位论文、图书等。

通过联合目录可以定位哪个图书馆有所需要的文献，用户并不需要直接到那个图书馆借阅，而是可以利用图书馆的馆际互借与文献传递服务，这个服务通常需要一定的费用，但与实地往返跑的旅费和所花的时间精力相比，其实是合算的。

注意：馆际互借与文献传递的前提是要先查看本馆有没有收藏（包括纸本和电子资源），一定不要舍近求远。此外，要注意每个图书馆对外借都有一定的限制，并不是所有书都可以外借的，期刊、学位论文、港台图书等一般都不提供外借，无法进行馆际互借，这时用户可选择文献传递的方式。

图书馆的馆际互借与文献传递，能够帮助用户获取所在图书馆未收藏的图书或期刊论文、学位论文等文献。简单来说，就是从外馆借书或获取论文。馆际互借与文献传递是两种不同的形式。馆际互借(返还式)，即向其他图书馆借图书原件，根据借出馆的借书期限规定，到期归还给借出馆。馆际互借，是一个图书馆与另一个图书馆之间的相互借书，个人用户须经由本馆提交申请。文献传递(非返还式)，是指通过扫描、复印等方法传递国内外的图书章节、期刊论文、学位论文、会议论文、科技报告、电子文献等，不需要归还。

一、馆际互借

馆际互借的要点：适用于本馆未收藏，但合作图书馆有收藏，并且可外借的图书。

馆际互借的图书，同样有借阅册数和借阅期限的规定，各馆略有不同，超期也有罚款，并且一般不可续借。

馆际互借费用：馆际互借是收费服务，按照出借馆公布的标准收费。

馆际互借一般都是经由本馆提交申请。图书到馆后，借书、还书和付费都经由本馆完成。一般不接受个人用户直接向借出馆申请。

作为馆际互借的出借方的主要机构如下。

(一) 国家图书馆

国家图书馆全面入藏国内中文图书，另有123种文字的外国文献占馆藏的40%，是国内收藏外国文献最多的图书馆。作为全国馆际互借中心，与全国600多家图书馆建立馆际互借合作关系[3]。国家图书馆开展馆际互借的出借范围：中文基藏库和外文子库的图书。

（二）上海图书馆

上海图书馆收藏中外文图书数百万册，其中，可流通图书超过半数，与国内60多家文献信息提供单位建立馆际互借合作关系。上海图书馆还与CALIS合作，从而与很多高校图书馆建立馆际互借合作关系[4]。上海图书馆开展馆际互借的出借范围：参考外借资料中的图书。

（三）CASHL

CASHL提供“高校人文社科外文图书联合目录”查询，有上百万种外文图书可馆际互借[7]。CASHL成员馆（即加入CASHL的各大高校图书馆）所在学校的师生，均可借阅通过CASHL查询到的符合馆际互借条件的图书。

（四）CALIS

CALIS提供国内高校图书馆的可外借图书、上海图书馆的可外借图书[9]。经由CALIS系统，馆际互借上海图书馆的外借图书，经常有优惠活动。

（五）本地合作馆

各高校图书馆，一般都与本地的高校图书馆建立馆际互借合作关系。协议馆图书若注明非借、系资料室、仅供阅览、保存资料等，则不提供馆际互借。

费用：通常，本地高校协议馆暂不收费。虽然本地高校协议馆通常不收费，但高校图书馆的开放性不如上海图书馆和国家图书馆，限制比较多，如提供的馆际互借图书总册数较少，等待借书的时间可能较长，满足率相对较低。

二、文献传递

文献传递的要点：本馆未收藏，但合作馆有收藏的图书章节、期刊论文、学位论文等，不提供原件，但可以提供电子版或印刷版的复制品。

文献传递时间：一般在 1—3 个工作日可以获得文献。

文献传递费用：文献传递也是收费服务，按照提供馆公布的标准收费。

文献传递一般也是经由本馆提交申请。文献到馆后，获取文献和付费都经由本馆完成。

提供文献传递的主要机构如下。

（一）CASHL

CASHL 提供 20 多万种外文期刊、几百万种外文图书的部分章节的文献传递[7]。CASHL 文献传递的特点如下。

1. 模式独特：读者注册并被本校图书馆确认账户后，即可直接 DIY，自己在 CASHL 平台上申请文献传递，并直接通过电子邮件获取所申请文献的电子版。

2. 免费活动：CASHL 的外文期刊论文，每学期都有免费文献传递的活动，但在免费活动期间，文献传递速度比较慢。

3. 在 CASHL 查询结果中，刊名目录后没有该刊收录年限的、篇名目录详情中没有馆藏地的，暂时不能传递。

4. CASHL“高校人文社科外文图书联合目录”中的外文图书，不在免费活动范围内。

5. CASHL 没有收录中文文献。

CASHL 目前已拥有 900 多家成员单位，包括高校图书馆和其他人文社会科学研究机构。只要是 CASHL 成员馆的用户，便可以在 CASHL 注册，再由所属的图书馆确认并开通账户，就可以自己在网上通过 CASHL 平台提交期刊论文申请，并通过电子邮件获取全文。每学期开学初有优惠活动。

（二）NSTL

NSTL，主要收录中外文的学术期刊、学术会议论文、科技报告、图书、学位论文、专利、标准、计量规程等[8]。NSTL 文献传递的特点如下。

1. 速度快、费用少，一般在 2 个工作日内可获得全文，按 NSTL 公布的标准收费。

2. NSTL 是少有的可以获取学位论文全文传递的机构。

3. 外文期刊包括：西文期刊、俄文期刊和日文期刊。

可以实名注册为 NSTL 个人用户，直接在 NSTL 平台上申请文献传递，也可以经由所在图书馆申请文献传递全文。

（三）CALIS

CALIS 提供国内高校图书馆的文献传递，包括图书章节、期刊论文、学位论文等[9]。用户在申请文献传递前，可以主要通过检索 CALIS 联合目录、外文期刊网、e 读学术搜索等，来定位哪个图书馆有所需要的文献。

CALIS 联合目录的服务对象主要为高校用户，只要用户所在大学的图书馆是 CALIS 的成员馆，便可以使用校园卡或读者卡进行注册，再由所属的图书馆确认并开通账户，接着便可以自己在网上通过 CALIS 平台提交申请，并通过电子邮件获取全文。与 CASHL 经常有外文期刊论文免费获取活动不同，CALIS 的文献传递都是收费的。

（四）国家图书馆

国家图书馆收藏中外文献超过 3500 万册，与 100 多个国家和地区的数百家机构开展文献传递合作[3]。除善本等文献外，文献传递服务的品种、数量不限。如不属于中文基藏库或外文子库的图书，虽不能馆际互借，但可以通过文献传递获得复制的全书。通常，可经由本馆申请文献传递，也可作为个人用户直接向国家图书馆申请文献传递。

（五）上海图书馆

上海图书馆收藏中外文献超过5700万册，以历史文献最具特色。提供图书、期刊、硕博士论文、近代文献等文献传递[4]。如不属于参考外借资料的图书，虽不能馆际互借，但可以通过文献传递获得复制的全书。通常，可经由本馆申请文献传递，也可作为个人用户直接向上海图书馆申请文献传递。

对上海地区的高校来说，上海图书馆相比国家图书馆，费用低、速度快、满足率高，用户可依据就近原则加以选择。

三、注意事项

在利用馆际互借与文献传递的文献时，首先要注意的是：必须遵守《著作权法》，读者获得的文献、原文复制件等只能用于个人学习、研究使用，不得用于营利目的。如果超出“合理使用”范围，用户要为发生的版权侵权行为负责。如果用户的请求超出《著作权法》规定的“合理使用”范围，图书馆等文献信息机构保留拒绝接受该请求的权利。

例如，中国高校人文社会科学文献中心（CASHL）规定[7]：

> 用户须遵守《中华人民共和国著作权法》，合理使用CASHL资源与服务，不提出整期期刊与整本图书的复制申请。CASHL提供的文献仅用于用户个人的学习和研究，不可用于商业用途或非法目的。

关于馆际互借与文献传递，还需要注意的有以下几点。

1. 要优先查找本馆的馆藏文献，避免资源浪费。如果没有，再查找外馆资源。

2. 馆际互借，都是经由本馆提交申请，一般不接受个人用户直接向借出馆申请。

3. 文献传递，一般也是经由本馆提交申请，非高校用户、非科研院所用户，可以注册为个人用户。

4. 可直接向国家图书馆、上海图书馆提交申请。

5. 已经提交的文献申请，切勿随意取消。

6. 要确保信息（所申请文献的信息与用户的个人基本信息）准确。

答疑解惑

本章开头的检索提问，你知道怎么解答了吗？

Q：我听说“二战”时期，上海成为犹太人的“诺亚方舟”，我对这一段历史很感兴趣，想作为论文选题，想知道上海图书馆、国家图书馆收藏了哪些与“犹太人在上海”相关的图书，如何查找？

A：这个提问，要找的是与一个主题相关的图书，而不是已知确定书名的一本书，所以如果直接输入：**犹太人在上海**，仅能找到很少量的结果，如果输入两个检索词：**犹太人 上海**（空格默认逻辑关系为逻辑与），则能找到较多的相关图书，因为**犹太人 上海**的检索结果，不仅包括**犹太人在上海**的检索结果，而且在检索结果中，**犹太人**与**上海**这两个检索词的前后顺序可以互换。

Q：我在美国爱荷华大学留学，需要查找明末清初华亭女诗人章有湘的《閨秀詞鈔》，但遍寻不得，想起她是华亭人，现在华亭在行政划分上应该属于上海，想请上海的老师帮我查找。

A：从这个提问中能看到一个很典型的认识误区，就是认为中文文献只有在中国才能找到。的确，通过检索上海图书馆的古籍书目，能找到《閨秀詞鈔》，是徐乃昌辑，再通过搜索引擎的搜索，获知《閨秀詞鈔》卷三收有章有湘的词作；但是笔者还搜索到美国的哈佛燕京图书馆也收藏了《閨秀詞鈔：十六卷（清徐乃昌輯）》，如此一来，这位在美的留学生，就不用舍近求远地到中国上海找《閨秀詞鈔》了，可以直接去美国的哈佛燕京图书馆。

Q：我的学位论文要开题了，我想对美国作家 Paule Marshall 的小说 *Brown Girl*，*Brownstones* 进行文学评论和分析，能在国内的图书馆找到英文原版图书吗？

A：根据纸本文献查找思路，确定查找的顺序为：本馆—上海图书馆—国家图书馆—CASHL。由此，先确定了清华大学图书馆、复旦大学图书馆等有收藏 *Brown Girl*，*Brownstones*。再通过图书馆的馆际互借与文献传递服务，获得这本图书的复印件。

Q：我有个出国留学的师姐，托我查一本《钮氏源流考》，说全国只有三本，在华东师范大学图书馆有一本馆藏，可是我怎么找不到？

A：这个提问的解答，说明了检索其实是一个综合运用的过程。如果仅输入：**钮氏源流考**，在华东师范大学图书馆的书目系统中查询，的确找不到，但先通过搜索引擎搜索一下，可以发现《钮氏源流考》是《黃鈕同宗譜》的分卷，再用**黃鈕同宗譜**在华东师范大学图书馆的书目系统中查询，就找到了《黃鈕同宗譜》（鈕永建纂），也就找到了《钮氏源流考》。

Q：怎样通过 CALIS 从上海交大图书馆借书？我想借阅收录了朱瑞熙的《一个长盛不衰的官僚家族：宋代江阴葛氏家族初探》一文的图书。

A：这个提问，出自华东师范大学的一个博士生，他认为邻校比自己学校名气大，藏书就一定比本校多，而事实是：本校图书馆就有该纸本图书，但他却查不到。问题出在他的检索方式有偏差，他需要找的是论文集中的一篇论文，于是他分别用这篇论文的篇名和作者姓名在书目系统中查询，没有找到。这也是一类常见错误，注意（敲黑板，重点！）查论文集中的论文，在书目检索系统中只能用书名查，不能用论文篇名或论文作者姓名查。利用搜索引擎或知网、读秀等数据库，从论文篇名可以查到书名，再用书名到书目系统中进行查询。

Q：我在一篇论文中发现谢天振在 1989 年 6 月发表过一篇文章《为"弃儿"寻找归宿——论翻译在中国现代文学史上的地位》。我怎样才能找到这篇文章？

A：这个提问，看似简单，到数据库搜索一下就好了，但是我们搜索后发现三大中文数据库都没有收录这篇论文，怎么办？那就转换思路，找纸质期刊。书目系统中的题名检索，只能用期刊名查，不能用期刊的论文篇名查，因此，要先通过搜索引擎查到该篇论文发表在哪个期刊上。在搜索结果中发现，有的结果显示是期刊《上海文化》，有的结果显示是期刊《上海文论》。再到上海图书馆的书目系统中检索，发现该期刊有一个更改期刊名的过程，1987 年—1992 年是《上海文论》，1993 年更名为《上海文化》，而该篇论文是 1989 年发表的，最后确定应该找的期刊是《上海文论》，接下来就可以到上海图书馆的期刊阅览室去查看这篇论文，也可以通过馆际互借与文献传递，获得这篇论文的复印件。

参考文献

[1] 国家图书馆《中国图书馆分类法》编辑委员会. 中国图书馆分类法：第 5 版

[M]. 北京：国家图书馆出版社，2010.
[2] 中国图书馆分类法[EB/OL]. [2022-06-30]. http://clc.nlc.cn/.
[3] 中国国家图书馆·中国国家数字图书馆[EB/OL]. [2022-06-30]. http://www.nlc.cn/.
[4] 上海图书馆[EB/OL]. [2022-06-30]. https://library.sh.cn/.
[5] 浙江图书馆[EB/OL]. [2022-06-30]. http://www.zjlib.cn/.
[6] 浙江图书馆. 使用"信阅"服务的常见问题和相关事项[EB/OL]. (2020-05-29)[2022-06-30]. http://www.zjlib.cn/fwjyzn/55113.htm.
[7] 中国高校人文社会科学文献中心(CASHL)[EB/OL]. [2022-06-30]. http://www.cashl.edu.cn/.
[8] 国家科技图书文献中心(NSTL)[EB/OL]. [2022-06-30]. https://www.nstl.gov.cn/.
[9] CALIS联合目录公共检索系统[EB/OL]. [2022-06-30]. http://opac.calis.edu.cn/.

第三章
学术搜索引擎

本章重点讲解智能学术搜索引擎 Semantic Scholar 和学术搜索引擎 BASE,同时也包括如何正确使用网络、如何识别假新闻的方法。

第一节　上网的正确姿势

网络的普及,为人们获取信息带来了极大的便利。人们可以通过搜索引擎来搜索网络信息,或者从社交平台获取各类信息。但海量的网络信息,良莠不齐,要如何去伪求真?在学习使用学术搜索引擎之前,先要了解正确使用网络的方法。

国际图联(IFLA)于 2017 年 1 月发布《如何识别假新闻》(*How to Spot Fake News*)信息图[1],提出识别假新闻的 8 个方式:

了解来源(Consider the Source)

查实内容(Read Beyond)

核实作者(Check the Author)

证实真伪(Supporting Sources?)

核实时间(Check the Date)

判断虚实(Is It a Joke?)

自查偏见(Check Your Biases)

请教专家(Ask the Experts)

图 3－1　如何识别假新闻(2017 版)

IFLA 于 2020 年 4 月特别推出《如何识别假新闻(COVID-19 版)》信息图[2]，根据疫情环境调整识别假新闻的 8 个方式为：

了解来源(Consider the Source)
查实内容(Read Beyond)
证实真伪(Supporting Sources?)
查证多信息源(Do Others Agree?)
判断虚实(Is It a Joke?)
自查偏见(Check Your Biases)
请教专家(Ask the Experts)
分享前先三思(Look before You Share)

图 3-2　如何识别假新闻(COVID-19 版)

与2017版相比，COVID-19版在“请教专家”中新增了WHO这类官方来源，并强调查证多信息源(Do Others Agree?)、分享前先三思(Look before You Share)。

一、查证信息来源

不要被一些吸引眼球的“爆炸”信息所迷惑，要从多方面查证信息来源：① 查看信息发布者，确认发布者是否真实、可信；② 查看发布日期，确认信息是新闻还是旧闻，是否有效；③ 查看发布网站或平台，如查看“关于我们”(About Us)，确认主办机构是否权威；④ 查看更多的信息源，及其引用了哪些来源，确认是否有可靠来源。

二、权威的信息来源

网络上的信息鱼龙混杂，如何才能找到可靠信息？其实，这并非普通人所想的那么困难重重，简单快速的一个方法，就是通过域名加以判断。域名URL中出现.gov、.edu、.org的网站，一般来说是可靠的、权威的。

.gov是government的缩写，表示是政府机构；.edu是educational institution的缩写，表示大学一类的教育机构；.org是organization的缩写，表示是非营利的组织机构。

1. 政府机构官方网站

(1) 可查询政府机构颁发的政策、法规、条例等，如：中国政府网(http://www.gov.cn/)、教育部(http://www.moe.gov.cn/)、科学技术部(http://www.most.gov.cn/)、文化和旅游部(https://www.mct.gov.cn/)、商务部(http://www.mofcom.gov.cn/)、应急管理部(http://www.mem.gov.cn/)等。

（2）可查询企业资质、经营状态，以及是否有违法记录等，如：中国裁判文书网（http://wenshu.court.gov.cn/）、国家企业信用信息公示系统（http://www.gsxt.gov.cn/）、全国法院被执行人信息查询（http://zxgk.court.gov.cn/zhixing/）、中国商标网商标网上查询（http://sbj.cnipa.gov.cn/sbj/sbcx/）、全国医疗机构查询（http://zgcx.nhc.gov.cn:9090/unit）等。

2. 国际组织官方网站

可查询国际组织发布的各类信息，如：联合国（United Nations，https://www.un.org/）、联合国教科文组织（UNESCO，https://www.unesco.org）、世界贸易组织（WTO，https://www.wto.org/）等。

这些政府机构、大学、国际组织在社交平台开设的官方账号所发布的信息，也是可靠的、权威的，但一定要注意不要被山寨账号蒙骗。

三、学会质疑

平时要注重提升自我信息素养，让自己具备批判性思维意识和能力，学会质疑、多思考，多从不同角度来思考，反思是否有偏见影响到自己的判断，有效降低基于主观性所导致的信息不对称。对未经求证的信息，不引用、不传播。

四、请教专家或专业机构

由于个人自身时间和知识上的局限性，完全消除信息的不对称几乎是不可能的。但术业有专攻，你可以向身边的专业老师或专家请教，以及咨询 WHO 这类专业机构。

第二节　智能学术搜索引擎 Semantic Scholar

Semantic Scholar 是什么?

Semantic Scholar 如何智能?

Semantic Scholar 可以查到什么?

你也许有一堆问号,那就赶快跟着我们一起来探索吧!

一、Semantic Scholar 概况

(一) Semantic Scholar 是什么

每周有数百万学者使用的 AI 学术搜索引擎:

Semantic Scholar | AI-Powered Research Tool

(https://www.semanticscholar.org/)

图 3-3　智能学术搜索引擎 Semantic Scholar

Semantic Scholar 于 2015 年上线,由微软联合创始人保罗·艾伦(Paul Allen)创建的艾伦人工智能研究所(Allen Institute for Artificial Intelligence,简称 AI2)研发。Semantic Scholar 旨在利用

AI 技术帮助用户从海量的学术文献中筛选有用信息，解决信息超载的问题。

（二）Semantic Scholar 如何智能

网络信息极为丰富，学术信息也浩如烟海，如 2018 年就有 42500 种期刊发表了超过 300 万篇论文。面对前所未有的大量学术信息，要如何才能及时发现新信息，并与最新学术前沿保持同步？Semantic Scholar 利用 AI 技术，利用数据挖掘、自然语言处理和计算机视觉等方法，让学术信息更加容易被发现，使研究人员节省时间，做出明智的决定以促成科学突破，从而在学术领域中发挥更大的作用[3-5]。

Semantic Scholar 利用机器学习技术从论文中提取含义并识别联系，然后使这些见解更容易被发现、被看到，以帮助研究者快速获得深入理解。

（三）Semantic Scholar 可以查到什么

Semantic Scholar 覆盖海量的学术文献，自 2015 年上线至今，已收录 2 亿多篇学术文献，其涵盖的学科领域及其文献数量，都飞速增长：

2015 年，300 万篇计算机科学的文献；

2016 年，1000 万篇计算机科学和神经科学的文献；

2017 年，3600 万篇计算机科学、神经科学和生物医学的文献；

2018 年，4200 万篇包括更多学科领域的文献；

2019 年，1.78 亿篇包括所有学科领域的文献；

2020 年，1.9 亿篇包括所有学科领域的文献且每天新增，22 亿次引用，7400 万作者。

1. 学科范围：Semantic Scholar 涵盖所有学科领域，即 STM（科学、技术和医学）与 SSH（社会科学与人文），包括生物学、医学、计算机科学、工程、环境科学、地质学、材料科学、数学、物理学、化学、地理、商业、历史、经济学、艺术、哲学、政治学、心理学、社会学等。

2. 文献类型：学术期刊、学术会议及学术机构的学术文献。

3. 文献语种：目前主要是英语文献，将来可能支持其他语言。

4. 合作伙伴：全球 50 多家出版商、数据库商、大学出版社和学术团体等直接合作伙伴，如 PubMed、Springer Nature、Taylor & Francis、SAGE、Wiley、ACM、IEEE、Wolters Kluwer、Science、BioOne、BMJ Journals、CiteSeerX、dblp、De Gruyter、frontiers、Karger、PROJECT MUSE、Cambridge University Press、HighWire Press、MIT Press、University of Chicago Press、arXiv、bioRxiv、medRxiv、Microsoft、Unpaywall 等。

二、搜索方法

用两个检索示例来看 Semantic Scholar 到底是如何 AI 的。与主要基于搜索词频率结果的搜索引擎相比，Semantic Scholar 使用自然语言和机器学习等 AI 技术来“消除混乱”，帮用户找到更多相关结果。

（一）检索示例

使用 Semantic Scholar，不用学习太多的检索技巧，只要简单输入一个搜索词，就可以得到比较满意的结果。以搜索 Artificial Intelligence 为例，第一步，直接输入：**Artificial Intelligence**，搜索结果超过 1700000 条；第二步，加上英文半角双引号，输入：**"Artificial Intelligence"**，搜索结果超过 491000 条，浏览结果发现，第二步比第一步的结果更相关。

（二）检索技术

Semantic Scholar 是利用 AI 技术的学术搜索引擎，因此用户不用学习基本检索、高级检索、专业检索、布尔逻辑算符等方法和技巧，只需要了解" "词组搜索：给词组加上英文半角双引号" "，表示词组搜索，即词组是作为一个整体出现，不被拆分，不改变字词之间的顺序。如：

"Artificial Intelligence"

搜索结果中，Artificial Intelligence 是作为一个整体出现，筛除 Artificial、Intelligence 分开出现的结果。利用" "词组搜索，可快速找到更相关论文。

（三）检索要点

1. Semantic Scholar 不区分大小写。

2. 目前不支持布尔逻辑算符 AND、OR、NOT（几乎所有数据库都支持布尔逻辑算符）。

3. 目前不支持截词符（大部分外文数据库都支持截词符）。

4. 目前不支持识别缩写和首字母缩略词（如 KDD 是 knowledge discovery and data mining 的缩写，不可用 KDD 进行搜索），为获得准确结果，要输入完整的字词，但支持对作者姓名进行扩展查询。

三、调整搜索结果

进行初步搜索后，可选择不同排序方式、筛选方式，调整搜索结果。

（一）搜索结果排序

Semantic Scholar 的搜索结果有 4 种排序方式：默认按相关度排序（Sort by Relevance），还可选择按被引次数（Sort by Citation Count）、最有影响力论文（Sort by Most Influential Papers）、新近度排序（Sort by Recency）。搜索 Artificial Intelligence，将结果排序调整为按被引次数排序，第一篇即最高被引次数的论文，并可查看论文的每年被引次数。

（二）搜索结果筛选(Filters)

Semantic Scholar 的搜索结果有 6 种筛选方式：可按研究领域(Fields of Study)、时间范围(Date Range)、有 PDF(Has PDF)、出版物类型(Publication Type)、作者(Author)、期刊与会议(Journals & Conferences)等对搜索结果进行筛选。

1. 研究领域(Fields of Study)：可选择艺术、生物学、商业、计算机科学、化学、经济学、工程、环境科学、地理、地质学、历史、材料科学、数学、医学、哲学、物理学、政治学、心理学、社会学等研究领域。

2. 时间范围(Date Range)：可查看最早文献的发表年份、历年文献的发表数量、最新文献，而且，可从年份曲线图了解这个领域的研究趋势。如查看**"Artificial Intelligence"**的搜索结果发现，最早文献出现在 1930 年代，远远早于我们以为的最近几年的研究热点。

3. 出版物类型(Publication Type)：可选择期刊文章、会议、图书、案例报告、临床试验等出版物类型。

4. 作者(Author)：可选择论文数量位列前十的作者。

5. 期刊与会议(Journals & Conferences)：可选择顶级期刊、顶级会议。

四、搜索结果显示

以搜索 Artificial Intelligence 为例，搜索结果不仅包括每条相关文献的篇名、作者、刊名、发表时间，以及 TLDR 或摘要、被引次数和高影响力被引、全文获取、按数据库或出版商查看、引文导出，还包括保存到图书馆、邮件订阅、研究推送等。

（一）TLDR(Too Long; Didn't Read)

TLDR(Too Long; Didn't Read)是 Semantic Scholar 特有的 AI 功能，于 2020 年 11 月推出，是利用 AI 技术自动生成学术论文的一

句话摘要[6]。TLDR 从论文的摘要、引言和结论中自动生成一句句子。TLDR 与摘要的用途不同，比摘要更精炼，可轻松有效地了解一篇论文的研究结果、研究亮点，快速而明智地确定哪些论文是与自己的研究领域相关的，需要在哪些方面花时间进一步阅读。TLDR 可帮助用户克服信息过载，比查看标题和摘要的方式更快地整理搜索结果，尤其是在手机上，也便于在社交媒体上分享论文。推出伊始，TLDR 仅限于计算机科学和生物医学领域，之后将陆续涵盖其他学科领域的论文。

（二）被引次数和高影响力被引

学术搜索引擎和数据库一般都有显示被引次数的功能，高影响力被引是 Semantic Scholar 特有的 AI 功能，是利用机器学习模型来确定的，该模型分析了出版物的被引次数以及每个引用的周围背景等诸多因素。通常来说，被引次数反映了文献的影响力。Semantic Scholar 利用 AI 确定高影响力被引，可找到综合多种因素考量所得的高影响力文献。

（三）全文获取

Semantic Scholar 的部分搜索结果有免费全文可供下载，在显示出的所有搜索结果的上方，点击“Has PDF”，接着出现的结果都是有免费 PDF 的文献；在每条文献 TLDR 或摘要的下方，点击“PDF”或点击“在期刊或网站查看 PDF”（如 View PDF on arXiv），可获得这篇文献的免费 PDF。

（四）按数据库或出版商查看

按数据库或出版商查看（如 View on Elsevier、View via Publisher），可进一步获取文献的详细信息，如图书的出版商、DOI、ISBN、出版时间、目录等信息；会议论文的会议发言视频、会议论文集目录等。

（五）引文导出

你还在手动输入参考文献吗？请不要被自己“勤动手”所感动，学术研究更需要“勤动脑”，参考文献不用手动输入，可直接利用 Semantic Scholar 的引文导出功能。在搜索结果的文献 TLDR 或摘要的下方，点击“Cite”，显示 BibTex、MLA、APA 或 Chicago 等 4 种常用引文格式，还可将引文导出到文献管理软件 EndNote 等。

五、论文页面

在搜索结果中，点击文献篇名，即进入论文页面。论文页面呈现 Semantic Scholar 从论文中提取的关键信息，主要包括 5 个方面，其中被引文献、参考文献、相关文献起到研究导航的作用，可快速了解这篇论文与其他论文在研究上的关联。

（一）论文摘要信息

论文页面的上方，显示论文的篇名、作者、刊名、发表时间、摘要，在论文篇名上方显示 DOI、系统 ID 编号，在摘要下方显示全文获取、按数据库或出版商查看、引文导出，还包括保存到图书馆、邮件订阅、研究推送等（详见“七、管理个人信息”）。论文篇名右侧，显示总被引次数、高影响力被引（Highly Influential Citations）、研究背景被引（Background Citations）、研究方法被引（Methods Citations）、研究结果被引（Results Citations）。

（二）图表和主题

显示该论文中的所有图表，以及论文相关主题，可快速抓住论文重点。

（三）被引文献

显示该论文的所有被引文献，被引文献可以进行搜索、排序和筛选，可快速了解这篇论文的后续研究，以及后续研究中的重要论文：

最有影响力论文。被引文献有 4 种排序方式：默认按相关度排序，还可选择按最有影响力论文、被引次数、新近度排序。被引文献有 7 种筛选方式：时间范围、引文类型（Citation Type）、有 PDF、出版物类型、作者、顶级期刊与会议、研究领域。其中，引文类型分为 3 类，包括研究背景被引、研究方法被引、研究结果被引。

（四）参考文献

显示这篇论文的所有参考文献。参考文献有 3 种排序方式：默认按相关度排序，还可选择按最有影响力论文、新近度排序。

（五）相关论文

Semantic Scholar 利用 AI 技术推荐与这篇论文相关的 N 篇论文。

六、作者页面

Semantic Scholar 根据其学术出版商合作伙伴和公共资源的数据，自动生成了作者页面。作者页面让你快速了解一位作者的所有研究成果。

以 2020 年诺贝尔化学奖得主、两位科学家 Emmanuelle Charpentier 和 Jennifer A. Doudna 为例，搜索 Emmanuelle Charpentier，结果默认按相关度排序，将结果调整为按被引次数排序，第一篇即最高被引次数的论文；将结果调整为按最有影响力论文排序，第一篇也是最高被引次数的论文，确认这篇论文是作者的最有影响力论文。有意思的是，这篇论文的作者，包括 Emmanuelle Charpentier 和 Jennifer A. Doudna。

在所有搜索结果上方，显示作者发表文献的数量、总被引次数和所属学科，点击作者名字，即进入作者页面。

（一）作者成果基本信息

作者页面的左边可查看：出版物数量（Publications）、h 指数（hindex)、被引总次数(Citations)、高影响力引文(Highly Influential Citations),以及"很 AI"的推荐相关作者(Recommended Authors)。点击某个相关作者,即可进入该作者页面。Emmanuelle Charpentier 的相关作者包括了 Jennifer A. Doudna。通过这个功能,可快速了解与该作者研究方向一样或相似的其他作者。

(二)作者页面的结果排序

作者页面的搜索结果有 5 种排序方式:默认按最有影响力论文排序,还可选择按被引次数、每年被引变化(Sort by Change in Citations per Year)、每年被引(Sort by Citations per Year)、新近度排序。其中,每年被引变化、每年被引,可快速发现这篇论文的持续影响力。

(三)作者页面的结果筛选

作者页面的搜索结果有 6 种筛选方式:合作者(Co-Author)、有 PDF,以及更多筛选(More Filters)的 4 种筛选方式(时间范围、研究领域、文献类型、顶级期刊和会议)。其中,合作者筛选,可选择合作论文数量位列前十的作者。

(四)作者影响力

作者页面的搜索结果不仅可查看作者发表的论文,还可查看作者影响力,点击"Influence",即显示作者影响力图。以 Emmanuelle Charpentier 的作者影响力图为例,图的左边是对其学术影响最大的作者,包括了 Jennifer A. Doudna,图的右边是受到其启发最多的作者,也包括了 Jennifer A. Doudna。作者影响力,可快速了解该作者主要研究方向的研究脉络。

➢ Tips

什么是 h 指数?

h 指数的定义是:学者发表的 N 篇论文中有 h 篇每篇至少被引

h 次，而其余 N—h 篇论文每篇被引均小于或等于 h 次。[7]

h 指数是一个混合量化指标，2005 年由美国物理学家乔治·赫希(Jorge Hirsch)提出，是目前评价学者学术影响力常用的指标之一，也可用于评价科研机构、高校、学术期刊等的学术影响力。h 指数也有局限性，主要有：不同学科领域的 h 指数不具有可比性；对于学术生涯时间大致相同的科研人员才有比较意义，无法对年轻学者进行较为准确的评价；对于论文数量少而被引频次高的学者，其学术影响力会被低估等。因此，h 指数应仅用作单一指标，而不应作为整体科学影响的综合比较衡量标准。由于跨学科领域的发表和引用率存在差异，且 h 指数不考虑职业发展，Semantic Scholar 不建议使用 h 指数进行比较分析或研究评估。[4]

七、管理个人信息

Semantic Scholar 不仅有强大的 AI 搜索功能，还提供管理个人信息的功能，提高利用学术文献的效率。创建账户后，可以从 4 个方面管理个人信息。

(一) 邮件订阅(Email Alerts)

邮件订阅，可追踪研究领域的最新发展，及时了解相关的作者、论文和主题的研究动态。邮件订阅包括如下 4 个类型。

作者订阅(Author Alerts)：订阅所关注作者的新论文和新引文。当作者有新发表论文或有新被引时，系统将自动发送信息到你的邮箱，由此可追踪作者最新研究，了解作者的影响力。在作者页面左侧的作者姓名下方，点击“Follow Author...”(关注作者)，即可创建作者订阅。

论文订阅(Paper Alerts)：订阅所关注论文的新引用，追踪其如何影响相关研究。在论文页面的论文摘要下方，点击“Create Alert”

(创建订阅),即可创建论文订阅。

主题订阅(Topic Alerts):订阅所关注研究主题的新论文,追踪该研究领域的最新论文。在论文页面的论文摘要下方,有这篇论文的多个主题,点击其中一个主题,然后在主题页面点击“Create Alert”,即可创建主题订阅。

研究推送订阅(Research Feed Alerts):基于你的研究,推送评级的新论文。详见“(三)研究推送”。

(二) 创建图书馆(Library)

创建图书馆,可保存和管理想再次查看的论文。将论文保存到你的图书馆,在登录账户后,可以轻松再次查看保存的任何论文,并将保存的论文放到自定义文件夹中。点击论文标题下方的“Save”(保存),或点击论文页面上的“Save to Library”(保存到图书馆),即可将论文保存到图书馆。注意:保存论文时,会显示“In Library”。可在图书馆中搜索和分类论文:在图书馆中的论文列表上方,找到搜索栏和排序选项,可缩小和排序保存的论文列表。

(三) 研究推送(Research Feeds)

研究推送,指系统通过使用AI技术快速了解你关注的论文并推荐最新研究(近2个月发表),可追踪和管理所关注领域的最新动态。三步即可完成创建研究推送如下。

1. 搜索感兴趣的论文、作者或主题。

2. 点击论文摘要下方的“Research Feed”(研究推送),系统提示你将研究添加到推送或创建新推送。添加到推送的论文越多,系统的推荐就越相关。

3. 保存研究推送后,点击页面右上角的“Research Feed”,可对论文进行评价,使用“More Like This”(更类似/更相关)评价5篇相关论文和使用“Less Like This”(不太像/不相关)评价3篇非相关论文后，将自动收到邮件订阅。

为研究推送中的论文更改“More Like This”和“Less Like This”时，系统推荐将得到改进。研究推送每天更新。可每天查看新的论文推荐，看看有什么新信息。

（四）声明作者页面(Claim Author Page)

Semantic Scholar 利用 AI 技术作者姓名消歧模型生成作者页面，但由于作者同名、作者姓名缩写相同等各种复杂情况，作者页面的信息仍然不够准确。声明作者页面，可确认你自己的已发表论文，以便更好地管理你的“作者详细信息”和论文，使你的研究成果更容易被同行看到，也利于国际学术交流，扩大中国学术的影响力。如何使用“声明你的作者页面”功能？步骤如下。

1. 查找你的“作者页面”，先在 Semantic Scholar 搜索你的姓名，然后在结果中选择你的姓名。

2. 当你在作者页面时，点击页面左侧你姓名下方的“Claim Author Page”(声明作者页面)。提供支持信息以帮助系统审核你的声明：邮箱、姓名全称、现在的角色、研究领域、隶属关系、ORCID 和个人网站、其他信息。

3. 如果你使用已发表论文中所写明的邮箱提交声明，系统将更快地审核声明。

4. 声明获得批准后，你将收到一封确认邮件，其中包含编辑你的作者页面的链接。通过声明作者页面，你可以：更新要显示在页面上的名称、添加从属关系、添加个人网站、添加 ORCID、将论文添加到你的作者页面、从作者页面中删除论文。

八、获取最新、权威、相关文献

最后，归纳 Semantic Scholar 获取最新文献、权威文献、相关文献的要点。

（一）最新文献

获取最新文献有 4 种方式：① 搜索结果按时间排序，最新文献排在最前面；② 创建作者订阅，追踪作者最新研究；③ 创建论文订阅，追踪论文的最新后续研究；④ 创建主题订阅、研究推送订阅，追踪该主题、研究领域的最新论文。

（二）权威文献

可通过对搜索结果进行排序，快速获取权威文献。有 3 种排序方式：按被引次数、最有影响力论文、高影响力论文排序。

（三）相关文献

获取相关文献有 7 种方式：① 用英文半角双引号" "进行词组搜索，让搜索结果更精确、更相关；② 搜索结果按相关度排序；③ 在搜索结果页查看 TLDR，快速确定哪些论文是相关的；④ 在搜索结果页查看系统推荐的相关主题；⑤ 在论文页面查看相关主题、相关论文；⑥ 在作者页面查看相关作者；⑦ 从邮件订阅中查看作者订阅、论文订阅、主题订阅、研究推送订阅。

九、移动端访问

通过手机、电脑等访问 Semantic Scholar 都很方便（目前暂时没有 App）。“Try Semantic Swipe”是 Semantic Scholar 特有的移动功能，这是一种在手机或平板电脑上查看论文列表的新方法。从移动端访问 Semantic Scholar 时，可在搜索结果页面、作者页面和研究推送上看到“Try Semantic Swipe”（尝试语义滑动）按钮，只要点击“Try Semantic Swipe”，即可启动原型并开始滑动。

综上所述，Semantic Scholar 是学术搜索引擎中的新生代，我们拭目以待其更多新功能上线。

第三节　学术搜索引擎 BASE

BASE 是什么？

BASE 可以查到什么？

BASE 与 Semantic Scholar 各有什么特点？

体验了 Semantic Scholar 的 AI 功能，再来看看众多中国用户使用的 BASE。

一、BASE 概况

（一）BASE 是什么

中国用户众多的德国学术搜索引擎：

BASE — Bielefeld Academic Search Engine

（https://www.base-search.net/）

图 3－4　学术搜索引擎 BASE

BASE是由德国比勒菲尔德大学图书馆(Bielefeld University Library)创建的学术搜索引擎,2004年9月上线。BASE为用户提供高质量的学术信息,所有信息资源都在比勒菲尔德大学图书馆的BASE团队审核后,才被收录BASE,因此该团队是每月两次更新所有索引的内容提供者。BASE也是比勒菲尔德大学图书馆与德国国家图书馆(DNB)、德国国家科学技术图书馆(TIB)建立合作的重要部分[8-9]。

(二)可以查到什么

BASE自2004年9月上线至今,已收录3亿多篇学术文献,其中约60%有免费全文。来自欧洲、亚洲、美洲这三大洲的文献超过总量的95%。

1. 学科范围:BASE已涵盖所有的学科领域,包括计算机科学、哲学与心理学、宗教、社会科学、语言、科学、技术、艺术、文学、历史与地理等。

2. 文献类型:期刊文章、学位论文、图书、报纸、预印本、图像、音频、视频、研究数据、软件、乐谱、地图、手稿、课程资料、演讲稿、报告、专利等。

3. 文献语种:英语、法语、德语、西班牙语、意大利语、波兰语、汉语、日语、俄语等。

4. 合作国家和国际组织:全球近140个国家和国际组织,包括学术文献数量排名前二十的国家或国际组织。其中有来自中国的90多家内容提供者的300多万篇文献。

5. 合作伙伴:全球9900多家出版商、数据库商、大学出版社和学术团体等内容提供者,学术文献数量排名前二十的内容提供者为:DataCite Metadata Store(TIB Hannover)、ScienceDirect(Elsevier)、Springer Nature、Wiley Online Library、DOAJ、PubMed Central

(PMC)、CiteSeerX、Informa、Gallica(BnF)、IEEE Publications、Oxford University Press、RePEc(Research Papers in Economics)、SAGE Publications、Zenodo、De Gruyter、JSTOR、HighWire Press (Stanford University)、University of Michigan：Digital Collections、Ovid、Cambridge University Press 等。这些学术资源不仅来自 ScienceDirect、Springer Nature、Wiley、PubMed、IEEE、SAGE、JSTOR 等出版商、数据库商，还来自德国国家科技图书馆、法国国家数字图书馆、牛津大学、剑桥大学、斯坦福大学、密歇根大学、康奈尔大学等大学出版社和学术机构，以及 CiteSeerX、DOAJ、arXiv、Hathi Trust 等开放获取资源(OA)。

➢ Tips

开放获取(Open Access，OA)又名开放存取。2001 年《布达佩斯开放获取倡议》(Budapest Open Access Initiative，BOAI)首次明确了开放获取的概念："文献在互联网公共领域里可以被免费获取，允许任何用户阅读、下载、复制、传递、打印、检索、链接该文献，并为之建立索引，用作软件的输入数据或其他任何合法用途。用户在使用该文献时不受费用、法律或技术的限制，而只需在获取时保持文献的完整性，对其复制和传递的唯一限制，或者说版权的唯一作用，应该是让作者有权控制其作品的完整性及作品被准确接受和引用。"[10] 开放获取的核心理念是自由、开放、共享。利用互联网保护首创者的知识产权，将学术文献、科研成果更加快速、高效地传播，使互联网用户可以免费获取。开放获取可分为金色 OA(Gold OA)和绿色 OA (Green OA)。金色 OA，即以开放获取模式出版的期刊(OA Journal)，通过以作者支付出版费用的方式，实现期刊内容面向读者免费获取。常见的 OA 期刊网站有瑞典隆德大学的 DOAJ、公共科学图书馆(PLoS)、BioMed Central(BMC)、PubMed Central(PMC)、中科院的GoOA等。绿色OA,即开放获取仓储(OA Repository or Archive),是作者将已出版或未出版的文献自存储到机构库、知识库等平台以供免费获取。常见的OA仓储如arXiv、麻省理工学院的DSpace、中国科技论文在线(http://www.paper.edu.cn)等。

(三) BASE的特点

1. BASE的内容提供者是经过比勒菲尔德大学图书馆BASE团队的智选(intellectually selected)和审查的,因此不会有数据垃圾和垃圾邮件。

2. BASE对内容提供者进行严格审查,保障了文献的学术质量。

3. BASE的内容提供者列表提供了搜索的透明度。

4. BASE公开被商业搜索引擎忽略或在海量点击中迷失的“深网”(Deep Web)网络资源。

5. BASE通过自动化方法对元数据进行更正、规范化和丰富。

6. 多语言搜索,以20多种翻译语言查找搜索词。

7. 多语种网页显示,BASE网页以用户浏览器设置中预先选择的语言显示。大部分页面可选择8种语言显示,即中文、英文、德文、法文、西班牙文、波兰文、希腊文、乌克兰文等。但有的页面显示仅提供英文和德文。

二、BASE搜索示例

先用两个检索示例来看BASE的搜索特点。

(一) 以搜索big data为例

1. 输入:**big data**,默认全文搜索,搜索框下方默认选“相近词形”和“优先开放获取文献”,搜索结果超过355000条。

2. 输入:**big data**,在搜索框下方选“逐字搜索”和默认“优先开放获取文献”，搜索结果超过 345000 条。

3. 输入：**big data**，在搜索框下方选“多语言搜索”和默认“优先开放获取文献”，搜索结果超过 35248000 条。

4. 加上英文半角双引号进行词组搜索，输入：**"big data"**，搜索框下方默认选“逐字搜索”和“优先开放获取文献”，搜索结果超过 219000 条。

5. 从默认的全文字段改为篇名字段，输入：**"big data"**，搜索框下方默认选“逐字搜索”和“优先开放获取文献”，搜索结果超过 81000 条。

6. 再改为主题(Subject)字段，输入：**"big data"**，搜索框下方默认选“逐字搜索”和“优先开放获取文献”，搜索结果超过 39000 条。

注意，加上英文半角双引号**" "**进行词组搜索，选择全文字段、篇名字段、主题字段，搜索框下方“相近词形”和“多语言搜索”均显灰，不可选。

（二）以搜索 Emmanuelle Charpentier 为例

1. 输入：**Emmanuelle Charpentier**，默认全文搜索，搜索框下方默认选“相近词形”和“优先开放获取文献”，搜索结果超过 1100 条。

2. 输入：**Emmanuelle Charpentier**，在搜索框下方选“逐字搜索”和默认“优先开放获取文献”，搜索结果超过 660 条。

3. 输入：**Emmanuelle Charpentier**，在搜索框下方选“多语言搜索”和默认“优先开放获取文献”，搜索结果超过 100 条。

4. 从默认的全文字段改为作者字段，搜索框下方默认选“逐字搜索”（“相近词形”和“多语言搜索”显灰、不可选）和“优先开放获取文献”，搜索结果超过 580 条。

三、BASE 搜索方法

BASE 为帮助用户进行有效和有针对性的搜索，提供基本搜索、高级搜索、浏览等搜索方法。

（一）基本搜索

BASE 基本搜索默认全文搜索，初步搜索后，可再进行二次搜索。

1. 搜索字段。BASE 基本搜索有 4 个搜索字段，即全文、篇名、作者、主题（Subject）字段。全文、篇名、主题 3 个字段中，全文字段的搜索结果最多、最全面，主题字段的搜索结果最少、最相关。在作者字段进行作者搜索，搜索结果更相关。

2. 搜索优化。BASE 基本搜索有 4 个优化搜索结果的方式，即逐字搜索（Verbatim search）、相近词形（Additional word forms）、多语言搜索（Multi-lingual search）、优先开放获取文献（Boost open access documents）。逐字搜索、相近词形、多语言搜索 3 个选项中，多语言搜索的搜索结果最多、最全面，逐字搜索的搜索结果最少、最相关。当词组加上英文半角双引号" "，逐字搜索、相近词形的搜索结果明显减少，多语言搜索的搜索结果没有变化。

（二）高级搜索

BASE 高级搜索有多个搜索框，搜索框之间的逻辑关系为逻辑与。

1. 搜索字段。BASE 高级搜索有 7 个搜索字段，即全文、篇名、作者、ORCID、主题（Subject）、DOI、URL 字段。

2. 搜索优化。BASE 高级搜索有 6 个优化搜索结果的方式，即文献类型、访问权限、使用条款（知识共享、公共领域、软件许可）、检索语言工具（逐字搜索、相近词形、多语言搜索）、内容提供者（按国别选择）、出版年。

（三）浏览

BASE 有 4 种浏览方式如下。① 杜威十进分类法（DDC），是国际上常用的一种分类法。DDC将所有学科领域分为十个大类，每个大类细分为十个小类，每个小类细分为十个部分。DDC浏览方式，可快速查看某一个类别的文献。② 文献类型，可按文献类型字顺或文献类型编号进行浏览。③ 访问权限，可按开放获取、非开放获取、未知进行浏览。④ 使用条款(Terms of Re-use/Licences)，可按知识共享(Creative Commons)或公共领域(Public Domain)进行浏览。

四、BASE搜索技术

BASE的搜索技术并不复杂，不用学习各种技巧和算符，只要掌握逐字搜索、相近词形、多语言搜索3个选项的搜索技术含义，恰当利用这3个选项优化搜索结果。

(一) 词形(Word Forms)

BASE默认“相近词形”自动搜索复数、所有格和其他词形。如果要禁用此功能，即仅搜索输入的字词，不需要扩充到复数、所有格和其他词形，则在高级搜索或搜索结果的搜索框下方选择“逐字搜索”。“相近词形”扩大搜索范围，使搜索结果更全面；“逐字搜索”则缩小搜索范围，使搜索结果更准确。

(二) 同义词(Synonyms)

在高级搜索或搜索结果的搜索框下方选择“多语言搜索”，即可搜索同义词和翻译。“多语言搜索”扩大搜索范围，使搜索结果更全面。

(三) 词组搜索

给词组加上英文半角双引号" "，表示词组搜索，即词组是作为一个整体出现。词组搜索缩小搜索范围，使搜索结果更准确。

(四) 截词符(Wildcard)

截词符 * 可代表0—n个字符，* 前后不空格，用于包括一个词根的所有形式等，如输入：**micro***，可检索到 micro、microscope、microcomputer、microwave、micron 等。如果使用 *，将禁用自动搜索其他词形或同义词。* 也不能用于词组搜索。

（五）布尔逻辑算符

逻辑与、逻辑或、逻辑非分别用 AND、OR、BUT NOT 表示。注意：BASE 是一个搜索引擎，而不是一个数据库。对于搜索引擎，直接输入检索词进行搜索就可以，一般不需要输入检索式进行搜索。当然，BASE 可以用简单的布尔逻辑运算符进行搜索，但没必要用复杂的检索式进行搜索，那样反而会导致出现不合适的搜索结果。

五、BASE 搜索结果

BASE 的搜索结果，可以进行排序、优化，显示每篇文献的详细信息，导出参考文献。

（一）搜索结果排序

BASE 搜索结果有 4 种排序方式：默认按相关度排序，还可选择按作者（首字母顺排、倒排）、篇名（首字母顺排、倒排）、日期（顺排、倒排）排序。日期倒排，可快速找到最新文献；日期顺排，可快速找到最早文献。

（二）搜索结果优化

BASE 搜索结果有 9 种优化方式：可选择作者、主题、杜威十进分类法（DDC）、出版年、内容提供者、语言、文献类型、访问权限、知识共享条款等，进一步优化搜索结果。

（三）搜索结果显示

BASE 搜索结果显示包括每篇文献的篇名、作者、来源、出版时间、文献类型、内容提供者等信息，并显示文献的访问权限和知识共享条款。BASE 收录文献的约 60%可免费下载全文，并且无须注册。

（四）导出参考文献

可选择 RefWorks、EndNote、RIS、BibTeX、MARC、RDF、JSON、YAML 多种导出格式，将搜索结果从 BASE 导出到文献管理软件（如 Zotero），并提供 Zotero 的免费下载。

六、声明作者身份

在 BASE 中，你可以创建个人账户并声明作者身份（Claim the Authorship），添加收藏夹并保存你的搜索历史。

（一）什么是 ORCID

ORCID（Open Researcher and Contributor ID），即开放研究者和贡献者身份识别码，可以看作是全球通用的学术身份证，用于明确地将学术作者及其研究成果进行匹配，并可明确区分同名同姓或姓名容易混淆的作者。你可以将自己的 ORCID 与你的所属机构、资助、研究成果、同行评审等专业信息联系起来。ORCID 可以确保你的所有研究成果得到认定，有助于提高作者及其研究成果的知名度，并且越来越多的出版商等要求作者提供 ORCID。个人可免费注册和使用 ORCID。ORCID 官网[11]可切换为中文界面，注册后即可在自己的 ORCID 记录中添加或关联相应信息。ORCID 对于研究者的意义，相当于 DOI 对于文献的意义：DOI 为文献的唯一标识符；ORCID 为研究者的唯一学术标识符。一旦拥有 ORCID，无论身处何地，更换了什么工作，甚至更改了邮箱，都可以被追踪到。

（二）声明作者身份

如何对 BASE 搜索结果中列出的文献，声明你的作者身份？步骤如下。

1. 创建 BASE 的个人账户。

2. 需要已拥有一个自己的 ORCID。如果你还没有 ORCID，可以在 ORCID 官网(https://orcid.org/)免费注册,获得自己的 ORCID。

3. 如果你是 BASE 搜索结果中列出文献的作者,可通过作者姓名右边的"[claim]"链接确认该文献的作者身份,即声明该文献并将其链接到你的 ORCID,同时将该文献的元数据(作者、篇名、出版年份等)直接推送到你在 ORCID 的作品列表中。在声明之后,你在 BASE 中的作者姓名右边将显示一个图标"ID",其指向你在 ORCID 上的个人信息的链接。

4. BASE 团队定期检查从 BASE 到 ORCID 的所有链接。不正确的链接将在 BASE 和 ORCID 中的出版物列表中删除。

七、移动端访问

通过手机、电脑等访问 BASE 都很方便(目前暂时没有 App)。BASE 页面采用响应式设计,因此可以在电脑、平板电脑或智能手机上以最佳方式显示。

八、BASE 与 Semantic Scholar 的比较

学术搜索引擎 BASE 与 Semantic Scholar 各有特色,比较两个学术搜索引擎在文献数量、搜索技术等方面的不同,可帮助你选择适合你的学术搜索引擎。

表 3-1　BASE 与 Semantic Scholar 的比较

	BASE	Semantic Scholar
创建团队	德国比勒菲尔德大学图书馆	美国艾伦人工智能研究所(AI2)
上线时间	2004 年	2015 年

续 表

	BASE	Semantic Scholar
学术文献数量	3亿多篇文献	2亿多篇文献，22亿次引用，7400万作者
学科范围	所有的学科领域	所有的学科领域
文献类型	期刊文章、学位论文、图书、报纸、预印本、图像、音频、视频、课程资料、研究数据、地图、手稿、演讲稿、报告、专利等	学术期刊、学术会议及学术机构的学术文献
文献语种	英语、法语、德语、西班牙语、意大利语、波兰语、日语、俄语、汉语等	目前主要是英语文献，将来可能支持其他语言
合作伙伴	全球9900多家内容提供者，如 ScienceDirect、Springer Nature、DataCite Metadata Store、Wiley、DOAJ、PubMed、CiteSeerX、Informa、Gallica、IEEE、Oxford University Press、RePEc、SAGE、Zenodo、De Gruyter、JSTOR、HighWire Press、University of Michigan：Digital Collections、Ovid、Cambridge University Press 等	全球50多家直接合作伙伴，如 PubMed、Springer Nature、Taylor & Francis、SAGE、Wiley、ACM、IEEE、Wolters Kluwer、Science、BioOne、BMJ Journals、CiteSeerX、dblp、De Gruyter、frontiers、Karger、PROJECT MUSE、Cambridge University Press、HighWire Press、MIT Press、University of Chicago Press、arXiv、bioRxiv、medRxiv、Microsoft、Unpaywall 等
搜索方法	基本搜索、高级搜索、浏览	AI 搜索
搜索技术	词形 同义词/多语言搜索 词组搜索" " 截词符 *，但其不能用于词组搜索 逻辑算符 **AND、OR、BUT NOT**	词组搜索" " 不支持截词符 * 不支持逻辑算符

续　表

	BASE	Semantic Scholar
搜索结果排序	相关度(默认) 作者(顺排、倒排) 篇名(顺排、倒排) 日期(顺排、倒排)	相关度(默认) 被引次数 最有影响力论文 新近度
搜索结果优化	作者、主题、DDC、出版年、内容提供者、语言、文献类型、访问权限、知识共享条款	研究领域、时间范围、有PDF、出版物类型、作者、期刊与会议
搜索结果显示	篇名、作者、来源、出版时间、文献类型、内容提供者等,以及访问权限和知识共享条款	TLDR、被引次数和高影响力被引、全文获取、按数据库或出版商查看、引文导出、相关主题
导出参考文献	RefWorks、EndNote、RIS、BibTeX、MARC、RDF、JSON、YAML 多种导出格式,还可将引文导出到EndNote、BibTeX、Zotero 等	BibTex、MLA、APA 或Chicago 等 4 种引文格式,还可将引文导出到EndNote 等
声明作者身份	由作者自己完成声明作者身份,BASE 团队定期检查从BASE 到 ORCID 的所有链接。不正确的链接将在BASE 和 ORCID 中的出版物列表中删除	由作者自己完成声明作者身份,提供支持信息有助于系统审核该声明:邮箱、姓名全称、现在的角色、研究领域、隶属关系、ORCID 和个人网站、其他信息
移动端访问	响应式设计	自适应页面 Semantic Swipe(语义滑动)
特点	严格审查内容提供者;对元数据进行更正、规范化和丰富;多语言搜索,可查找 20 多种翻译语言的搜索词;多语种网页显示	推荐相关主题;作者影响力查看;作者订阅、论文订阅、主题订阅、研究推送订阅等 4 种邮件订阅类型

➢ Tips

使用学术搜索引擎应避免认识误区，学术搜索引擎不是全文数据库，所以其主要功能不是用于下载全文，而是全面查找与你课题相关的学术信息，以便判断课题价值、全面掌握课题相关学术信息和资源。

全面了解与研究课题相关的信息，比某篇文章的全文下载更重要，要特别注意拓宽视野，不要只见树木不见森林。

还要注意任何一个搜索引擎或数据库都有长处和短板，要善用其长处，而不是短板。

参考文献

[1] IFLA. How to spot fake news [EB/OL]. [2022-06-30]. https://www.ifla.org/publications/node/11174.

[2] IFLA. How to Spot Fake News — COVID-19 Edition [EB/OL]. [2022-06-30]. https://www.ifla.org/publications/node/93015.

[3] Semantic Scholar [EB/OL]. [2022-06-30]. https://www.semanticscholar.org/.

[4] Semantic Scholar FAQ [EB/OL]. [2022-06-30]. https://www.semanticscholar.org/faq.

[5] Bohannon J. Who's the Michael Jordan of computer science? New tool ranks researchers' influence [J/OL]. Science, (2016-4-20) [2022-06-30]. https://doi.org/10.1126/science.aaf9939.

[6] Perkel J, Noorden R V. tl;dr: this AI sums up research papers in a sentence [J/OL]. Nature, (2020-11-23) [2022-06-30]. https://doi.org/10.1038/d41586-020-03277-2.

[7] 赵基明，邱均平，黄凯，等. 一种新的科学计量指标——h 指数及其应用述评[J]. 中国科学基金，2008(1)：23-32.

[8] BASE Bielefeld Academic Search Engine [EB/OL]. [2022-06-30]. https://www.base-search.net/.

[9] BASE Bielefeld Academic Search Engine FAQ [EB/OL]. [2022-06-

30]. https://www. base-search. net/about/en/faq. php.
[10] Budapest Open Access Initiative [EB/OL]. [2022-06-30]. http://www. budapestopenaccessinitiative. org/.
[11] ORCID [EB/OL]. [2022-06-30]. https://orcid. org/.

第四章
电子资源导览

本章的电子资源/数据库导览，与第二章的纸本资源导览各有侧重。第二章主要侧重讲解图书馆的纸本资源和获取方法，本章主要侧重讲解图书馆购买的商业数据库和有访问权限的自建数据库，以及数据库检索的要点。

学术信息，不仅包括纸本资源、网络免费资源，还有不可或缺的图书馆购买的数据库。这一类电子资源，才是学术信息的主要来源。图书馆购买的数据库，是很丰富的，包括各种类型的数据库：按照语种，可分为中文数据库、外文数据库；按照文献类型，可分为期刊数据库、学位论文数据库、图书数据库、引文/索引数据库、统计数据库等。在查找资料准备论文开题的过程中，你是否也遇到过以下几个问题：

我要写论文了，可以直接借阅图书馆的期刊和学位论文吗？为什么不能外借？那我写论文该怎么办？

我的博士论文要开题了，中文文献我全部找好了，但是外文文献完全没有方向，我该怎么找外文文献？

我只会从中文论文的参考文献中找外文论文，找到的太有限了，那该怎么找外文论文？

找中文论文？我会的，就是找知网嘛！论文多得都看不过来！

以上第一个提问来自一位硕士生，他以为利用图书馆就是看纸本文献，所以图书馆的文献最好都能借回去看，甚至不知道可以利用图书馆购买的大量各种类型的数据库。第二到第四个提问来自一位社会学博士生的连续提问，他以为自己只是不会查外文文献，“中文文献我全部找好了”，但所谓的“全部”，只查了知网期刊数据库，而且认为“论文多得都看不过来”，可见他连数据库和检索的基础知识都不具备，更谈不上检索思路了。

要全面地进行学术搜索，需要掌握数据库和检索的基础知识，而要想在浩如烟海的文献中准确地进行学术搜索，则需要在了解数据库和检索知识的基础上建立检索思路。

图书馆购买的数据库，是获取学术信息的主要来源。但请注意：图书馆购买的数据库，并不是对所有人都免费的，也不是可以随意访问的，而是有访问权限的。

第一节　如何访问数据库

本书提及的数据库，指收录学术信息的各类数据库，包括图书馆购买的商业数据库和图书馆的自建数据库。

商业数据库的使用，是需要付费的。大部分商业数据库仅支持机构用户，即由图书馆购买，该图书馆的读者可以免费使用。有的商业数据库也支持个人用户。图书馆自建数据库，大部分是仅供该图书馆的读者免费使用，如一些大学图书馆的自建数据库，只向本校师生开放；少量自建数据库是免费的，注册用户即可使用，如国家图书馆的自建数据库。

那么，怎样才能访问这些数据库呢？

据说有同学很“机智”地觅得了几个“秘诀”：借用985高校在读的某同学的账号和密码；到某论坛找网友发的数据库的账号和密码；到“万能”的淘宝购买数据库的账号的密码等。这些“秘诀”是数据库的正确打开方式吗？不！这绝不是正规可取的方法。

事实上，很多图书馆，包括大学图书馆和公共图书馆，不仅提供在校园网内或局域网内访问数据库的途径，而且支持远程访问该图书馆拥有和购买的数据库，前提是用户必须是这个图书馆的读者，也就是说，只要是读者证用户或者是该图书馆的注册用户，就可以免费访问数据库。简而言之，你和免费只差一张读者证的距离。

一、在校园网内或局域网内访问数据库

（一）通过图书馆网站访问

这是访问数据库的常规途径，也是向大家推荐的方式。进入所在高校或科研机构的图书馆的网站，不仅可以找到你已知的需要检索的数据库，而且可以了解之前并不知道的图书馆购买的其他数据库，这些未知的数据库，可能是很有用的。

（二）通过搜索引擎搜索数据库名称

这是一些不熟悉图书馆数据库的用户的习惯做法，但不推荐。这个方式看似简单方便，但用户只会去搜几个熟知的数据库，而想不到去搜索那些没听说过的数据库。以前，采用这种方式访问数据库，进入的是该数据库的免费平台，只能看到题录、文摘，无法下载全文。目前，越来越多的数据库考虑到用户习惯，会自动识别该IP是否为购买了数据库的图书馆所在的校园网IP或局域网IP，如果是的，用户就将被视作该图书馆的读者，直接进入图书馆购买的数据库。比如，知网、万方、维普等数据库会自动识别IP，用户可以这样访问。但有的数据库不会自动识别IP，无法用这种方式访问。

二、远程访问数据库

以国家图书馆、上海图书馆、浙江图书馆以及高校图书馆为例，来讲解如何远程访问数据库。

（一）国家图书馆的远程访问

国家图书馆（简称“国图”）的电子资源丰富，尤其是自建数据库，涵盖图书、期刊、报纸、学位论文、古籍、工具书、音视频、数值事实、征集资源等。在国家图书馆的首页，点击“读者门户登录注册”，登录后即可远程访问国家图书馆的数据库[1]。

国家图书馆，为其所有的电子资源建立了国家数字图书馆，包括购买的商业数据库和自建的特色数据库。国家图书馆的用户分为3种：读者卡用户、网上实名认证用户和非实名注册用户，这些用户都可以远程访问国家图书馆的数据库，但远程访问数据库的权限有所不同。其中的共同点是皆可访问所有自建数据库（约50个），不同点在于，读者卡用户还可以访问大部分商业数据库（100多个），网上实名认证用户则可以访问小部分商业数据库（20多个），非实名注册用户仅可访问很少量商业数据库（仅2个）。

1. 国家图书馆有哪些数据库

国家图书馆的自建特色数据库，包括馆藏中文图书、博士论文、民国图书、民国期刊、数字方志、宋人文集、年画撷英、甲骨实物、甲骨拓片、碑帖精华、家谱、老照片等。其中，有博士论文20多万篇、民国图书近10万种、民国法律文献8000多篇、民国期刊5000多种、老照片3000多张、音视频2000多部等。但由于版权限制，自建特色数据库中的中文图书、博士论文，仅可查看正文前24页。2021年11月开始，国家图书馆的部分古籍类资源，不用注册登录，即可免费访问，包括东文研汉籍影像库、法藏敦煌遗书、哈佛大学善本特藏、天津图书馆古籍、云南图书馆古籍、上海图书馆家谱、数字古籍、赵城金藏、中华医药典籍、碑帖菁华、敦煌遗珍、甲骨世界、年画撷英、前尘旧影、数字方志、宋人文集、西夏论著、西夏文献、中华古籍善本联合书目、徽州家谱 20 个数据库。

国家图书馆的已购数据库，包括期刊数据库、学位论文数据库、图书数据库、引文/索引数据库、统计数据库、工具类/事实类数据库、多媒体数据库等类型（见表 4－1）。

表 4－1　国家图书馆、上海图书馆、浙江图书馆常用数据库及类型

	国家图书馆	上海图书馆	浙江图书馆
期刊数据库	知网 万方 维普 人大复印报刊资料	知网 万方 维普 人大复印报刊资料	知网 万方 维普 人大复印报刊资料
	ScienceDirect EBSCO（ASC、BSC、ERIC） ProQuest SAGE SpringerLink Taylor & Francis Wiley JSTOR Emerald Oxford Journals Cambridge Journals	ScienceDirect EBSCO（ASU、BSU、ERIC） ProQuest SAGE SpringerLink Taylor & Francis Wiley JSTOR Emerald Oxford Journals Cambridge Journals	EBSCO（ASC、BSC） SpringerLink Taylor & Francis Emerald Oxford Journals
学位论文数据库	知网 万方	知网 万方	知网 万方
	ProQuest 全文库	PQDT EBSCO OpenDissertations	PQDT

续　表

	国家图书馆	上海图书馆	浙江图书馆
图书数据库	方正 皮书	超星 方正 皮书	超星 方正 皮书
	EBSCO eBook ProQuest eBook Emerald eBook Wiley Online Books	SpringerLink EBSCO eBook De Gruyter Oxford Scholarship Online	SpringerLink EBSCO eBook
引文/索引数据库	CSSCI 全国报刊索引	CSSCI 全国报刊索引	全国报刊索引
	Web of Science Scopus Ei Village MEDLINE	Scopus Ei Village MEDLINE	Scopus
统计数据库	中国经济社会大数据研究平台 国研网	中国经济社会大数据研究平台 国研网	国研网
	IMF eLibrary	OECD iLibrary	
工具类/事实类数据库	辞海 中国大百科全书	读秀 中国大百科全书	读秀
	JCR U. S. Declassified Documents Online Digital National Security Archive	JCR Encyclopedia Britannica Online	Oxford Bibliographies
多媒体数据库	万方视频库 库客数字音乐图书馆 新东方多媒体学习库	超星学术视频 库客数字音乐图书馆 新东方多媒体学习库	超星学术视频 库客数字音乐图书馆

注：表中多数的数据库可以远程访问，少数的数据库仅限馆内访问。

2. 如何成为国家图书馆的读者

国家图书馆的用户分为3种，即读者卡用户、网上实名认证用户、网上非实名注册用户。可以根据自己的实际情况和需求，选择成为哪种用户。

（1）读者卡用户。年满16周岁的中国公民与外籍人士，可持本人身份证、护照等有效身份证件原件，到国家图书馆办理。也就是说，国家图书馆不仅向中国公民开放，而且也向外籍人士开放。当你在北京或到北京时，建议千万不要错过到国家图书馆办一张读者卡的机会。办卡手续很简单，带上身份证，在自助办卡机上申领，即可立刻得到一张免费又超值的读者卡。

（2）网上实名认证用户。通过国家图书馆网站、掌上国图、国家图书馆App等进行注册。注册时须填写真实姓名、身份证号等个人信息。国家图书馆将注册信息通过“全国公民身份证号码查询服务中心”系统进行核验，完成读者实名注册。如果所在图书馆购买的数据库比较少，建议进行网上实名认证，就可以远程访问国家图书馆多一点的数据库。

（3）网上非实名注册用户。通过国家图书馆网站、掌上国图、国家图书馆App等进行注册。注册时须填写基本信息，并通过E-mail或手机验证码进行验证后，成为非实名注册用户。如果所在图书馆购买的数据库比较多，建议进行非实名注册就够了，主要远程访问国家图书馆的自建库。

3. 国家图书馆版权说明

国家图书馆网站严格按照《中华人民共和国民法典》《中华人民共和国公共图书馆法》《中华人民共和国著作权法》《信息网络传播权保护条例》及相关法律、法规、政策，面向各界读者开展公益性文献信息服务，并积极采用技术措施保护各方合法权益。

国家图书馆网站发布的所有自建的或与其他机构共同开发的信息和内容，包括但不限于标识、图文、音频、视频、网站版式、网页设计等各项内容，除特别注明外，相关作品的著作权均为国家图书馆所有。任何单位或个人未经事先书面许可，均不得将以上内容用于任何商业用途或非法目的，若违规，国家图书馆保留依法追究其法律责任的权利。

任何单位或个人在以转载、引用、摘编、下载等方式使用国家图书馆网站内容时，均须注明作者，并标明内容的出处为“中国国家图书馆·中国国家数字图书馆网站”或“http://www.nlc.cn/”。

详细的使用条款可在国家图书馆网站查看。

（二）上海图书馆的远程访问

上海图书馆（简称“上图”）的电子资源种类和数量都很丰富，包括图书、期刊、报纸、学位论文、研究报告、音视频、手稿、古籍、工具书等。在上海图书馆的首页，点击“我的图书馆”，登录后即可远程访问上海图书馆的数据库[2]。

上海图书馆的数据库，包括购买的商业数据库和自建的特色数据库。数据库列表中标有“远程访问”的数据库（超过100个），各类读者证用户都可以远程访问。

1. 上海图书馆有哪些数据库

上海图书馆的自建特色数据库，包括上图馆藏标准目录、上图馆藏家谱目录、华东地区期刊联合目录等目录系统。上海图书馆开放数据平台[3]，免费开放极为丰富的馆藏数字资源，包括家谱知识服务平台、盛宣怀档案知识库、中文古籍联合目录及循证平台、上海联编中心书目库、上海年华之从武康路出发、红色文献库、老电影库、上图馆藏舆图目录等，无须注册登录，公开免费，可浏览全文。

上海图书馆的已购数据库，包括期刊数据库、学位论文数据库、图书数据库、引文/索引数据库、统计数据库、工具类/事实类数据库、多媒体资源等类型（见表 4－1）。

2. 如何成为上海图书馆的读者

上海图书馆的读者证分为 3 种：参考阅览读者证、普通外借读者证、参考外借读者证。3 种读者证阅览、外借的权限有所不同。参考阅览读者证，免押金，只能到上海图书馆看书，不能借书；普通外借读者证，押金 100 元（退证即归还押金），可以到上海图书馆看书，也可以借阅普通图书；参考外借读者证，押金 1000 元（退证即归还押金），可以到上海市图书馆看书，也可以借阅外文原版书等。这 3 种读者证的差异主要在于借阅纸本图书的权限，但远程访问数据库的权限是一样的，因此，要远程访问上海图书馆的数据库，只要办理免费的参考阅览读者证就足矣。

可能有人担心，我没有上海户口，或者我不在上海读书、工作，可以办理上海图书馆的读者证吗？我们来看上海图书馆的办证条件，读者证用户：年满 14 周岁的中国公民和外籍人士，可持本人身份证、护照等有效身份证件原件，到上海图书馆办理。也就是说，办理上海图书馆的读者证，不受户籍限制，上海图书馆不仅向中国公民开放，而且也向外籍人士开放。注意：由于受数据库商所限，上海图书馆网上注册用户，没有权限远程访问数据库。

3. 上海图书馆版权说明

上海图书馆提供该馆获得授权电子资源的远程服务（包括中外文电子期刊、中外文电子图书和中外文工具书等），仅供读者个人学习、研究之用。

（三）浙江图书馆的远程访问

浙江图书馆（简称“浙图”）的电子资源丰富，包括图书、期刊、报纸、学位论文、古籍、工具书、音视频等。在浙江图书馆的首页，点击“我的图书馆”，登录后即可远程访问浙江图书馆的数据库[4]。

浙江图书馆的数据库，包括购买的商业数据库和自建的特色数据库。读者证用户和网上实名注册用户，可远程访问数据库列表中有“登录进入”入口的数据库(超过 100 个)。

1. 浙江图书馆有哪些数据库

浙江图书馆的自建特色数据库，包括各类地方特色文献，如：民国期刊、民国报纸、古籍、家谱、地图、雕版、印鉴、图像、戏曲、脸谱等。

浙江图书馆的已购数据库，包括期刊数据库、学位论文数据库、图书数据库、引文/索引数据库、统计数据库、工具类/事实类数据库、多媒体数据库等类型(见表 4 - 1)。

2. 如何成为浙江图书馆的读者

浙江图书馆的用户分为两种，即读者证用户和网上注册用户。与上海图书馆一样，成为浙江图书馆的读者，也不受户籍限制。而且，无论是读者证用户，还是网上注册用户，拥有同样权限远程访问浙江图书馆的 100 多个商业数据库和 20 多个自建数据库。

(1) 读者证用户。凡年满 12 周岁者，可凭本人身份证、杭州市市民卡，通过浙图自助借还机免费注册成为浙江图书馆个人用户，享有到馆阅览、借阅，使用浙图数字资源，使用无线网等服务权益。

(2) 网上注册用户。通过浙江图书馆网站、微信服务号和支付宝生活号进行注册。支付宝生活号注册步骤如下[5]：

① 支付宝关注“浙江图书馆”生活号；

② 服务—服务大厅—新用户注册；

③ 服务授权，同意《用户授权协议》，浙江图书馆获取姓名、手机号、身份证号等；

④ 阅读用户服务协议，并同意；

⑤ 服务授权，同意《芝麻服务协议》，浙江图书馆获取信用评估；

⑥ 填写密码，注册开通借阅服务；

⑦ 办证成功，领取浙江图书馆读者证；

⑧ 支付宝卡包中可查看读者证。

3. 浙江图书馆版权说明

浙江图书馆或资料提供者拥有浙图网站所有版权。用户可于浙图网站阅读、复制、打印、转载浙图的资料，且仅作非商业用途，复制任何资料须包括浙图的版权声明。

浙江图书馆提供的网络版期刊全文链接的使用范围，仅限于浏览和用于个人学习、研究目的的少量下载与暂时保存。严格禁止超出合理使用范围的行为。详细的使用条款可在浙江图书馆网站查看。

（四）所属高校/机构图书馆的远程访问

大部分的高校图书馆、科研机构，尤其是985或211高校，都为本校师生、本机构人员提供了包含期刊、图书、学位论文、报纸、古籍、统计年鉴等多种文献类型的电子资源。如在高校图书馆的网站，点击“校外访问”，本校师生便可通过VPN或CARSI等方式进行远程访问数据库。

➢ Tips

1. 远程有多远？远程访问图书馆的数据库，这个远程不仅指国内，即使在国外也可以访问。简单地说，只要你在地球上，都可以远程访问所在图书馆的数据库。

2. 免费的期限。高校/机构图书馆购买的数据库，仅供本校师生在校期间或本机构人员在职期间免费使用，因此，免费是有期限的。当毕业离校或工作离职，就不再有权限继续免费使用。国家图书馆、上海图书馆、浙江图书馆等公共图书馆购买的数据库，只要是这些图书馆的用户，就可以一直有权限远程访问、免费使用这些数据库。

3. 免费又超值。无论是国家图书馆、上海图书馆、浙江图书馆等公共图书馆，还是所属高校/机构的图书馆，都花了大量经费购买数据库。成为这些图书馆的用户时，你拥有的读者证，可以说不仅是免费的，更是超值的，因为图书馆可能花了几千万元购买数据库，让你一不小心就坐拥数千万，一定要好好珍惜，千万不要熟视无睹呀。

三、合理合法使用数据库

图书馆花了大量经费购买数据库，使用数据库有一定的限定范围。因为电子资源的下载、转发很方便，当用户有权限访问数据库时，也应遵守知识产权相关法规，做到以下几点。

（一）作为合法用户使用数据库

1. 合法用户指成为该图书馆的读者证用户或网上实名注册用户等。

2. 不得将个人账号借出或租给他人。

3. 为防止个人账号被他人盗用，应为个人账号设置复杂密码。

（二）合理使用数据库

1. 合理使用是指合法用户为了学习、教学和科学研究的需要，以正常速度检索、浏览、下载电子资源。也就是说，不得以非正常阅读速度（包括利用下载软件）连续、系统、集中、批量下载电子资源。

2. 不可将下载的电子资源批量提供给他人。

3. 不得利用下载的电子资源进行商业牟利。

注意：学校图书馆购买的数据库，仅供本校师生免费使用，学生毕业后没有权限再用，借用在校同学的账号，是违规行为。那么，让我们再回到之前那个提问。

Q：本校图书馆买的数据库太少，羡慕别人家的图书馆，就借用名校同学的账号？去淘宝买账号？

从上文中可知，对于国家图书馆、上海图书馆、浙江图书馆等这类大型公共图书馆，我们都可以注册成为其合法用户，就可以有权限远程访问图书馆购买的大量数据库，所以，使用数据库时完全不需要借用账号。借用账号不仅有违知识产权规定，而且可能导致泄露个人信息。从知识产权和信息安全两个方面考虑，都不应该借用账号。

第二节　发现系统

一、发现系统可以用来找什么

网络时代的图书馆，不仅收藏纸本文献，而且购买了越来越多的电子资源，尤其是大型图书馆，购买了上百个数据库。面对数量众多的数据库，用户在使用初期不一定能及时找到自己需要的数据库，于是“发现系统”应运而生。

发现系统是一站式搜索本馆订购的主要中外文电子资源的跨库检索平台，在某种程度上，发现系统相当于本馆的学术搜索引擎。

二、发现系统的检索特点

发现系统的检索与书目系统、学术搜索引擎、数据库有什么不同？

发现系统与书目系统相比较，相同点是均为搜索本馆资源，不同点是发现系统是搜索本馆电子资源，书目系统是搜索本馆纸本资源。

发现系统与学术搜索引擎相比较，相同点是均为搜索电子资源，不同点是发现系统是搜索本馆购买的电子资源，学术搜索引擎是搜索网络资源。

发现系统与数据库相比较，相同点是均为搜索本馆购买的电子资源，不同点是发现系统是相当于跨库检索，数据库是只在某个数据库检索。

发现系统具有本地化的特征，发现系统的命名也颇具个性化，例如：国家图书馆的文津搜索、上海图书馆的上图发现，都属于发现系统。

（一）文津搜索

文津搜索系统，整合了国家图书馆自建数据库和部分已购买数据库，读者可对各类资源进行"一站式"检索，更加快速、准确、方便地获取所需信息[6]。文津搜索系统汇聚海量文献信息，包括图书、古文献、论文、期刊报纸、多媒体、缩微文献、文档、词条等文献类型。检索方法包括基本检索和高级检索。基本检索可在题名、作者、出版社、摘要和关键词这 5 个检索字段中通检；选择文献类型后，可选择题名、责任者、关键词、出版商、ISBN 等检索字段。高级检索则提供布尔逻辑算符、位置算符、词组检索等。检索结果可按相关性、题名、作者、出版单位、出版日期等进行排序。文津搜索系统还支持在线阅读，根据版权规定的限制，不同类型用户具有不同权限：非实名注册用户，可在线阅读自建数据库资源；实名注册用户，可在线阅读自建数据库、少量商业数据库资源；读者卡用户，可在线阅读"自建数据库和部分已购买数据库"中所有已提供全文服务的数据库资源。

（二）上图发现

上图发现系统，分为中文发现和外文发现，读者可对上海图书馆的电子资源进行"一站式"检索。中文发现，检索字段包括全部、标题、主题、学科、作者、作者单位、基金等。检索结果，可按相关性、出版时间、被引进行排序；可按学科、文献类型、年份等进一步筛选和精确。外文发现，检索字段包括关键词、作者、题名、主题、出版来源、摘要、ISSN、ISBN、作者单位、DOI等。检索结果，可选全文、同行评审、图书馆收藏中有提供等，进一步限制；可选运用相关词语、同时在文章全文范围内搜索、搜索相关主题等，进一步扩展；可按相关性、出版时间进行排序；可按时间、来源类型、主题、出版者、出版物、语言、地区、数据库等，进一步筛选和精确。

三、有发现系统，还需要学习数据库检索吗

发现系统，的确极大地方便了用户使用数据库，但发现系统的检索并不能替代数据库检索，因为发现系统的检索主要体现了数据库检索的共性，但无法显示每个数据库的个性化检索。如果忽略了数据库的个性化检索，将影响检索结果的全面、准确、新颖、权威。

因此，发现系统适合的是电子资源检索的初学者，或是文献调研的起步阶段，当用户比较了解和熟悉与自己专业相关的数据库时，使用数据库检索，将得到更符合需求的检索结果。

第三节　数据库检索的要点

利用数据库，同样应遵循就近原则，也就是先全面了解和充分利用本馆的数据库，不要舍近求远。比如，有位名校的博士后，拜托另一个985高校的同学检索SpringerLink数据库，殊不知他自己所在学校的图书馆就有SpringerLink数据库。

第一章已提及文献调研的4个要点：全面、准确、新颖、权威。数据库检索同样要把握这4个要点。第一章还提到了搜索角度的纸本书思维与网络思维是有区别的。这里再次强调，想努力做到数据库检索的全面、准确、新颖、权威，也应学会网络思维。比如，检索不应仅限于找一篇文献或一本图书，要学会利用网络的特点，在提炼关键词、选取检索词后，搜索一类相关信息。如何利用数据库的各种功能，从全面、准确、新颖、权威等4个方面，进行比较客观的筛选，一步一步接近较为理想的检索结果？本书将在第五章及之后的章节中通过检索案例展开讲解。

一、全面

数据库检索的全面，主要包括：选择数据库要全面，在所选数据库中的检索要全面。

（一）选择数据库要全面

主要从数据库的语种选择、类型选择、同类型中选择等几个方面考量。

1. 数据库的语种要全面。数据库的常见语种是中文和英文。对大多数学科来说，中英文是必查的两个语种，而不是仅仅查中文数据库就可以了。

2. 数据库的类型要全面。最基本的3类数据库为：期刊数据库、学位论文数据库、图书数据库；如有需要，还要检索引文/索引数据库、统计数据库等（见表4-1）。

3. 同类型数据库要全面。以中文期刊数据库为例，常用的三大中文期刊数据库为：知网、万方、维普。因此，要做到“全面”，需要检索一个类型的数据库，不是只检索一个数据库就够了。更不要以为查过知网，就算查过所有中文数据库了。

（二）在所选数据库中的检索要全面

首先，选取检索词要全面。在开始检索之前，需要分析课题，确定研究方向，多角度思考选择用什么词来表达，提炼出检索词，并为检索词找出同义词、近义词、上位词、全称、缩写等。然后，厘清检索词之间的逻辑关系，灵活运用逻辑或、截词符等，并扩大检索字段、时间范围等，检索到与自己课题相关的全面信息。

特别需要注意避免误区：在一个数据库内全面查找，并非指只用其“多库检索”功能，数据库的特性：单库检索比多库检索功能要强大（详见第五章）。

本书将在之后的章节按照常用数据库类型（期刊数据库、学位论文数据库、图书数据库、引文/索引数据库、统计数据库），详细讲解使用方法，举一反三。

二、准确

数据库检索的准确，主要包括：选择合适的数据库，在所选数据库中的检索要准确。

注意：方向比努力更重要。

（一）选择合适的数据库

主要从数据库收录语种、收录学科、收录年限、收录类型和数量等几个方面考量。在进行检索之前，应该先选择合适的数据库。

1. 数据库收录语种应合适。这看似简单，但实际上稍不注意就容易搞错。比如，有同学听说知网、万方也收录了外文论文，就以为查外文期刊论文靠知网、万方就可以了，其实，知网、万方中收录的外文论文还很不够；有同学看到 EBSCO、SpingerLink、PQDT、SAGE 等外文数据库，有中文界面，就以为可以查中文论文，殊不知界面中文只是为了方便用户使用，这些外文数据库收录的还是外文论文。

2. 数据库收录学科应合适。所谓综合数据库，主要指收录了多学科文献的数据库。但即使是综合数据库，收录学科有的是文理兼收，有的则偏重文科，有的则偏重理工科。比如，有同学想查外文的“外语教学”相关研究，到鼎鼎大名的 SpingerLink 去查，居然没有查到，就疑惑国外对“外语教学”的研究是不是空白？究其原因，SpingerLink 是一个以理工科见长的数据库，收录文科文献较少。

3. 数据库收录年限应合适。对常用数据库的收录年限，应该先有个基本的了解，再按照所要找的文献年限，去相应的数据库检索。以知网、万方、维普三大中文期刊数据库为例，有的文献年限是 2007 年，3 个数据库都可以查找；有的文献年限是 1987 年，就主要到知网找；有的文献年限是最新年份，因为数据库部分期刊更新有延后，就可能需要去找最新的纸本刊；有的文献年限是 1927 年，就要去民国文献数据库找，因为知网收录的最早期刊虽然是 1915 年的，并且部分刊是从创刊号起始，但并未完整收录 1915 年至今的所有中文期刊。再比如，JSTOR 数据库主要收录的是过期期刊，最新年份的期刊则应该去 ScienceDirect、EBSCO 等数据库找。

4. 数据库收录类型和数量应合适。数据库收录类型主要有期刊论文、学位论文、图书等，要根据所要找的文献类型，去相应的数据库检索，不能文不对题。比如，到期刊数据库找图书，到学位论文数据库找期刊论文，到图书数据库找学位论文。

数据库收录的数量，仍以知网、万方、维普三大中文期刊数据库为例，3 个数据库收录的期刊分别为 8500 种、8000 种、15000 种，但各自都有收录独家期刊。很多人熟知的知网并非万能，知网没有收录的，万方或维普有可能收录。

（二）在所选数据库中的检索要准确

选择合适的数据库之后，需要提炼检索词，注意是与自己课题密切相关的准确、规范的检索词和专业术语，要灵活运用逻辑与、逻辑非等，并限定检索字段、时间等。检索到与自己课题密切相关的研究，而不是找了一大堆弱相关的文献。

三、新颖

数据库检索的新颖，主要包括：选择更新及时的数据库，在所选数据库中选择最新的检索结果。

当需要查找最新学术信息时，选择更新及时的数据库，如期刊数据库，比图书数据库、学位论文数据库更新及时。

在所选数据库中选择最新的检索结果。数据库检索结果的新颖，就是要查看最新的论文或图书等，这点虽然看似谁都知道，但实际操作时却有不少误区。比如，有同学在期刊数据库查到很多相关结果，然后，自己人工一篇篇挑出最新年份，这样看似很勤奋的行为，其实是一种“原始”的方法，完全没有必要，因为数据库不仅有检索功能，也能在得到检索结果后，选择按时间排序来找出最新信息。

四、权威

数据库检索的权威，主要包括：选择权威的数据库，在所选数据库中选择权威的检索结果。

选择权威的数据库，如当需要查找高被引论文时，WOS、Scopus就属于权威的数据库。

在所选数据库中选择权威的检索结果，包括权威作者、权威期刊或出版社、经典论文或图书等。注意，数据库收录的论文或图书等，并不都是权威的、经典的；也不能仅靠某个人主观意见来判断是否权威，而应该借助数据库已有的功能，在初步的检索结果中筛选出权威的文献。

全面、准确、新颖、权威，并非一气呵成，而是要先全面再准确，然后，在全面且准确的基础上，兼顾新颖和权威。那么具体要如何借助数据库的功能，做到全面、准确、新颖、权威呢？本书将在数据库的章节中以检索案例来讲解。

参考文献

[1] 中国国家图书馆·中国国家数字图书馆[EB/OL]. [2022-06-30]. http://www.nlc.cn/.
[2] 上海图书馆[EB/OL]. [2022-06-30]. https://library.sh.cn/.
[3] 上海图书馆开放数据平台[EB/OL]. [2022-06-30]. http://data.library.sh.cn/.
[4] 浙江图书馆[EB/OL]. [2022-06-30]. http://www.zjlib.cn.
[5] 支付宝服务窗注册浙江图书馆个人用户[EB/OL]. (2019-07-15)[2022-06-30]. https://www.zjlib.cn/fwkjss/55973.htm.
[6] 什么是"文津"搜索系统[EB/OL]. [2022-06-30]. http://find.nlc.cn/show/help.

精通篇

第五章 中文期刊数据库

本章重点讲解如何搜索中文期刊论文，以中文三大期刊数据库（知网、万方、维普）检索为主，同时也包括免费中文期刊网站。

请你先“小试牛刀”。

Q：我要准备硕士论文开题了，初步的论文选题是“音乐学视角中的噪音”，但检索与之相关的文献，结果很少，如何查到更多结果？

Q：我要准备本科毕业论文开题，打算写“隐性采访的适度性”，但检索相关论文，结果很少，如何查到更多结果？

第一节 检索案例

知网是大部分同学最常用的一个数据库，那么，你真的会用知网吗？不用急着回答，先来看看一位同学的检索案例，再下结论吧。

Q同学要准备学位论文开题，初步选题是“补课”，需要先做文献调研，因此到中国学术期刊数据库（知网）查找与“补课”相关的论文。

一、选择检索词和扩充近义词

选择检索词很简单吗？只要用“补课”一词，在知网中检索就够了吗？

Q同学就是这么做的，但他对检索结果不满意，你要怎么帮他呢？

为检索词扩充近义词，这个方式有效吗？Q同学尝试为“补课”找几个近义词，选择篇名字段作为不同检索词的同一检索字段，在高级检索中进行检索，发现这些近义词的检索带来了更多检索结果，而且是比较相关的（见表5-1）。

表5-1 不同检索词在同一字段的检索

检索词	检索结果	分析及调整
补课	462	检索结果太多，要缩小检索范围，想研究的是“校外补课”
校外补课	5	检索结果太少，说明这个选题有创新性？发现“补课”有近义词“补习”
补习	468	检索结果太多，再缩小检索范围，检索“校外补习”
校外补习	8	检索结果太少，“校外补课”加“校外补习”结果也很少，好像选题有创新性？发现近义词“课外补习”
课外补习	114	检索结果不少，可见之前不能急于下结论说选题有创新性，再想想“校外补课”还有哪些近义词
校外辅导	27	检索结果不多，是想要的结果
课外辅导	167	检索结果不少，还有近义词吗？
校外培训	201	检索结果不少，发现近几年的论文比较多
课外培训	20	检索结果不多，是想要的结果

Q同学终于松口气，平时很少这样找近义词、做多次检索，检索至此，应该是查得比较全了，他想着把以上每次检索结果加起来，就是所有的检索结果了。你觉得是这样简单相加吗？每次的检索结果中可能出现重复的论文，只能用人工来筛选重复的结果吗？伴随检索过程，Q同学的心情也随着检索结果的多少而起伏，你也有过这样的经历吗？

二、编制检索式

你尝试过使用检索式在数据库中进行检索吗？

接下来，我们还是选择篇名(TI)字段作为不同检索式的同一检索字段，在专业检索中进行检索，并且一步一步地调整检索式(见表5-2)，你会发现，只要梳理好了思路和逻辑关系，你也可以学会使用检索式，达到事半功倍的效果。

表5-2　不同检索式在同一字段的检索

检索式	检索结果	分析及调整
TI=校外补课+校外补习+课外补习+校外辅导+课外辅导+校外培训+课外培训	541	近义词之间的逻辑关系是逻辑或，系统自动去重，不用人工筛选每个词在分别检索后重复出现的结果
TI=校外*补课+校外*补习+课外*补习+校外*辅导+课外*辅导+校外*培训+课外*培训	694	词组拆分后，检索结果增多，而且是相关的结果
TI=(校外+课外)*(补课+补习+辅导+培训)	694	梳理逻辑关系，简化检索式，不用人工罗列校外、课外两个词与补课、补习、辅导、培训几个词之间的排列组合

三、调整检索字段

确定了检索式后，将检索式在专业检索的不同检索字段进行检索，发现主题(SU)字段的检索结果兼顾了全面、准确(见表 5－3)。

表 5－3　同一检索式在不同字段的检索

检　索　式	检索结果	分 析 及 调 整
TI＝(校外＋课外)＊(补课＋补习＋辅导＋培训)	694	篇名(TI)字段的检索结果都是想要的，但是够全面了吗？
KY＝(校外＋课外)＊(补课＋补习＋辅导＋培训)	4	关键词(KY)字段的检索结果却与预期不同，其全面、准确都很不够
TKA＝(校外＋课外)＊(补课＋补习＋辅导＋培训)	4423	篇关摘(TKA)字段的检索结果够全面，但发现有不相关的结果
SU＝(校外＋课外)＊(补课＋补习＋辅导＋培训)	2481	主题(SU)字段的检索结果兼顾全面和准确，要如何进一步做到新颖、权威？

四、筛选检索结果

从以上检索过程可知，如果检索不够全面，却自认为已经查全了，可能会导致误以为自己的选题有创新性，不知道他人也许早已做过相关研究——没有找到≠不存在；也可能会导致只看到支持自己的观点，没看到可能存在的反方观点，使你的论文基石不稳，很容易被驳倒。

得到以上检索结果之后，可能会觉得终于可以下载全文了。别急，在检索结果兼顾全面和准确的基础上，要如何进一步做到新颖、权威？如何通过分析检索结果，来判断选题是否具有创新性？除了检索的功能，数据库还提供检索结果排序、检索结果筛选等功能。

1. 发现最新论文与研究趋势。将检索结果按时间排序，可查看最新论文或最早论文，也可查看可视化分析页面的发文量总体趋势分析。如论文发表数量逐年递增，说明有越来越多的研究关注“校外补课”。

2. 发现高学术影响力论文。其一，将检索结果按被引排序，可查看被引高的论文。其二，通过“来源类别”查看 CSSCI、北大核心等核心期刊上的论文，这是需要重点研读的论文。其三，通过“作者”与“作者单位”查看论文的作者分布、机构分布，发现权威作者、权威研究团队。如“校外补课”发文最多的作者是薛海平，发文最多的机构是北京师范大学、华东师范大学、首都师范大学。其四，通过“基金”，查看国家社会科学基金、国家自然科学基金资助的论文，发现高质量论文。

3. 扩大检索范围。在检索结果页，点击被引次数高的论文篇名，进入论文详情信息页面，通过引文网络，查找相关文献、相关作者。

4. 缩小检索范围。其一，通过“主要主题”与“次要主题”查看论文的主题分布。一方面可了解已有的研究方向，如“主要主题”中的校外培训、课外补习、双减等显示了已有的研究方向；另一方面可考量是否要补充检索词的近义词，拓展研究思路。其二，通过“学科”查看论文的学科分布，也就是论文从哪些学科角度来进行研究，如教育管理、中等教育、高等教育是研究“校外补课”最多的学科，此外，还有从计算机应用、宏观经济管理等学科角度开展研究。这对你选择从哪个学科角度研究将很有启发。其三，通过“期刊”查看论文发表的期刊分布，确定需要重点研读的期刊。

五、检索案例小结

从检索案例一步一步的检索过程中，可见检索远非想象的那么简单，不是输入一个或几个检索词、词组、短语，就可以查到想要的结果。那么检索到底应该怎么做？

第一章已讲解检索策略，包括明确信息需求、选择信息源、选取检索词和扩充近义词、编制检索式、调整检索策略、分析和优化检索结果等。以上检索案例，正是按照检索策略的要求，一步一步进行检索，从而查找到需要的结果。以下重点讲解如何编制检索式、分析和优化检索结果。

（一）编制检索式

也许有人会说，逻辑与、逻辑或，单独讲解用法时能听懂，但一到自己要编制检索式，就有点头晕，到底什么时候该用逻辑与，什么时候该用逻辑或？

需要强调的是，选取检索词后，要为每个检索词扩充同义词和近义词，并明确每个检索词之间的逻辑关系。这时，不同检索词之间的逻辑关系是逻辑与，一个检索词及其近义词之间的逻辑关系是逻辑或。

以知网为例（知网的逻辑与、逻辑或，分别用 *、+表示），如果一个课题选取了 3 个检索词 A 词、B 词、C 词，那么检索式为：

SU=A 词* B 词* C 词

如果为 3 个检索词分别找了近义词，将每个检索词及其近义词归为一组，那么检索式为：

SU=A组*B组*C组

如果3个检索词及其近义词分别为：A组为A词和A1词、A2词；B组为B词和B1词、B2词；C组为C词和C1词、C2词。那么检索式为：

SU=(A+A1+A2)*(B+B1+B2)*(C+C1+C2)

（二）分析和优化检索结果

较理想的检索结果，主要包括4个要点，即全面、准确、新颖、权威。以上检索案例中，明确信息需求、选择数据库、选取检索词和扩充近义词、编制检索式、调整检索策略等检索步骤，主要是兼顾了全面和准确，因此还需要从新颖和权威角度做进一步筛选。也许不少人会觉得，经过这么多次调整检索式，终于得到了满意的检索结果，最后只要把论文全部下载就好。但这么多论文，都值得看吗？即使都要看，也要有个先后顺序。应该先看哪些？通过数据库提供的检索结果排序、筛选等功能，可进一步分析和优化检索结果。

1. 最新论文。数据库的主要功能是检索，但检索并不是其唯一的功能，在得到检索结果之后，数据库还提供多种排序的功能。如果想找最新论文，可选检索结果按发表时间排序（倒排），即最新的论文排在最前面。

2. 权威论文。找权威论文，主要方法有如下几种。

方法一，直接找权威论文。一般被引次数高的论文，其学术影响力比较大。选检索结果按被引次数排序，从高到低排列。注意：下载次数并不能代表论文对研究者产生了学术影响，而被引则表明该论文被引用或参考，对引用者来说有学术价值，因此被引次数是评价一篇论文的学术影响力的指标之一。

方法二，找权威期刊的论文。如 CSSCI 期刊是国内公认的核心期刊。在检索结果页的期刊范围选 CSSCI，则检索结果都是发表在 CSSCI 期刊上的论文。

方法三，找权威作者的论文。通常该领域主要发文作者的研究会比较深入，多为该学科的专家。在检索结果页的分组浏览，点击“作者”，则显示该领域发文最多的作者，以发文量从高到低排列；点击作者名字，则显示该作者在该领域的全部论文。

方法四，找权威机构的论文。如“双一流”高校、中国科学院、中国社会科学院等属于学术上的权威机构。在检索结果页的分组浏览，点击“机构”，则显示该领域发文最多的机构，以发文量从高到低排列；点击机构名字，则显示该机构在该领域的全部论文。

方法五，找基金资助的论文。申请到基金的项目，尤其是国家社会科学基金、国家自然科学基金支持的项目，一般都是在该学科领域有深入研究成果。在检索结果页的分组浏览，点击“基金”，则显示由基金资助的论文，包括国家、部委、省市级等各级各类基金；点击基金名称，则显示该基金资助的该领域的全部论文，如国家社会科学基金、国家自然科学基金资助的论文。一般国家级基金资助的论文学术质量比较高。

对检索来说，方向比努力更重要，关键是先找对方向，学会检索方法比下载全文更重要。检索≠找全文，而是要找有价值的文献，检索不仅帮你发现信息，而且帮你筛选信息。筛选，主要包括：通过检索方法进行筛选—通过检索结果页的功能进行筛选—浏览文摘进行筛选，最后才是下载全文。到了检索结果页，不应只关注下载全文，应学会利用数据库的多种功能，进一步筛选文献。

第二节　中国学术期刊数据库（知网）

一、知网的特点及其适用性

中国知网，又称为中国知识基础设施工程（China National Knowledge Infrastructure，CNKI），知网平台包括一系列数据库，如学术期刊、学位论文、会议、报纸、年鉴、专利、标准、成果、特色期刊等。本章讲解的是知网的学术期刊库，在本章简称“知网”。知网收录自1915年至今出版的期刊，部分期刊回溯至创刊，主要为1979年至今。注意：“1915年至今”是指收录的最早期刊是1915年的，而不是指所有1915年至今出版的期刊都有收录。知网目前已收录8500多种学术期刊，近6000万篇论文，其中，网络首发期刊2000多种[1-2]。知网的学科范围覆盖基础科学、工程科技Ⅰ、工程科技Ⅱ、农业科技、医药卫生科技、哲学与人文科学、社会科学Ⅰ、社会科学Ⅱ、信息科技、经济与管理科学等10个大类168个小类。

二、知网的检索方法

知网平台包括一系列数据库。知网期刊单库检索与多库检索（同时检索多个子库）、总库检索（同时检索所有子库）的不同，一是体现在检索字段有差异上，多库检索仅提供各子库通用的检索字段，具有特性的检索字段不出现，只有期刊单库检索才会出现其特有的检索字段；二是体现在检索限定条件有差异上，期刊单库检索可选择来源类别，但多库、总库检索没有这个选项。

知网的检索方法主要有：基本检索、高级检索、专业检索、作者发文检索、句子检索、分类浏览、期刊导航等。

（一）基本检索

基本检索即一框式检索。在检索框前下拉式菜单可选检索字段，基本检索默认为主题字段。基本检索默认空格为逻辑与，不支持含逻辑算符的检索式。得到检索结果后，还可在结果中检索。

（二）高级检索

高级检索有多个检索框，可增加或减少检索框，每个检索框之间的逻辑关系可选择逻辑与、逻辑或、逻辑非，分别表示为：**AND**、**OR**、**NOT**。在检索框前下拉式菜单可选检索字段，检索框后下拉式菜单可选精确或模糊匹配。高级检索还可限定时间范围、来源类别。知网的高级检索，默认为精确匹配，支持含逻辑算符的检索式。但逻辑算符的使用与专业检索中略有不同，为避免混淆，推荐在专业检索中使用检索式。

（三）专业检索

专业检索，支持含检索算符（如逻辑算符、词组检索）、字段符号的检索式。专业检索还可限定时间范围、来源类别。

知网检索式的表达方式：

字段符号＝检索词与检索算符的组配

知网的基本检索、高级检索、专业检索提供多种检索字段（见表5－4）。其中，知网自定义的主题字段，是指知网标引出来的主题字段。该字段内容包含一篇文章的所有主题特征，同时在检索过程中嵌入了专业词典、主题词表、中英对照词典、停用词表等工具，并采用关键词截断算法，将低相关或微相关文献进行截断。篇关摘字段，是指同时检索篇名、关键词、摘要 3 个字段。

表 5－4 知网学术期刊库检索字段

字段名称	基本检索	高级检索	专业检索	字段符号
主题	√	√	√	SU
篇关摘	√	√	√	TKA
篇名	√	√	√	TI
关键词	√	√	√	KY
摘要	√	√	√	AB
小标题	√	√	√	CO
全文	√	√	√	FT
参考文献	√	√	√	RF
基金	√	√	√	FU
分类号	√	√	√	CLC
DOI	√	√	√	DOI
作者	√	√	√	AU
第一作者	√	√	√	FI
通讯作者	√	√	√	RP
作者单位	√	√	√	AF
第一单位	√	√	√	FAF
期刊名称	√	√	√	JY
ISSN	√	√	√	SN
CN	√	√	√	CN

续　表

字段名称	基本检索	高级检索	专业检索	字段符号
栏目信息	√	√	√	QKLM
被引频次			√	CF

注意：知网的全文字段，即指在全文中进行检索；万方有全部字段，维普有任意字段，但都没有全文字段。

（四）作者发文检索

作者发文检索，指在作者、第一作者、通讯作者、作者单位字段，检索作者发表的论文及被引和下载次数，输入作者姓名，可在右侧引导列表中根据机构名称进行勾选，精准定位。高级检索、专业检索都提供作者、第一作者、通讯作者、作者单位字段，因此，作者发文检索的功能，在高级检索、专业检索中也能实现。

（五）句子检索

句子检索，指在同一句或同一段中，输入两个或多个检索词，检索同时包含这两个词或多个词的句子、段落，查找论文中的事实信息。高级检索、专业检索都提供全文字段，也可实现这一功能，但使用句子检索，更准确。

（六）分类浏览

分类检索就是利用学科分类导航体系逐步细化，最终检索出最小知识单元中包含的论文。知网将所有学科分为基础科学、工程科技Ⅰ、工程科技Ⅱ、农业科技、医药卫生科技、哲学与人文科学、社会科学Ⅰ、社会科学Ⅱ、信息科技、经济与管理科学等 10 个大类 168 个小类。知网默认为全选所有分类。分类浏览可与高级检索、专业检索相结合进行检索，即勾选指定学科分类，输入检索词、检索式进行检索。

（七）期刊导航

知网期刊导航分为期刊检索、期刊浏览两种方式。期刊检索，可选字段有刊名、主办单位、ISSN、CN，知网默认为刊名字段。期刊浏览，可按学科分类、数据库刊源、出版周期、出版地、核心期刊、全部期刊、学术期刊、网络首发期刊等进行浏览。可直接浏览期刊基本信息，按期查找期刊文章。

三、知网的检索技术

知网的检索算符主要包括逻辑算符、词组检索等。

1. 逻辑算符：逻辑与、逻辑或、逻辑非，用 * 、＋、－表示，也可用 **AND**、**OR**、**NOT** 表示。 * 、＋、－前后不空格，用于检索词都在同一个字段时；**AND**、**OR**、**NOT** 前后要空格，并且不区分大小写，用于检索词在不同字段时。

逻辑算符的优先顺序：**NOT＞AND＞OR**。如要改变优先顺序，则使用英文半角圆括号( )表示。

2. 词组检索：用英文半角单引号' '或英文半角双引号" "表示。知网检索式默认是精确匹配，中文检索词、词组不需要使用词组检索。当检索词包含＋或－等算符或特殊字符检索时，则需要使用词组检索，如：**'互联网＋'**或**"互联网＋"**。

➢ Tips

当检索词都在同一个字段时，逻辑算符用 * 、＋、－，前后不空格，如：

SU＝(校外＋课外)*(补课＋补习＋辅导＋培训)

当检索词在不同字段时，逻辑算符用AND、OR、NOT，前后要空格，并且不区分大小写，如：

TI＝(校外＋课外)*(补课＋补习＋辅导＋培训)＋影子教育 OR KY＝(校外＋课外)*(补课＋补习＋辅导＋培训)＋影子教育

四、知网的检索结果

数据库的功能不仅仅是检索，每个数据库的检索结果页，还提供不少对检索结果进一步分析和筛选的功能。如果到了显示检索结果这一步，只想着下载全文，那就错过了不少事半功倍的功能。

（一）检索结果排序

知网的检索结果有4种排序方式：按相关度、发表时间、被引、下载排序。默认按发表时间排序，即最新的论文排在最前面。按发表时间顺排，即最早的论文排在最前面；按相关度排序，即最相关的论文排在最前面；按被引次数排序，即被引次数多的论文排在最前面；按下载次数排序，即下载次数多的论文排在最前面。注意：下载次数并不能代表论文对读者产生了学术影响。

（二）检索结果分析

知网的检索结果分析，可按主题、学科、发表年度、研究层次、期刊、来源类别、作者、机构、基金等筛选，并进一步分析和优化检索结果（见表5－5），且提供按年份、主题、学科、研究层次、期刊、来源类别、作者、机构、基金进行的可视化分析。

表5－5　分析和优化检索结果(知网)

检索结果页	显示信息	启　发	优化检索结果
时间倒排	最新的论文排在最前面	最新研究成果	最新论文
时间顺排	最早的论文排在最前面	最早研究成果	追根溯源
相关度	最相关的论文排在最前面	比较与自己选题的异同	密切相关
被引排序	被引多的论文排在最前面	高影响力论文	权威论文
主题	论文的主题分布	主要研究方向	缩小检索范围
学科	论文的学科分布	主要研究领域	缩小检索范围
发表年度	论文的年度分布	研究趋势、研究阶段	选题价值
期刊	论文发表的期刊分布	重点研读的期刊	缩小检索范围
来源类别	核心期刊上的论文	重点研读的论文	权威论文
作者	论文的作者分布	高产作者	权威作者
机构	论文作者的机构分布	高产机构	权威研究团队
基金	基金资助的论文	某基金的系列论文	权威论文

（三）检索结果导出

论文写作时，你还在手动输入参考文献吗？这样不仅会花很长时间，效率低，还要担心参考文献格式不规范、不标准。数据库提供导出参考文献的功能，可以直接批量导出所需参考文献格式。

知网的检索结果可导出为参考文献格式，导出格式包括：GB/T 7714—2015 格式引文、知网研学（原 E-Study）、CAJ-CD 格式引文、MLA 格式引文、APA 格式引文、查新（引文格式）、查新（自定义引文格式）、Refworks、EndNote、NoteExpress、NoteFirst、自定义等。知网还可将参考文献直接导出为 TXT、XLS、DOC 格式。

第三节　万方期刊数据库

一、万方的特点及其适用性

万方，全称为万方数据知识服务平台，其包括一系列数据库，如学术期刊、学位论文、会议论文、科技报告、专利、标准、科技成果、法律法规等。本章讲解的是万方的中国学术期刊数据库（China Online Journals，COJ），在本章简称“万方”。万方收录自 1900 年至今出版的期刊，主要为 1998 年至今。目前已收录 8000 多种学术期刊，5000 多万篇论文，年增 300 万篇。万方学科分类涵盖哲学政法、社会科学、经济财政、教科文艺、基础科学、医药卫生、农业科学、工业技术等 8 个大类近 100 个小类[3-4]。

二、万方的检索方法

万方的检索方法主要有：基本检索、高级检索、专业检索、作者发文检索、期刊导航等。

（一）基本检索

基本检索即一框式检索。点击检索框，出现下拉式菜单，可选检索字段。基本检索默认为全部字段。基本检索默认空格为逻辑与，支持含逻辑算符的检索式。得到检索结果后，还可在结果中检索。

（二）高级检索

高级检索有多个检索框，可增加或减少检索框，每个检索框之间的逻辑关系可选择逻辑与、逻辑或、逻辑非，分别表示为：与、或、非。在检索框前下拉式菜单可选检索字段，检索框后下拉式菜单可选精确或模糊匹配。万方的高级检索，默认为模糊匹配，支持含逻辑算符的检索式。高级检索还可限定发表时间，进一步缩小检索范围。

（三）专业检索

专业检索，支持含检索算符（如逻辑算符、词组检索）、检索字段的检索式。直接输入检索式，默认为全部字段。专业检索还可限定发表时间，进一步缩小检索范围。

万方检索式的表达方式：

检索字段:(检索词与检索算符的组配)

万方的基本检索、高级检索、专业检索提供多种检索字段（见表5－6）。其中，万方自定义的主题字段，与知网自定义的主题字段不同，是指题名、关键词、摘要3个字段，即篇关摘字段。万方的全部字段，指基本检索、专业检索中显示的所有字段。注意：全部字段≠全文字段。

表5－6　万方期刊库检索字段

字段名称	基本检索	高级检索	专业检索
全部	√	√	√
主题		√	√

续 表

字段名称	基本检索	高级检索	专业检索
题名或关键词		√	√
题名	√	√	√
关键词	√	√	√
摘要	√	√	√
作者	√	√	√
作者单位	√	√	√
分类号	√	√	
DOI		√	√
第一作者		√	√
期刊-基金	√	√	
期刊-刊名	√	√	
期刊-ISSN/CN		√	
期刊-期		√	

（四）作者发文检索

作者发文检索，指在作者、第一作者、作者单位字段，检索作者发表的论文及被引和下载次数。高级检索、专业检索也包括作者、第一作者、作者单位字段，因此，作者发文检索的功能，在高级检索、专业检索中也能实现。

（五）期刊导航

期刊导航，可按学科分类、刊名字顺、核心收录、收录地区、出版周期、优先出版等浏览期刊。可直接浏览期刊基本信息，按期查找期刊文章。

三、万方的检索技术

万方的检索算符主要是逻辑算符、词组检索等。

1. 逻辑算符：逻辑与、逻辑或、逻辑非，用**AND**、**OR**、**NOT**表示，前后均要空格，并且不区分大小写。

逻辑算符的优先顺序：**NOT**＞**AND**＞**OR**；如要改变优先顺序，则使用英文半角圆括号( )表示。

2. 词组检索：用英文半角双引号" "表示。万方检索式默认是模糊匹配，词组用英文半角双引号" "引起来则是精确匹配，如：**"互联网思维"**。

四、万方的检索结果

（一）检索结果排序

万方的检索结果有4种排序方式：按相关度、出版时间、被引频次、下载量排序。默认按相关度排序，最相关的论文排在最前面。按出版时间倒排，即最新的论文排在最前面；按出版时间顺排，即最早的论文排在最前面；按被引频次排序，即被引频次多的论文排在最前面；按下载量排序，即下载量大的论文排在最前面。注意：下载量并不能代表论文对读者产生了学术影响。

（二）检索结果分析

万方的检索结果分析，可按年份、学科分类、核心、语种、来源数据库、刊名、出版状态、作者、作者单位等筛选，并进一步分析和优化检索结果（见表5－7），且提供按年份、关键词、作者、机构、学科、期刊、基金、资源类型进行的可视化分析。其中，关键词的可视化分析，以词云的方式呈现。

表5－7　分析和优化检索结果(万方)

检索结果页	显示信息	启　发	优化检索结果
相关度	最相关的论文排在最前面	比较与自己选题的异同	密切相关
时间倒排	最新的论文排在最前面	最新研究成果	最新论文
时间顺排	最早的论文排在最前面	最早研究成果	追根溯源
被引频次	被引多的论文排在最前面	高影响力论文	权威论文
年份	论文的年份分布	研究趋势、研究阶段	选题价值
学科分类	论文的学科分布	主要研究领域	缩小检索范围
关键词	论文关键词的可视化分析	主要关键词	缩小检索范围
核心	核心期刊上的论文	重点研读的论文	权威论文
刊名	论文发表的期刊分布	重点研读的期刊	缩小检索范围
作者	论文的作者分布	高产作者	权威作者
作者单位	论文作者的机构分布	高产机构	权威研究团队
基金	基金资助的论文	某基金的系列论文	权威论文

（三）检索结果导出

万方的检索结果可导出为参考文献格式，导出格式包括：参考文献（即GB/T 7714—2015格式）、查新格式、NoteExpress、RefWorks、NoteFirst、EndNote、Bibtex、自定义格式等。万方还可将参考文献直接导出为TXT、XLS、DOC格式。

五、万方的检索案例

（一）检索过程

在知网检索时已完成比较完整的检索步骤：选取检索词、扩充近义词、选择检索字段、调整检索策略、确认检索式。万方的检索式与知网的逻辑关系是一样的，但逻辑算符不同，检索式的表达方式不同。注意：知网和万方对主题字段的定义不同。万方的主题字段，是指篇关摘字段；而知网的主题字段，表示包含一篇文章的所有主题特征。因此，知网、万方的主题字段，名称相同但定义不同。知网的篇关摘字段、万方的主题字段，名称不同但其实含义相同。要注意的是，数据库检索结果的比较，要在相同条件下，也就是同一个检索字段（含义相同）、同一个检索式。将万方的检索式及检索结果与知网的相比（见表5-8），可见知网的检索结果比万方少了很多。这是为什么呢？因为知网有一个侧重收录学术期刊的学术期刊库，还有一个侧重收录基础教育期刊的特色期刊库。在篇关摘（TKA）字段，知网所有期刊的检索结果是学术期刊库（4423）加特色期刊库（5817）的总和，与万方的检索结果相差不大。

表5-8　知网和万方检索式的比较

数据库	检　索　式	检索结果
知网	SU=（校外+课外）*（补课+补习+辅导+培训）	2481
	TKA=（校外+课外）*（补课+补习+辅导+培训）	4423

续 表

数据库	检 索 式	检索结果
万方	主题：((校外 or 课外) and (补课 or 补习 or 辅导 or 培训))	10757
	主题：(校外 or 课外) and (补课 or 补习 or 辅导 or 培训)	15020

➢ Tips

万方检索式中冒号后的括号( )，表示字段只限定紧随其后的括号( )内的**检索词和检索算符组配**，不限定括号( )后检索算符后的**检索词和检索算符组配**，如表5-8万方的第一个检索式中，紧跟着冒号后的最外面一层括号，括住了所有**检索词和检索算符组配**，表示所有检索词都在主题字段进行检索。表5-8中万方的第二个检索式，与第一个检索式相比，少了最外面一层括号，表示只有**(校外 or 课外)**在主题字段进行检索，**(补课 or 补习 or 辅导 or 培训)**则是没有被限定在主题字段检索的，而是在全部字段进行检索。这也导致看似一样，实则不一样的两个检索式，其检索结果差异很大。

（二）精炼检索结果

1. 发现最新论文与研究趋势。将检索结果按出版时间排序，可查看最新论文或最早论文；也可通过“年份”查看每年的论文数量，据此推测研究趋势。

2. 发现高学术影响力论文。其一，将检索结果按被引频次排序，可查看被引高的论文。其二，通过“核心”查看CSSCI、北大核心等核心期刊上的论文，这是需要重点研读的论文。其三，通过“作者”

与“作者单位”查看论文的作者分布、机构分布，发现权威作者、权威研究团队。如“校外补课”发文最多的作者是薛海平，发文最多的机构是北京师范大学、首都师范大学、华东师范大学。其四，通过“基金”的可视化分析，查看国家社会科学基金、国家自然科学基金资助的论文，发现高质量论文。

3. 扩大检索范围。在检索结果页，点击被引次数高的论文篇名，进入论文详情信息页面，通过引文网络，查找相关文献、相关作者、相关机构。

4. 缩小检索范围。其一，通过“学科分类”查看论文的学科分布，也就是论文从哪些学科角度来进行研究，如中等教育、高等教育、初等教育是研究“校外补课”最多的学科，此外，还有从经济学、计算机技术等学科角度开展研究。这对你选择从哪个学科角度研究将很有启发。其二，通过“关键词”的可视化分析，查看论文的关键词分布，一方面可了解已有的研究方向，一方面可考量是否要补充检索词的近义词，并拓展研究思路。其三，通过“刊名”查看论文发表的期刊分布，确定需要重点研读的期刊。

第四节　维普中文期刊数据库

一、维普的特点及其适用性

维普，全称为中文期刊服务平台，本章简称“维普”。维普收录自1930年至今出版的期刊，主要为1989年至今。目前已收录15000多种期刊，其中现刊9000多种，7200多万篇论文。学科分类涵盖医药卫生、农业科学、机械工程、自动化与计算机技术、化学工程、经济管理、政治法律、哲学宗教、文学艺术等35个学科大类400多个学科小类[5-6]。

二、维普的检索方法

维普的检索方法主要有：基本检索、高级检索、专业检索、期刊导航等。

（一）基本检索

基本检索即一框式检索。基本检索默认为任意字段。基本检索默认空格为逻辑与，不支持含逻辑算符的检索式。得到检索结果后，还可在结果中检索。

（二）高级检索

高级检索有多个检索框，可增加或减少检索框，每个检索框之间的逻辑关系可选择逻辑与、逻辑或、逻辑非，分别表示为：与、或、非。在检索框前下拉式菜单可选检索字段，检索框后下拉式菜单可选精确或模糊匹配。维普的高级检索，默认为模糊匹配，支持含逻辑算符的检索式。高级检索还可限定时间、期刊范围、学科，进一步缩小检索范围。

（三）专业检索

专业检索，支持含检索算符（如逻辑算符、词组检索）、字段符号的检索式。专业检索还可限定时间、期刊范围、学科，进一步缩小检索范围。

维普检索式的表达方式：

字段符号＝检索词与检索算符的组配

维普的基本检索、高级检索、专业检索提供多种检索字段（见表 5 - 9）。维普的任意字段，即在维普提供的所有字段中进行检索。注意：任意字段≠全文字段。

表 5-9　维普期刊库检索字段

字 段 名 称	基本检索	高级检索	专业检索	字段符号
任意字段	√	√	√	U
题名或关键词	√	√	√	M
题名	√	√	√	T
关键词	√	√	√	K
摘要	√	√	√	R
作者	√	√	√	A
第一作者	√	√	√	F
机构	√	√	√	S
刊名	√	√	√	J
分类号	√	√	√	C
参考文献	√	√		
作者简介	√	√		
基金资助	√	√		
栏目信息	√	√		

（四）期刊导航

维普期刊导航分为期刊检索、期刊浏览两种方式。期刊检索，可选字段有刊名、任意字段、ISSN、CN、主办单位、主编、邮发代号，维普默认为刊名字段。期刊浏览，可按学科分类、刊名字顺、核心期刊、国内外数据库收录、地区等进行浏览。可直接浏览期刊基本信息，按期查找期刊文章。

三、维普的检索技术

维普的检索算符主要是逻辑算符、词组检索等。

1. 逻辑算符：逻辑与、逻辑或、逻辑非，用 *、+、－表示，也可用 **AND**、**OR**、**NOT** 表示。*、+、－前后不空格，用于检索词都在同一个字段时；**AND**、**OR**、**NOT** 前后要空格，并且不区分大小写，用于检索词在不同字段时。

逻辑算符的优先顺序：**NOT＞AND＞OR**；如要改变优先顺序，则使用英文半角圆括号( )表示。

2. 词组检索：用英文半角双引号" "表示。维普检索式默认是模糊匹配，词组用英文半角双引号" "引起来则是精确匹配，如：**"互联网思维"**。

四、维普的检索结果

（一）检索结果排序

维普的检索结果有 3 种排序方式：按相关度、被引量、时效性排序。默认按相关度排序，最相关的论文排在最前面。按被引量排序，即被引最多的论文排在最前面；按时效性排序，即最新的论文排在最前面。

（二）检索结果分析

维普的检索结果分析，可按年份、学科、期刊收录、主题、期刊、作者、机构等，进一步分析和优化检索结果（见表 5 - 10），且提供按年份、作者、机构、学科、期刊进行的可视化分析。

表 5 - 10　分析和优化检索结果(维普)

检索结果页	显示信息	启发	优化检索结果
相关度	最相关的论文排在最前面	比较与自己选题的异同	密切相关
被引量	被引多的论文排在最前面	高影响力论文	权威论文
时效性	最新的论文排在最前面	最新研究成果	最新论文
年份	论文的年份分布	研究趋势、研究阶段	选题价值
学科	论文的学科分布	主要研究学科	缩小检索范围
期刊收录	核心期刊上的论文	重点研读的论文	权威论文
主题	论文的主题分布	主要研究主题	缩小检索范围
期刊	论文发表的期刊分布	重点研读的期刊	缩小检索范围
作者	论文的作者分布	高产作者	权威作者
机构	论文作者的机构分布	高产机构	权威研究团队

(三) 检索结果导出

维普的检索结果可导出为参考文献格式，导出格式包括：参考文献(即 GB/T 7714—2015 格式)、文本、查新格式、XML、NoteExpress、Refworks、EndNote、NoteFirst、自定义导出等。维普还可将参考文献直接导出为 TXT、XLS 格式。

五、维普的检索案例

（一）检索过程

在知网、万方检索时已完成比较完整的检索步骤：选取检索词、扩充近义词、选择检索字段、调整检索策略、确认检索式。维普的检索式与知网、万方的逻辑关系是一样的。维普与知网的逻辑算符、检索式表达方式也是类似的，只是与万方的有所不同。注意：数据库检索结果的比较，要在相同条件下，也就是指同一个检索字段、同一个检索式。万方和维普都有“题名或关键词”字段，知网目前没有这个字段，但可以通过编制检索式实现（见表 5－11），将维普的检索式及检索结果与知网、万方的相比，可见知网的检索结果比万方、维普少了很多。在上文中已经提到，这是因为知网除了有一个学术期刊库之外，还有一个特色期刊库。在通过编制检索式实现的“题名或关键词”字段，知网所有期刊的检索结果是学术期刊库（696）加特色期刊库（805）的总和，但仍然是 3 个数据库中检索结果最少的。这从一个侧面显示，查中文期刊数据库，只查知网是远远不够的。

表 5－11　知网、万方、维普检索式的比较

数据库	检索式	检索结果
知网	TI＝（校外＋课外）*（补课＋补习＋辅导＋培训） OR KY＝（校外＋课外）*（补课＋补习＋辅导＋培训）	696
万方	题名或关键词：（（校外 or 课外） and （补课 or 补习 or 辅导 or 培训））	5577
维普	M＝（校外＋课外）*（补课＋补习＋辅导＋培训）	4575

（二）精炼检索结果

1. 发现最新论文与研究趋势。将检索结果按时效性排序，可查看最新论文；也可通过“年份”查看每年的论文数量，据此推测研究趋势。

2. 发现高学术影响力论文。其一，将检索结果按被引量排序，可查看被引高的论文。其二，通过“期刊收录”查看 CSSCI、北大核心等核心期刊上的论文，这是需要重点研读的论文。其三，通过“作者”与“机构”查看论文的作者分布、机构分布，发现权威作者、权威研究团队。如发文最多的作者是薛海平，发文最多的机构是首都师范大学、北京师范大学、华东师范大学。

3. 扩大检索范围。在检索结果页，点击被引次数高的论文篇名，进入论文详情信息页面，通过引文网络，查找相关文献、相关作者、相关机构。

4. 缩小检索范围。其一，通过“学科”查看论文的学科分布，也就是论文从哪些学科角度来进行研究，如教育学、教育技术学是研究“校外补课”最多的学科，此外，还有从经济学、法律（政策）等学科角度开展研究。这对你选择从哪个学科角度研究将很有启发。其二，通过“主题”查看论文的主题分布，拓展研究思路。其三，通过“期刊”查看论文发表的期刊分布，确定需要重点研读的期刊。

第五节　三大中文期刊数据库比较

针对知网、万方、维普三大中文期刊库，本节主要从收录范围、检索方法、检索字段、检索技术、检索结果、获取全文、免费平台这几个方面进行比较。

一、收录范围

三大中文期刊库都是综合类期刊库，收录所有学科的期刊。其收录的期刊种类虽有交叉重复，但都有各自收录的独家期刊，谁也不能替代谁。所以要想做到全面检索，需要对3个数据库都进行检索。如表5-12所示，维普收录期刊的种类最多、论文总量最多。注意：同一种期刊，三大中文期刊库收录全文的年份可能不同，如《全球教育展望》一刊，知网收录全文为1978年至今，万方、维普仅收录文摘。

表5-12　期刊收录范围比较

收录范围	知　网	万　方	维　普
收录年份	1915年至今 主要为1979年至今	1900年至今 主要为1998年至今	1930年至今 主要为1989年至今
期刊种类	8500多种	8000多种	15000多种 其中现刊9000多种
论文总量	近6000万篇	5000多万篇	7200多万篇
学科分类	10个大类	8个大类	35个大类

二、检索方法

知网、万方、维普都提供基本检索、高级检索、专业检索、期刊导航等检索方法（见表5-13）。知网还提供分类浏览、句子检索。什么情况下需要使用期刊导航呢？主要有以下几种情况：① 查看期刊的目录页；② 下载或打印期刊的封面和目录；③ 查看期刊的主办单位、出版周期、刊号等信息。

表 5－13　检索方法比较

检索方法	知　网	万　方	维　普
基本检索	默认为主题字段 提供在结果中检索	默认为全部字段 提供在结果中检索	默认为任意字段 提供在结果中检索
高级检索	提供布尔逻辑运算：AND、OR、NOT 可限定时间范围、来源类别	提供布尔逻辑运算：与、或、非 可限定发表时间	提供布尔逻辑运算：与、或、非 可限定时间、期刊范围、学科
专业检索	当检索词都在同一个字段时，使用逻辑算符：*、+、－；当检索词在不同字段时，则使用逻辑算符：**AND、OR、NOT** 可限定时间范围、来源类别	提供逻辑算符：**AND、OR、NOT** 可限定发表时间	当检索词都在同一个字段时，使用逻辑算符：*、+、－；当检索词在不同字段时，则使用逻辑算符：**AND、OR、NOT** 可限定时间、期刊范围、学科
期刊导航	可按学科分类、数据库刊源、出版周期、出版地、核心期刊、全部期刊、学术期刊、网络首发期刊等浏览期刊	可按学科分类、刊名字顺、核心收录、收录地区、出版周期、优先出版等浏览期刊	可按学科分类、刊名字顺、核心期刊、国内外数据库收录、地区等浏览期刊

三大中文期刊库的检索字段，有相同也有不同（见表 5－14）。

➢ Tips

1．知网和万方对主题字段的定义不同。知网的主题字段，是特指知网标引出来的主题字段，该字段内容包含一篇文章的所有主题特征，同时在检索过程中嵌入了专业词典、主题词表、中英对照词典、停用词表等工具，并采用关键词截断算法，将低相关或微相关文献进行截断。万方的主题字段，则是指篇关摘字段。

2. 3个数据库默认的字段不同。基本检索中，知网默认主题字段，万方默认全部字段，维普默认任意字段。

3. 比较分析3个数据库字段的异同及其特点，是为了让检索结果更全面或准确。

表5-14 检索字段比较

知网	万方	维普
主题	主题	
篇关摘		
	题名或关键词	题名或关键词
篇名	题名	题名
关键词	关键词	关键词
摘要	摘要	摘要
小标题		
全文		
	全部	任意字段
参考文献		参考文献
基金	期刊-基金	基金资助
分类号	分类号	分类号
DOI	DOI	

续　表

知　网	万　方	维　普
作者	作者	作者
第一作者	第一作者	第一作者
通讯作者		
		作者简介
作者单位	作者单位	机构
第一单位		
期刊名称	期刊-刊名	刊名
ISSN	期刊- ISSN/CN	
CN		
栏目信息		栏目信息
	期刊-期	

三、检索技术

三大中文期刊库的检索算符包括逻辑算符、词组检索等(见表 5 - 15)。注意：不要将知网的逻辑算符 *、+、- 套用到所有数据库中。

词组检索：知网的词组检索用英文半角单引号' '或英文半角双引号" "表示，但知网已默认是精确检索，所以在知网中，中文检索词、词组不需要使用词组检索，但当检索词包含+或-等算符或特殊字符检索时，需用使用词组检索，如：**'互联网+'**或**"互联网+"**；万方、维普的词组检索用英文半角双引号" "表示，如：**"互联网思维"**。

表 5－15 检索算符比较

	知网		万方	维普	
逻辑与	*	AND	AND	*	AND
逻辑或	+	OR	OR	+	OR
逻辑非	−	NOT	NOT	−	NOT
优先算符	( )		( )	( )	
优先顺序	( )＞NOT＞AND＞OR				
词组检索	" "	' '	" "	" "	

➢ Tips

数据库会不定期进行更新改版，改版不仅是网页有所变化，数据库的检索字段、检索算符、检索式等都有可能调整，因此要学会查看数据库的帮助或使用指南。

在使用检索式时，注意要点如下。

1. 检索式中的检索算符全部使用英文半角输入。

2. 词组检索，顾名思义，当检索词是一个词组时才需要使用，当检索词是一个词或一个字时，本身已经无法拆分，则不再需要使用词组检索。

3. 从知网、万方、维普的检索案例可知，检索式并没有想象的那么神秘，完全不用望而却步。

四、检索结果

知网、万方、维普的检索结果，在结果排序、结果分析、结果导出等方面各有异同。

（一）检索结果排序

三大中文期刊库的检索结果都可按相关度、时间、被引进行排序。其中，知网默认按发表时间排序，万方、维普默认按相关度排序（见表5－16）。

表5－16　检索结果排序方式比较

知　网	万　方	维　普
相关度	相关度	相关度
发表时间	出版时间	时效性
被引	被引频次	被引量
下载	下载量	

（二）检索结果分析

三大中文期刊库的检索结果分析，都可按学科、年份、期刊、核心、作者、机构等，进一步分析和精炼检索结果（见表5－17），且都提供按年份、学科、作者、机构、期刊等进行的可视化分析。

表5－17　检索结果分析的比较

知　网	万　方	维　普
主题		主题
学科	学科分类	学科
发表年度	年份	年份

续 表

知　　网	万　　方	维　　普
研究层次		
期刊	刊名	期刊
来源类别	核心	期刊收录
作者	作者	作者
机构	作者单位	机构
基金		
	语种	
	来源数据库	
	出版状态	

（三）检索结果导出

三大中文期刊库的检索结果都可导出为参考文献格式，导出格式都包括：GB/T 7714—2015 格式、查新格式、EndNote、NoteExpress、Refworks、NoteFirst、自定义格式等。其中，GB/T 7714—2015 格式是国家标准的参考文献格式；EndNote、NoteExpress、Refworks、NoteFirst 是相应的文献管理软件接受的格式。文献管理软件可导入不同数据库检索结果的引文信息，并可选择不同的参考文献格式批量导出参考文献到 Word 文档。知网、万方还可将参考文献直接导出为 TXT、XLS、DOC 格式，维普则可导出为 TXT、XLS 格式。

表 5－18　检索结果导出格式比较

知　网	万　方	维　普
GB/T 7714—2015	参考文献	参考文献
查新(引文格式)	查新格式	查新格式
查新(自定义引文格式)		
知网研学		
CAJ-CD 格式		
MLA 格式		
APA 格式		
		文本
		XML
EndNote	EndNote	EndNote
NoteExpress	NoteExpress	NoteExpress
Refworks	Refworks	Refworks
NoteFirst	NoteFirst	NoteFirst
	Bibtex	
自定义	自定义格式	自定义导出
TXT 导出	TXT 导出	TXT 导出
DOC 导出	DOC 导出	
XLS 导出	XLS 导出	XLS 导出

五、获取全文

知网、万方、维普都提供全文下载，但切忌只盯着全文下载，而要学会先进行筛选，即通过检索方法进行筛选—通过检索结果页的功能进行筛选—浏览文摘进行筛选，最后才是下载全文。

➢ Tips

大学图书馆购买的数据库，一般是与本校学科、专业设置相适应的，比如偏文科的综合大学，没有设置农林医学等专业，该校图书馆购买的综合数据库，通常也不包含农林医学等专业的文献。也就是说，图书馆即使购买了一个数据库，也并不一定购买了这个数据库100%的文献，而是购买图书馆所服务的读者最需要的部分。

需要注意的是，三大中文期刊数据库收录某期刊，并不代表该期刊就具有权威性，也不表明其一定就是正式出版物。兼有ISSN、CN两个号，才是正式出版物。到国家新闻出版署官网[7]，查证是否为国家批准的正式出版物，是最权威的。

六、免费平台

三大中文期刊库的官网与图书馆购买的相应数据库有什么不同？

三大中文期刊库都有其官网[1, 3, 5]，所有用户都可以免费访问官网，查看论文题名、摘要等题录信息，但无法免费查看全文；图书馆购买的相应数据库，在校师生在校园网内或通过VPN、CARSI等校外访问，可查看图书馆已购买的全文，未购买全文的可查看题录信息。

第六节　免费中文期刊网站

像知网、万方、维普这样的商业数据库，虽然是学习和科研离不开的学术资源，但如今，已有越来越多的学者呼吁应该打破学术交流和利用的障碍，让更多的学术资源能够公开、免费获取。本书也将在每个有关数据库的章节，推荐一些与该章数据库收录类型相关的免费网站，本章讲解的是中文期刊数据库，因此推荐两个免费、正规，收录资源丰富且高质量的中文期刊网站。

一、国家哲学社会科学学术期刊数据库

国家哲学社会科学学术期刊数据库（National Social Sciences Database，NSSD）[8]，是由全国哲学社会科学规划领导小组批准建设，中国社会科学院承建的国家级、开放型、公益性哲学社会科学信息平台，具体责任单位为中国社会科学院图书馆（调查与数据信息中心）。作为国家社会科学基金特别委托项目，其于2012年3月正式启动，平台于2013年7月16日上线开通。

NSSD收录学术期刊超过2000种，论文超过1000万篇，并拥有超过100万位学者、2万家研究机构的相关信息。其收录的期刊包括国家社科基金重点资助期刊近200种，中国社会科学院主管主办期刊80多种，南京大学《中文社会科学引文索引》、北京大学《中文核心期刊要目总览》收录的600多种核心期刊。回溯到创刊号期刊700多种，最早回溯到1920年。部分期刊实现与纸本期刊同步出版，可免费在线阅读和全文下载。

论文检索字段包括题名或关键词、题名、关键词、文摘、作者、第

一作者、机构、刊名、分类号、基金资助、ISSN、全文检索等。

期刊导航包括学科分类导航、核心期刊导航、社科基金资助期刊导航、中国社科院期刊导航、地区导航等。

检索结果可进行聚类统计分析、多种排序、多种分组显示等，还可以文本、参考文献、XML、NoteExpress、Refworks、EndNote、自定义导出等多种输出方式导出题录。

使用方式包括个人用户和机构用户两种方式。个人用户：注册后在任何地点都可以登录使用；机构用户：签署机构用户授权使用协议，在机构 IP 范围内无须登录，直接使用。

2019 年 5 月 16 日，国家哲学社会科学文献中心 App 上线。App 的资源内容、用户账号与电脑端实现完全同步，用户通过手机、平板电脑就可以随时随地使用国家哲学社会科学文献中心的各种资源。

二、中国科技论文在线

中国科技论文在线(Sciencepaper Online)[9]是经教育部批准，由教育部科技发展中心主办，供科研人员及时发表成果的平台。2003 年上线至今，已收录近 1000 种科技期刊、约 130 万篇科技论文全文，其中首发论文 10 万多篇，全部可免费下载。

检索方法包括基本检索和高级检索。基本检索包括全文、作者、机构、基金等检索字段；高级检索包括全文、题目、作者、作者单位、关键词、摘要、基金等检索字段。高级检索的限定条件包括：首发论文、学者成果、期刊论文、首发作者、知名学者、高校、期刊主办单位等。

作者所投论文须遵守国家相关法律，为学术范围内的讨论，有一定学术水平，基本理论正确，符合中国科技论文在线的基本投稿要求，免去传统的评审、修改、编辑、印刷等程序，一般可在 7 个工作日内发布。专业领域按自然科学国家标准学科分类与代码分为 43 类。

在中国科技论文在线发表论文的作者，可同时向其他专业学术期刊投稿。该平台的建立是为了使科研人员新颖的学术观点、创新思想和技术成果能够尽快对外发布，并保护原创者的知识产权。

答疑解惑

本章开头的检索提问，你知道怎么解答了吗？

Q：我要准备硕士论文开题了，初步的论文选题是“音乐学视角中的噪音”，但检索与之相关的文献，结果很少，如何查到更多结果？

A：方法一，专业检索，输入：**TI=音乐*噪音**，检索结果 29 条，但发现有些是不相关的结果。

方法二，学科分类与输入检索词相结合：先在分类选项中清除知网默认的全选所有学科，再点击“哲学与人文科学”大类下的子类目“音乐舞蹈”，再勾选“音乐”，同时，在检索框输入检索词：**噪音**，检索结果 55 条，比方法一更全面和准确。

注意：这是几年前的提问，当时的相关文献的确很少，也说明当年提问的同学的选题有前瞻性。

Q：我要准备本科毕业论文开题，打算写“隐性采访的适度性”，但检索相关论文，结果很少，如何查到更多结果？

A：方法一，专业检索，输入：**SU=隐性采访*适度性**，检索结果只有 1 条。

方法二，为检索词找近义词，**隐性采访**没有近义词，并且是专业术语，词组不可拆分；**适度性**，即适度，因为用适度可以检索到适度性，所以检索词就选取**适度**。适度有哪些近义词呢？特别要注意的是，在检索上，近义词还包括反义词，**适度**的近义词除了有度、尺度，还包括**失度**。另外，**度的把握**是个短语，**的**是虚词，不应该作为检索词，那么，逻辑关系可以表达为：**度*把握**。最后，编制检索式：

SU＝隐性采访*(适度＋有度＋尺度＋失度＋度*把握)

检索结果 37 条。如果在采用方法一得到检索结果时，就以为自己的选题有创新性，可能导致你重复已有的研究；采用方法二得到检索结果后，发现这个领域已有一些相关研究，但仍有从中找到创新点的可能性。

参考文献

[1] 中国知网[EB/OL]. [2022-06-30]. http://www.cnki.net/.
[2] 中国知网. 帮助中心[EB/OL]. [2022-06-30]. http://service.cnki.net/helpcenter/.
[3] 万方数据知识服务平台[EB/OL]. [2022-06-30]. http://www.wanfangdata.com.cn/.
[4] 万方数据. 帮助[EB/OL]. [2022-06-30]. https://w.wanfangdata.com.cn/Help.
[5] 维普资讯中文期刊服务平台[EB/OL]. [2022-06-30]. http://qikan.cqvip.com/.
[6] 维普资讯. 中文期刊服务平台使用手册[EB/OL]. [2022-06-30]. http://qikan.cqvip.com/Qikan/WebControl/UseHelp.
[7] 国家新闻出版署[EB/OL]. [2022-06-30]. http://www.nppa.gov.cn/.
[8] 国家哲学社会科学学术期刊数据库[EB/OL]. [2022-06-30]. http://www.nssd.cn/.
[9] 中国科技论文在线[EB/OL]. [2022-06-30]. http://www.paper.edu.cn/.

第六章
外文期刊数据库

本章重点讲解如何搜索外文期刊论文，以 ScienceDirect、EBSCO 两个知名的常用外文数据库检索为主，同时也包括免费外文期刊网站。注意：纸本期刊论文的查找，详见第二章。

请你先“小试牛刀”。

Q：我打算做一个关于游戏化教学的研究，用英文表达，应该是 gamification in education，想查找国外这方面的实证研究（empirical research 或 experimental research），我在外文数据库 ProQuest、SpringerLink、JSTOR、ERIC 上输入 gamification，主题选择教育类，结果好像不是很多。我该怎样查？

Q：我在《美国〈学校领导标准〉的制定与启示：从 1996 到 2008》一文中，看到下面这句话。

> 《为学习而领导：连接州、学区与学习的政策与实践》指出，“标准、培训与条件”是构成学校领导发展系统的核心要素。

我想引用这句话，但找不到《为学习而领导：连接州、学区与学习的政策与实践》这篇原文。该怎么办？

第一节　外文数据库的使用诀窍

“世界那么大，我想去看看”。怎么去看世界呢？我们不仅可以身临其境，也可以通过网络看世界，包括看“学术世界”。学术研究，是在前人研究的基础上进行创新，切忌坐井观天、盲人摸象，务必要想办法看到学术研究的“全世界”。

一、如何选择外文数据库

在第四章中已讲解如何选择合适的数据库，即主要从数据库收录语种、收录学科、收录年限、收录文献类型等几个方面考量。选择外文数据库也是如此。这里再次强调以下几点。

（一）数据库收录学科

以期刊数据库为例，选择外文数据库，重点是要适合自己的选题、所在学科。这要从两个角度考量：既要选择综合学科的数据库，也要选择本学科的数据库，两者缺一不可。要注意的是，选择综合学科的数据库时，即使是很知名的数据库，也不一定适合你。例如，H 同学听说 SpringerLink 数据库很不错，正好学校也购买了这个数据库，H 同学在 SpringerLink 搜索“第二语言教学”的论文，发现结果很少，很疑惑国外对“第二语言教学”的相关研究为什么如此之少。究其原因，SpringerLink 虽然是一个综合学科的数据库，但比较侧重理工科，文科的论文占比少。相比较而言，EBSCO 虽然也是一个综合学科的数据库，但 EBSCO 比较侧重文科。H 同学后来在 EBSCO 搜索“第二语言教学”，就得到了较多的检索结果。

（二）数据库收录文献类型

全面的文献调研要查找不同文献类型的数据库。外文数据库主要也有3个类型：外文期刊数据库、外文学位论文数据库、外文图书数据库。其中，外文期刊数据库数量最多，也最常用，如：ScienceDirect、EBSCO、ProQuest、SpringerLink、SAGE、Taylor & Francis、Wiley、JSTOR、Oxford Journals、Cambridge Journals 等。这些外文数据库，都可以通过国家图书馆、上海图书馆进行远程访问（详见第四章）。

（三）数据库收录文献的来源

出版商爱思唯尔（Elsevier）旗下的 ScienceDirect 只收录 Elsevier 出版的期刊，出版商施普林格·自然（Springer Nature）旗下的 SpringerLink 只收录 Springer Nature 出版的期刊；而 EBSCO 是集成数据库出版商和期刊代理商，因此 EBSCO 收录来自不同出版商的期刊。注意，不要在 A 出版商旗下的数据库找 B 出版商的期刊，也不要在 B 出版商旗下的数据库找 C 出版商的期刊。如果不清楚某期刊是哪家出版商的，一方面可先确认出版商，再到这家出版商旗下的数据库进行检索，另一方面可先尝试在发现系统或 EBSCO 数据库进行检索。

二、如何快速学会使用外文数据库

对于外文数据库的检索，有一个常见的认识误区就是：当已经学会了中文数据库检索技巧，但还不会外文数据库检索时，好像只要再去学怎样检索外文数据库就可以了。不易被人们察觉的真相是：不会外文数据库检索，最根本的问题，是检索思路不清。其实，不少人在中文数据库检索时就因思路不清，导致检索结果并不够好，只是自己并未意识到而已。

在中文数据库进行检索时，明确信息需求之后，梳理检索思路、检索策略：

1. 选择信息源，先判断数据库适用性；
2. 选取检索词，扩充近义词；
3. 明确检索词之间的逻辑关系，编制检索式；
4. 调整检索策略N次；
5. 分析和优化检索结果。

注意：外文数据库检索的第一步，就是要在一开始就理清检索思路，因我们的母语是中文，就从中文数据库开始尝试。通过一次又一次尝试，使检索思路越来越清晰，最后有了比较合适的检索式，获得比较理想的检索结果。在此基础上，用同样的检索思路进行外文数据库检索，并要特别注意外文检索词的选择。请记住：检索就是一个探索的过程，不要图快，不要总想一步到位。

三、如何选择外文检索词

“功夫在诗外”，检索的功夫亦在检索外。这里首先要强调的是选取检索词、扩充近义词的重要性，也就是梳理检索思路，明确检索策略的重要性，其对检索结果的影响正所谓“失之毫厘，谬以千里”。

1. 选取检索词、扩充近义词的要点

(1) 需要具备一定的专业知识，学习和了解专业术语，将专业术语作为检索词。

(2) 通过浏览检索结果，补充近义词。

(3) 通过检索结果分析(如可视化分析)，确认专业术语或补充近义词。

(4) 请教专家、导师，确认专业术语或补充近义词。

2. 选择外文检索词、扩充外文近义词的要点

(1) 在熟悉和了解专业术语的中文用词的基础上，要使用国外学者常用的专业术语的英文用词，而不要用中式英语。

(2) 翻译软件仅做参考，因翻译软件对专业术语的翻译可能不地道。

(3) 慎用中文数据库提供的翻译功能（如知网翻译），因这些翻译来源于中文数据库（如知网）中文论文作者提供的英文题名、关键词、摘要，不一定都是规范的专业术语，有可能是中式英语，并非权威词典，仅供参考。

(4) 扩充外文近义词时，在检索结果浏览过程中，要注意发现近义词（如查看 EBSCO 的检索结果按主题分组中的词），不可想当然地使用中文数据库或翻译软件提供的近义词。

四、外文数据库的检索算符

一般来说，中外文数据库都提供布尔逻辑运算（逻辑与、逻辑或、逻辑非），但布尔逻辑算符的表示有所不同。以期刊数据库为例，外文数据库与中文数据库的检索算符（逻辑算符、优先算符、词组检索、截词符等）对比见表 6－1，注意此为一般情况，有的数据库可能出现特例（详见第八章）。

表 6－1　常用中外文期刊数据库的检索算符

	ScienceDirect		EBSCO	知　网		万　方	维　普	
逻辑与	AND		AND	*	AND	AND	*	AND
逻辑或	OR		OR	+	OR	OR	+	OR
逻辑非	NOT	—	NOT	—	NOT	NOT	—	NOT

续 表

	ScienceDirect	EBSCO	知 网	万 方	维 普
优先算符	( )	( )	( )	( )	( )
词组检索	" "	" "	' '	" "	" "
无限截词符	无	*	无	无	无
有限截词符	无	?	无	无	无
有限截词符	无	#	无	无	无
优先顺序	NOT>AND >NOT	NOT>AND >NOT	NOT>AND >NOT	NOT>AND >NOT	NOT>AND >NOT

➢ Tips

1. 检索式的所有符号和英文字母，都必须使用英文半角字符。

2. 截词符仅限于外文检索，中文、日文、韩文都不使用截词符。

3. 一般来说，数据库使用的布尔逻辑算符(AND、OR、NOT)可兼容大小写，即大小写都可以使用。

4. 知网的专业检索，默认每个检索词、词组是精确匹配，因此，中文词组不需要使用词组检索，仅在检索词包含＋或－等算符或特殊字符检索时，需要使用词组检索。例如，若检索词是**互联网思维**，则在知网专业检索中不用加引号；若检索词是**互联网＋**，则在知网专业检索中加英文半角单引号：**'互联网＋'**，也可以加英文半角双引号：**"互联网＋"**。

五、调整检索策略

检索结果应兼顾全面(查全)和准确(查准)。可通过扩大检索范围来提高查全率，通过缩小检索范围来提高查准率(见表6－2)。

表 6－2　扩大检索范围与缩小检索范围

扩大检索范围：提高查全率	缩小检索范围：提高查准率
扩大信息源，如选择不同语种、不同文献类型的数据库，同类数据库不限于只查一个	选择合适的信息源，如选择适合自己的选题、所在学科的数据库
更加宽泛地描述检索需求	更加准确地描述检索需求，选择专业术语
删减不必要的检索词，避免使用过于宽泛的词，如：研究、影响、发展、策略等	增加必要的检索词，用逻辑与表示
扩充同义词、近义词、专业术语、全称、缩写、不同译名等，用逻辑或表示	排除不需要的、相关度低的检索词，用逻辑非表示
检索词或词组尽可能拆分，只要拆分不引起歧义，如“创新创业”可以拆分	专业术语不做拆分，如“核心素养”不拆分
选用上位概念替换原有检索词，如“艺术”是“音乐”的上位概念	选用下位概念替换原有检索词，如“高等教育”是“教育”的下位概念
放宽检索字段，如将题名字段改为摘要字段	限定检索字段，如将全文字段改为摘要字段
灵活运用检索算符，如英文词用截词符 * 等	灵活运用检索算符，如词组检索" "
放宽检索范围，如学科领域、期刊范围、时间范围等不做限定	限定学科领域、期刊范围等检索范围，如限定核心期刊或同行评审期刊
利用数据库的自动扩检功能	利用数据库的分组筛选功能

第二节　ScienceDirect 数据库

一、ScienceDirect 的特点及其适用性

ScienceDirect 是知名学术出版商爱思唯尔(Elsevier)旗下的数据库。ScienceDirect 数据库收录文献类型包含期刊和图书，收录 1823 年至今的 4500 多种期刊，其中同行评审(Peer-reviewed)期刊近 3000 种；上千万篇期刊论文全文，其中 OA 期刊论文超过 140 万篇。大部分期刊回溯至创刊号，如知名期刊《柳叶刀》(*Lancet*)最早回溯至 1823 年创刊号。收录 3 万多种图书，包括教科书、手册、参考工具书、丛书等。其中包括诺贝尔奖获得者的科研成果[2]。

学科领域分为 4 个大类、24 个学科如下。

1. 自然科学与工程(Physical Sciences and Engineering)，涵盖了从理论到应用的一系列学科，包括化学工程(Chemical Engineering)、化学(Chemistry)、计算机科学(Computer Science)、地球与行星科学(Earth and Planetary Sciences)、能源(Energy)、工程(Engineering)、材料科学(Materials Science)、数学(Mathematics)、物理学和天文学(Physics and Astronomy)。

2. 生命科学(Life Sciences)，以原创研究、有见地的分析、当前理论等为特色，包括农业和生物科学(Agricultural and Biological Sciences)，生物化学、遗传学和分子生物学(Biochemistry, Genetics and Molecular Biology)，环境科学(Environmental Science)，免疫学和微生物学(Immunology and Microbiology)，神经科学(Neuroscience)。

3. 医学/健康科学(Health Sciences)，涵盖教育、参考信息和决

策支持，包括医学和口腔学（Medicine and Dentistry），护理和健康（Nursing and Health Professions），药理学、毒理学和药学（Pharmacology, Toxicology and Pharmaceutical Science），兽医科学（Veterinary Science and Veterinary Medicine）。

4. 社会科学与人文科学（Social Sciences and Humanities），突出历史背景、当前发展、理论、应用、趋势等，包括艺术与人文科学（Arts and Humanities），商业、管理和财会（Business, Management and Accounting），决策科学（Decision Sciences），经济学、计量经济学和金融学（Economics, Econometrics and Finance），心理学（Psychology），社会科学（Social Sciences）。

二、ScienceDirect 检索案例

（一）选取检索词

我们继续使用检索案例"校外补课"在外文数据库进行检索。在中文期刊数据库中检索时，已完成了如下检索步骤：提炼检索词，为每个检索词找对应的近义词；厘清检索词、近义词之间的逻辑关系；编制检索式。

外文数据库检索的检索逻辑思路与中文数据库是一样的，只是语言不同、检索算符不同。先将中文词翻译成英文词，再将中文数据库所用逻辑算符改为外文数据库所用逻辑算符，则中文检索式变换为外文检索式，中文（知网）检索式、外文检索式分别为：

TKA=（校外＋课外）*（补课＋补习＋辅导＋培训）

(off-campus OR extracurricular) AND (remediation OR tutoring OR training)

将以上检索式，分别在 ScienceDirect 高级检索的不同检索字段进行检索（见表 6 - 3）。

表 6 - 3　同一检索式在不同字段的检索

检索字段	检索结果	查全查准
Find articles with these terms	13436	结果多，但不相关
Title, abstract, keywords	13	结果少，不够相关
Title	0	结果为零

问题来了，中文检索式在中文期刊数据库的检索结果，兼顾了全面（查全）和准确（查准），同样逻辑关系的外文检索式在外文期刊数据库的检索结果，却显示几乎找不到相关研究。难道国外高中生没有“校外补课”吗？“校外补课”是中国特有的现象吗？

注意：不要轻易下结论说没有相关研究。先回顾一下在知网期刊库的检索，当时看上去我们得到了一个“完美”的检索结果，但这真的“完美”吗？在知网的检索结果页，查看可视化分析，其中有主要主题、次要主题的分析，由此，我们发现了之前忽略的一个词“影子教育”。通过查看有关“影子教育”的一些论文，对于“影子教育”一词，Q 同学从一无所知到获得新知识，即“影子教育”是“校外补课”的专业术语。所以，了解、熟悉学科领域的专业术语非常重要！有关“校外补课”，不是国外没有相关研究，而是没有选对检索词，导致检索结果极少。在老师指导下，Q 同学重新选择“影子教育”的英文表达 shadow education，及其近义词 private tutoring 作为检索词。

➢ Tips

将中文的检索词翻译成英文时，要注意这里的翻译，不是简单地中译英，重点是要选用本学科英文表达的专业术语，不要用非专业术语或中式英语的所谓专业术语。比如，流行语的英文怎么说？非语言学专业的同学，可能就觉得很简单啊，用 popular word 或 fashion word，但语言学专业的同学，应该凭借专业知识以及对专业术语的掌握，选用专业术语 buzzword 或 catchword。

（二）选择检索字段

选取了检索词、近义词之后，将检索式 **shadow education OR private tutoring** 在高级检索的不同检索字段进行检索，发现篇关摘（Title, abstract, keywords）字段的检索结果兼顾全面、准确（见表 6－4）。

表 6－4　同一检索式在不同字段的检索

检索字段	检索结果	查全查准
Find articles with these terms	41404	全面，但不相关
Title, abstract, keywords	252	兼顾全面、准确
Title	49	准确，但不全面

（三）调整检索式

检索式逻辑关系不变，加上检索算符（词组检索、截词符 *），在高级检索中，选择篇关摘（Title, abstract, keywords）字段作为不同检索式的同一检索字段，进行检索，发现 ScienceDirect 不支持截词符 *（见表 6－5）。

表 6－5 不同检索式在同一字段的检索

检 索 式	检索结果	查 全 查 准
shadow education OR private tutoring	252	全面，但不够相关
"shadow education" OR "private tutoring"	71	准确，但不够全面
shadow educat * OR private tutor *	检索式无效	不支持截词符
"shadow educat *" OR "private tutor *"	检索式无效	不支持截词符

（四）优化检索结果

1. 发现最新论文与研究趋势。将检索结果按时间排序，可查看最新论文，也可通过年份（Years）查看论文发表的年份分布。可看到论文发表数量逐年递增，说明有越来越多的研究关注“影子教育”。

2. 扩大检索范围。查看**"shadow education" OR "private tutoring"**的检索结果，结果默认按相关度排序，发现结果页第 2 篇论文的作者，就是提出“影子教育”这一概念和理论的知名学者 Mark Bray。点击论文题名，进入文章页面，浏览论文大纲、摘要、推荐相关论文、引用论文（多篇）等；点击作者，可查看作者单位以及被 Scopus 收录的 Mark Bray 的更多论文。

3. 缩小检索范围。其一，通过出版物名称（Publication title）查看论文主要发表在哪些期刊上，如 *International Journal of Educational Development* 是发表“影子教育”论文最多的期刊，就需要重点阅读这份期刊。其二，通过学科领域（Subject areas）查看论文分布在哪些学科，也就是从哪些学科角度来进行研究，如 Social Sciences 是研究“影子教育”论文最多的学科，其他论文较多的学科还有 Economics,

Econometrics and Finance、Arts and Humanities、Psychology、Medicine and Dentistry。这不仅是你的阅读重点，也对你选择从哪个学科角度开展研究很有启发意义。其三，通过访问类型（Access type）查看 OA 期刊论文，无论所在的图书馆是否订购 ScienceDirect，都可以直接免费下载 OA 全文。

三、ScienceDirect 检索方法

ScienceDirect 提供检索和浏览两种查找方式。检索分为快速检索（Quick Search）、高级检索（Advanced Search）。浏览（Browse）分为刊名字顺浏览（Browse by Title）、学科浏览（Browse by Subject）。ScienceDirect 之前版本的检索功能比较全，最新版本则做了简化，方便用户，使其不用学习太多检索技术。

（一）快速检索

快速检索（Quick Search）框位于 ScienceDirect 中所有页面的顶部。可对关键词（Keyword）、作者（Author name）、刊名或书名（Journal/book title）进行检索。快速检索适用于查找与关键词、作者、期刊相关的文献。

（二）高级检索

高级检索（Advanced Search），提供多个检索字段（见表 6 - 6），有论文题名（Title）、论文作者（Author）、作者单位（Author affiliation）、刊名或书名（In this journal or book title）等常见检索字段，也有特殊检索字段：不含参考文献的全文字段（Find articles with these terms），检索结果全面但不够相关；篇关摘字段（Title, abstract or author-specified keywords），检索结果兼顾全面（查全）和准确（查准）。检索框之间的逻辑关系默认为逻辑与 AND，并支持含检索算符（逻辑算符、词组检索）的检索式。

表 6－6 ScienceDirect 高级检索的检索字段

检 索 字 段	字 段 含 义
Find articles with these terms	查找包含这些术语的文章 表示不含参考文献的全文字段
In this journal or book title	刊名或书名
Year(s)	年份或年份范围
Author(s)	论文作者
Author affiliation	作者单位
Title, abstract or author-specified keywords	篇关摘字段 表示题名、关键词、摘要 3 个字段
Title	论文题名
Volume(s)/Issue(s)/Page(s)	卷/期/页码
ISSN or ISBN	国际标准刊号、国际标准书号
References	参考文献

（三）期刊浏览

可按刊名字顺、学科进行期刊浏览(Browse)。点击刊名，可浏览该刊最新一期的文章题录信息，并进一步查看文章；点击期刊封面，即进入期刊主页，可浏览该刊所有卷期的文章题录信息，并查看文章。Articles in press 表示提前出版的最新文章，即已通过同行评审并接受出版，但尚未分配到卷期的文章，可使用 DOI 进行引用。期刊主页右上方显示该刊的期刊影响因子、CiteScore，以及投稿信息，如：作者指南、在线投稿、投稿首次回复平均用时、审稿平均用时、稿件录用率等。

四、ScienceDirect 检索技术

ScienceDirect 检索算符包括逻辑算符和词组检索。逻辑算符：逻辑与、逻辑或、逻辑非，用大写的 **AND**、**OR**、**NOT**（或减号—）表示。优先顺序：**NOT**＞**AND**＞**OR**。如要改变优先顺序，则使用英文半角圆括号( )表示。词组检索，用英文半角双引号" "表示。词组检索忽略连接符等标点符号。截词符，当前版本不支持截词符 *（以前版本都支持截词符）。

自动扩展检索，包括复数、所有格、英美拼写变体，如：搜 horse，包括 horses；搜 city，包括 cities、city's、cities'；搜 colour，包括 color。

特殊字符检索，包括：希腊字母，如用英文拼写 **omega** 可搜希腊字母 Ω（大写）和 ω（小写）；下标或上标，如用 **H2O**，可搜 H_2O；重音字符，如用 **Furst** 可搜 Fürst。

五、ScienceDirect 检索结果

在 ScienceDirect 检索时，是同时检索期刊和图书，在检索结果页的文章类型（Article type），可按期刊论文（Research articles）、图书章节（Book chapters）等，筛选来自期刊或图书的检索结果。

（一）检索结果排序

检索结果可按相关度排序、按时间排序。默认按相关度排序，最相关的论文排在最前面。按时间排序，则最新的论文排在最前面。

（二）检索结果分析

检索结果分析，可按年份（Years）、文章类型（Article type）、出版物名称（Publication title）、学科领域（Subject areas）、访问类型（Access type）等筛选，并进一步分析和优化检索结果（见表 6－7）。

表 6-7 分析和优化检索结果

检索结果页	显示信息	启发	优化检索结果
文章页面	推荐相关论文、引用论文	相关研究、后续研究	扩大检索范围
作者页面	作者发表的更多论文	作者本人的相关研究	扩大检索范围
时间排序	最新的论文排在最前面	最新研究成果	新颖
年份	论文的年份分布	研究趋势	选题价值
出版物名称	论文发表的期刊分布	相关论文最多的期刊	知名期刊
学科领域	论文的学科分布	相关学科研究领域	缩小检索范围

（三）检索结果导出

检索结果可导出为参考文献格式。勾选要导出的文献后，点击“Export”（导出引文），选择导出的格式（RefWorks、RIS、BibTeX、text），再将引文的文档导入文献管理软件。

六、ScienceDirect 特色功能

（一）主题页面

ScienceDirect 的主题页面（Topics Pages）[1]，可帮助用户拓宽专业术语知识，加深对特定兴趣领域理解的深度和广度，对跨学科研究或理解新概念特别有用。主题页面上包含：与术语相关的概念定义和主题概述等；相关术语，超链接到相关主题页面、出版物主页等；一系列简短的、权威的、由该领域专家撰写的高度相关的图书章节的摘录，以及指向其完整章节的链接、相关出版物主页的链接。图书章节的摘录均来自爱思唯尔（Elsevier）的百科全书、参考书和图书，具有

简洁、精选的特点，也比较权威可靠。主题页面由 ScienceDirect 数据库自动生成，使用启发式和机器学习方法，从数据库广泛的内容集合中提取相关信息。主题页面可免费访问。

查看一个术语的主题页面（Topics Pages），主要方式为：① 在 ScienceDirect 文章页面中，点击有超链接的（标蓝的词或词组）术语以打开主题页面；② 在主题页面进行搜索。

注意，Subject、Topics 中文都可翻译为主题，但 Subject、Topics 的涵义是不一样的，Subject 是指主题词（即符合规范要求的关键词），Topics 是指专业术语。

（二）开放获取资源

ScienceDirect 数据库上千万篇文章中有 140 万篇文章是开放获取（OA）的。这些 OA 文章经过同行评审，并免费提供给每个人阅读、下载。ScienceDirect 数据库中，“完全开放获取”（Full Open Access）的出版物有上千种，“包含开放获取”（Contains Open Access）的出版物有两千多种[1]。

（三）诺贝尔奖获得者的研究成果

ScienceDirect 收录的期刊和图书包括很多科学家的研究成果，在每年诺贝尔奖颁布之后，爱思唯尔（Elsevier）会将当年诺贝尔奖获得者的最常被引用的研究成果，开放给所有用户，限时提供免费访问、下载全文。

第三节　EBSCO 数据库

一、EBSCO 的特点及其适用性

EBSCO 是知名集成数据库出版商和提供学术文献服务的专业

公司 EBSCO Industries 旗下的数据库。EBSCO 数据库的学科范围涵盖自然科学、社会科学和人文科学各学科领域，收录来自不同学术出版机构的文献[3]。需要注意的是，各家图书馆订购的 EBSCO 数据库是有差异的，一方面是因为 EBSCO 有很多子库，每个图书馆订购的子库数量不同，另一方面是即使订购同一个子库，订购的期刊种类可能不同。

EBSCO 的期刊全文数据库主要是学术大全（Academic Search）和商业大全（Business Source），分别有优先版（Premier）、完全版（Complete）、旗舰版（Ultimate）3 个版本。部分高校图书馆订购了优先版（Academic Search Premier, ASP; Business Source Premier, BSP），国家图书馆订购了完全版（Academic Search Complete, ASC; Business Source Complete, BSC），上海图书馆订购了旗舰版（Academic Search Ultimate, ASU; Business Source Ultimate, BSU）。高阶版本的收录内容完全覆盖升级前版本，并有大幅提升。3 个版本的全文期刊收录信息详见表 6-8、表 6-9。

作为用户，自然是想使用收录更多文献的数据库，因此本章的讲解以上海图书馆订购的 EBSCO 主要数据库为例，分别为：Academic Search Ultimate（ASU）、Business Source Ultimate（BSU）、ERIC 等。

（一）Academic Search Ultimate（ASU）

ASU 收录 17932 种期刊的索引与文摘，12032 种全文期刊，并且同行评审期刊、WOS 收录期刊、Scopus 收录期刊的比例较高（见表 6-8）。学科范围：自然科学、社会科学和人文科学各领域，包括生物科学、工程技术、社会科学、心理学、教育、法律、医学、语言学、人文、信息科技、通信传播、公共管理、历史学、计算机科学、军事、文化、健康卫生医疗、哲学、艺术、视觉传达、表演、各国文学等。语种范围：除了英文期刊，还收录数千种来自亚洲、大洋洲、欧洲及拉丁美洲等当地语言的全文期刊。地区范围：80 多个国家和地区。收录年限：1887 年至今[4]。

此外，ASU 还收录有 980 多种非刊类全文文献（如图书、会议论文、百科、报告等）。

表 6－8 ASP/ASC/ASU 收录的全文期刊

数据库版本	全文期刊	同行评审期刊	WOS 收录期刊	Scopus 收录期刊	图书馆订购举例
Academic Search **Premier**	4709	3901	1885	2889	部分高校图书馆
Academic Search **Complete**	8914	7681	2680	4846	国家图书馆
Academic Search **Ultimate**	12032	10551	3120	5995	上海图书馆

（二）Business Source Ultimate(BSU)

BSU 收录 6780 多种期刊的索引及摘要，5302 种全文期刊，包括同行评审期刊、WOS 收录期刊、Scopus 收录期刊（见表 6－9）。学科范围：商业经济相关学科，如营销、管理、管理信息系统（MIS）、生产与作业管理（POM）、会计、金融、经济等。地区范围：90 多个国家和地区。收录年限：1886 年至今[4]。

另外，BSU 还收录多类型非刊类全文资源：近千种图书，2 万多份企业公司档案，1200 多份国家经济报告，8700 多份行业报告，14800 多份案例研究，2500 多份市场研究报告，5200 多份 SWOT 分析等。同时，BSU 收录专题论文、参考工具资料、书摘、会议论文、投资研究报告等。

表 6－9 BSP/BSC/BSU 收录的全文期刊

数据库版本	全文期刊	同行评审期刊	WOS 收录期刊	Scopus 收录期刊	图书馆订购举例
Business Source **Premier**	2166	1075	406	778	部分高校图书馆
Business Source **Complete**	3777	1878	541	1087	国家图书馆
Business Source **Ultimate**	5302	2766	658	1330	上海图书馆

经济学领域很多重量级期刊都收录在 BSU[4] 中。如，依据 JCR（期刊引证报告）[5]以及期刊影响力，由 EBSCO 团队总结的商业学术期刊前十（Top Ten Academic Business Journals）、综合商业杂志前五（Top Five General Business Magazines）。

Top Ten Academic Business Journals

Academy of Management Journal

Journal of Management

Strategic Management Journal

Journal of Marketing Research (JMR)

Academy of Management Review

Journal of Business Ethics

Journal of Marketing

Journal of Consumer Research

Journal of Management Studies

Marketing Science

Top Five General Business Magazines

Business Week

Forbes

Fortune

Harvard Business Review

Money

（三）ERIC

ERIC，全称 Education Resource Information Center，收录 1966 年至今的教育学文献，包含超过 130 万条记录和 32.3 万篇全文文档的链接。提供 Current Index of Journals in Education 和 Resources in Education Index 中所含期刊的信息。

➢ Tips

EBSCO 是外文数据库，收录的是外文文献，为用户体验友好，EBSCO 提供中文界面，但不要因此在 EBSCO 检索中文文献。

二、EBSCO 检索案例

（一）选择数据库

在 ScienceDirect 数据库检索时，已完成了选取检索词、近义词，并编制检索式的检索步骤。因 EBSCO 包括多个子库，ASU、BSU、ERIC 3 个子库可能都收录了与“影子教育”相关的文献，因此分别在 ASU 单库与 ASU、BSU、ERIC 3 个子库多库进行检索，请注意结果的差异（见表 6 - 10）。

（二）选择检索字段

确定了检索式为 **shadow education OR private tutoring** 后，将检

索式在高级检索的不同检索字段进行检索，发现摘要(AB)字段的检索结果兼顾全面、准确(见表6-10)。

表6-10 同一检索式在不同字段的检索

检索字段	单库结果	多库结果	查全查准
默认字段	3473	6008	较全面，但不够相关
所有文本(TX)	104085	151681	全面，但不相关
题名(TI)	248	509	准确，但不够全面
主题词(SU)	156	315	准确，但不全面
摘要(AB)	1288	2312	兼顾全面、准确

（三）调整检索式

检索式逻辑关系不变，加上检索算符(词组检索、截词符)，在高级检索中，选择摘要(AB)字段作为不同检索式的同一检索字段进行检索，发现词组检索、截词符分别提高了检索结果的准确性、全面性(见表6-11)。

表6-11 不同检索式在同一字段的检索

检索式	单库结果	多库结果	查全查准
shadow education OR private tutoring	1288	2313	全面，但不够相关
"shadow education" OR "private tutoring"	534	873	准确，但不够全面

续　表

检　索　式	单库结果	多库结果	查 全 查 准
shadow educat* OR private tutor*	1719	3170	更全面,但不够相关
"shadow educat*" OR "private tutor*"	644	1076	兼顾全面、准确

（四）筛选检索结果

将**"shadow educat*" OR "private tutor*"**在摘要(AB)字段的检索结果进行筛选(见表 6－12)。

表 6－12　筛选检索结果

选　　项	单 库 结 果	多 库 结 果
有全文	277	463
有参考	61	87
同行评审期刊	231	496
以上 3 项全选	37	53

得到较为理想的检索结果之后,先看哪些文献呢? 一方面可从最权威的开始,阅读顺序: 3 项全选—有参考—同行评审期刊;一方面可从最方便获取全文开始,阅读顺序: 3 项全选—有全文＋有参考—有全文＋同行评审期刊。

还可通过发现最新论文与最早论文、扩大检索范围、缩小检索范围等方式,进一步优化检索结果。

1. 发现最新论文与最早论文。将检索结果按时间倒排，可查看最新论文；按时间顺排，可查看最早论文。

2. 发现高水平论文。在检索结果页勾选学术同行评审，可查看同行评审期刊上的论文。

3. 扩大检索范围。查看**"shadow educat*" OR "private tutor*"**的检索结果，结果默认按相关度排序，发现结果页第 4 篇论文的作者，就是提出“影子教育”这一概念和理论的知名学者 Mark Bray。点击论文题名，进入文章页面，浏览论文摘要、作者单位等；点击作者，可查看 Mark Bray 的相关论文(167 篇)。

4. 缩小检索范围。其一，通过“出版物”查看论文主要发表在哪些期刊上，如 *tes: times educational supplement* 是发表“影子教育”论文最多的期刊，需要重点阅读这份期刊。其二，通过“叙词”查看论文主要采用哪些叙词，考量这些叙词是否能作为 shadow education 的近义词，如 tutors & tutoring 是研究“影子教育”最多的叙词。其三，通过“主题词”查看论文分布在哪些主题，也就是从哪些主题角度来进行研究，foreign countries 是研究“影子教育”最多的主题，其他比较多论文的主题还有 tutoring、secondary education、private education、academic achievement、elementary secondary education，这不仅是你的阅读重点，对你选择从哪个学科角度开展研究也会很有启发。其四，在多库检索中，通过“数据库来源”查看检索结果出现在哪些子库，除了 ASU，还有可能会被忽略的 BSU、ERIC。

三、EBSCO 检索方法

EBSCO 平台有很多数据库，包括期刊、图书、报纸、学位论文等。EBSCO 的检索，要先选择 EBSCO 子库，再选择检索方法。在 EBSCO 首页检索框右上方，点击选择数据库，选择单个数据库或多个数据库。然后选择检索方法。EBSCO 的检索方法主要有：基本检索、高级检索、专业检索、期刊浏览等。

（一）基本检索

基本检索即一框式检索，默认字段为不含全文的所有字段，并支持含检索算符（如逻辑算符、截词符、词组检索）的检索式。

（二）高级检索

高级检索提供多个检索字段，ASU、BSU、ERIC 单库的检索字段见表 6－13，这 3 个子库多库检索的检索字段见表 6－14。默认字段是不含全文的所有字段，这里的“所有字段”是指多库检索的所有字段，也就是 EBSCO 子库共同的检索字段。所有文本（TX）字段，即全文字段，检索结果全面但不够相关；摘要（AB）字段，检索结果兼顾全面（查全）和准确（查准）。高级检索有多个检索框，可增加或减少检索框，每个检索框之间的逻辑关系可选择逻辑与、逻辑或、逻辑非，并支持含检索算符（如逻辑算符、截词符、词组检索）的检索式。

表 6－13　EBSCO 子库的检索字段

数据库	ASU	BSU	ERIC
检索字段	默认字段 所有文本（TX） 作者（AU） 标题（TI） 主题词（SU） 摘要（AB） 关键词（KW） 地理术语（GE） 人物（PE） 评论和产品（PS） 公司（CO）	默认字段 所有文本（TX） 作者（AU） 标题（TI） 主题词（SU） 摘要（AB） 关键词（KW） 地理术语（GE） 人物（PE） 评论和产品（PS） 公司（CO）	默认字段 所有文本（TX） 标题（TI） 作者（AU） 机构（IN） 主题词（SU） 描述符（DE） 关键词（KW） 摘要（AB） 期刊名称（SO） 位置标识符（GE）

续 表

数据库	ASU	BSU	ERIC
检索字段	NAICS 代码或说明(IC) DUNS 编号(DN) 股票代码(TK) 期刊名称(SO) IS(ISSN) IB(ISBN) 入藏编号(AN)	NAICS 代码或说明(IC) DUNS 编号(DN) 股票代码(TK) 期刊名称(SO) IS(ISSN) IB(ISBN) 入藏编号(AN)	法律、政策和计划标识符(SL) 评估和调查标识符(SB) 出版日期(DT) 出版物类型(PU) IS(ISSN) IB(ISBN) 语言(LA) 目标受众(AI) 教育级别(EL) 可用性级别(LV) 报告编号(RN) 合同编号(CN) 出版年(YR) 卷(VI) 期(IP) 添加日期(EM) 入藏编号(AN)

表 6-14 EBSCO 多库的检索字段

字段名称	字 段 含 义
默认字段	不含全文的所有字段
TX	所有文本(All Text)
AU	作者(Author)
TI	题名(Title)
SU	主题词(Subject terms)
SO	来源(Source),如期刊名称(Journal Name)

续　表

字段名称	字　段　含　义
AB	摘要或作者提供的摘要（Abstract or Author-Supplied Abstract）
IS	国际标准刊号（ISSN）
IB	国际标准书号（ISBN）

（三）期刊浏览

点击位于 EBSCO 所有页面顶部的“出版物”栏目，可进行期刊浏览。在出版物中检索，检索框下面有 3 个选项：按字母顺序、按主题和描述、匹配任意字词。

1. 按字母顺序：检索以输入字母开头的期刊，结果按字母排序。

2. 按主题和描述：同时检索期刊的主题、描述和标题字段。

3. 匹配任意字词：检索包含输入的一个或多个字词的出版物，结果按相关性排序。

检索后可进行浏览。如，选“按主题和描述”，**music education** 的检索结果为 34 种音乐期刊，只要是属于音乐主题的期刊，无论刊名中是否包含 music education，都可以顺利查到（如 *Music Educators Journal*），并可浏览和查看 EBSCO 收录该刊所有年份、卷期的论文。

四、EBSCO 检索技术

EBSCO 的检索算符主要有：逻辑算符、截词符、词组检索、位置算符等（见表 6－15）。逻辑算符：逻辑与、逻辑或、逻辑非，用 **AND**、**OR**、**NOT** 表示。优先顺序：**NOT**＞**AND**＞**OR**，如要改变优先顺序，则使用英文半角圆括号( )表示。

智能扩展检索，当检索一个单数词时，系统会自动检索其复数和所有格。但是，如果将检索词用双引号" "括起来进行词组检索，则不再检索其复数和所有格。当检索一个复数词时，会自动检索其单数。如果单复数拼写不同（如 child、children），则不会扩展检索。EBSCO 还可自动检索英美不同拼写（如 color、colour）、首字母缩略词以及有限数量的近义词。需要注意的是，EBSCO 不会将检索词或词组末尾的问号视为截词符，检索时系统会自动删除。

表 6－15 EBSCO 检索算符

算符	含 义	举 例
*	无限截词符，代表 0—n 个字符，包括一个词根的所有形式	**econom*** 可检索到 economy、economic、economically 等
?	有限截词符，代表 1 个字符，可检索英美不同拼写	**organi?ation** 可检索到 organisation、organization
#	有限截词符，代表 0—1 个字符，可检索英美不同拼写	**labo#r** 可检索到 labor、labour
" "	词组检索，表示引号内为词组，词组作为一个整体不可拆分，且词序保持不变	**"global warming"** 作为一个整体出现，且词序保持不变
Nn	位置算符，表示两个检索词间隔最多 n 个词，且词序可以互换	**N3** 表示两个检索词间隔最多 3 个词，且词序可以互换
Wn	位置算符，表示两个检索词间隔最多 n 个词，且词序不可互换	**W6** 表示两个检索词间隔最多 6 个词，且词序不可互换

五、EBSCO 检索结果

（一）检索结果排序

检索结果有 5 种排序方式：按最近日期、最早日期、来源、作者和相关性排序。默认按相关性排序，最相关的论文排在最前面。按时间倒排，即最新的论文排在最前面；按时间顺排，即最早的论文排在最前面；按来源排序，即按出版物（期刊）字顺排序；按作者排序，即按作者姓名字顺排序。

（二）检索结果分析

检索结果分析，在检索结果页可勾选：有全文、有参考、学术同行评审；还可按来源类型、主题词、出版物、出版社、数据库来源等筛选，并进一步分析和优化检索结果（见表 6－16）。

表 6－16 分析和优化检索结果

检索结果页	显示信息	启发	优化检索结果
时间倒排	最新的论文排在最前面	最新研究成果	新颖
时间顺排	最早的论文排在最前面	最早研究成果	追根溯源
有参考	有参考文献的论文	学术论文	缩小检索范围
同行评审	同行评审期刊上的论文	高水平论文	权威论文
主题词	论文的主题分布	相关主题研究领域	缩小检索范围
出版物	论文发表的期刊分布	相关论文最多的期刊	知名期刊

（三）检索结果导出

检索结果可导出为参考文献格式。

1. 直接将引文复制到 Word 文档。在检索结果页，点击论文篇名，进入文章详细内容页面；点击右侧的"引用"，出现 9 种参考文献格式，包括 ABNT（巴西国家标准）、AMA 第 11 版（美国医学协会格式）、APA 第 7 版（美国心理学协会格式）、Chicago 第 17 版（"作者-日期"样式）、哈佛-澳大利亚、哈佛（"作者-日期"样式）、Chicago 第 17 版（"注释与文献目录"样式）、MLA 第 8 版（现代语言学协会格式）、Vancouver/ICMJE（温哥华格式）。确定所需的引文格式，将引文直接复制到 Word 文档。

2. 导出至文献管理软件。在检索结果页，点击论文篇名右侧的文件夹图标，或者在文章详细内容页面点击文件夹图标，添加至文件夹；点击页面右侧的"文件夹视图"，加入文件夹的论文数量显示为页面上方的数字。再勾选文件夹中的所有记录，点击页面右侧的"导出"，选择导出的格式：RIS（适用于 CITAVI、EasyBib、EndNote、ProCite、Reference Manager、Zotero 等）、EndNote Web、RefWorks、BibTeX、EasyBib、NoodleTools、通用文献管理软件格式、XML、MARC21 等格式，再将引文的文档导入文献管理软件。

➢ Tips

EBSCO 是选单库检索还是多库检索更合适呢？在知网的检索中，我们建议选知网学术期刊单库检索，因为单库检索提供更适合期刊的检索字段和检索限定，如选择期刊范围，但多库检索却没有，而选择期刊范围是筛选检索结果的简单、有效的方法。要注意的是，好的检索经验也不是万能的，EBSCO 的单库检索、多库检索的选择则与此不同，如单库检索的检索字段虽然有更多选择，但常用的检索字段在多库检索中都有，而且，多库检索会显示多个子库有相关结果，所以对于 EBSCO，我们建议选多库检索。

六、EBSCO 特色功能

（一）在线翻译、在线朗读

如果一篇论文有 HTML 格式全文，则可全文翻译、全文朗读。全文翻译，即将论文的 HTML 全文翻译成 20 多种语言；全文朗读，即将论文的 HTML 全文文本转语音朗读，可选择美式口音、英式口音、澳洲口音 3 种不同口音，可设置阅读速度，并可下载音频。

如果想查看一篇论文的 HTML 格式全文，可以在浏览检索结果页时查看。那么，如何找到更多 HTML 格式全文？EBSCO 特有的一个检索符 **FM T**，表示检索所有的 HTML 格式。如，在 ASU、BSU、ERIC 3 个子库进行多库检索，选择摘要（AB）字段，输入检索式：

("shadow educat*" OR "private tutor*") AND FM T

检索结果为 127 个，全部都有 HTML 格式全文。

（二）图片检索

EBSCO 页面顶部的“图片”栏目，分为 Image Collection 和 Image Quick View Collection 两个部分。Image Collection 包括 100 多万张人物、自然科学、地点、历史、地图和旗帜等图片。Image Quick View Collection 直接从 EBSCO 结果列表、引文视图或文件夹中提供论文中的图片。在基本检索或高级检索的检索选项中，勾选“图片快速查看”，则将结果限定为包含图片的论文。勾选“图像快速查看类型”，可查看黑白照片、彩色照片、图形、地图、图表、图解、插图等。此外，检索结果页右侧或检索结果列表中一篇论文 PDF 全文或 HTML 全文图标的上方，也显示相关图片，可查看论文图片信息。

（三）主题词检索

通过 EBSCO 页面顶部的“叙词表”，可浏览和检索数据库叙词表中的主题词。如果已选择多个数据库，则可能有多个叙词表可选用。在主题词检索中，检索框下面有 3 个选项：前方一致、包含、按相关性排序。还可以对主题词的下位类进行检索，选中“Explode”，可以进行下位类扩展检索。系统将不仅检索该主题词，还检索该主题词的下位类。

（四）参考文献检索

在 ASU 或 BSU 单库检索中，通过 EBSCO 页面顶部的“参考文献”，可检索引用的参考文献，包括作者、题名、来源、年份等字段。被引参考文献：在“被引参考文献检索”界面中，显示结果列表。带有复选框的论文是被其他论文引用过的(下方列出引用的论文)。没有复选框的论文是未被其他论文引用的。施引文献：从被引参考文献的下拉选项中，可以勾选复选框，单击查找施引文献，并检索施引文献列表。

第四节　免费英文期刊网站

在第三章已讲解开放获取(OA)资源，OA 资源中最主要的就是 OA 期刊。OA 期刊质量虽然参差不齐，但并不等于质量都不高，ScienceDirect、EBSCO、SpringerLink、SAGE、Wiley、Taylor & Francis 等知名的学术出版商、数据库商都出版并收录 OA 期刊、OA 期刊论文，并且都是经过同行评审(Peer Review)的论文。本章讲解的是外文期刊数据库，因此也推荐两个收录了大量同行评审 OA 论文的、高质量的外文 OA 期刊网站。

一、开放获取期刊目录(DOAJ)

开放获取期刊目录(Directory of Open Access Journals，DOAJ)，是一个独立的非营利网站，2003 年上线至今，收录同行评审的开放获取期刊近 17500 种，论文 700 多万篇。DOAJ 将所有学科分为 20 个大类，范围覆盖 130 个国家和地区、80 种语言[6]。DOAJ 与知名的学术出版商、数据库商等合作，如 JMIR、PeerJ、Thieme、ACS、APA Open、Elsevier、EBSCO、frontiers、Karger、KeAi、NSD、Oxford University Press、SAGE、APS、arpha、Cambridge University Press、cottage labs、edp sciences、eLife、emerald、IEEE、IET、IOP、Lund University、MDPI、OCLC、PLoS、SciELO、Springer Nature、Taylor & Francis、Wiley 等。DOAJ 也收录来自中国的 OA 期刊近 200 种，包括中国出版的中文期刊、英文期刊、中英文期刊。DOAJ 开通了多个社交媒体账号，如 Twitter、Instagram、Facebook、Github、Linkedin、WeChat。关注 DOAJ 的官方微信公众号“DOAJ”，可及时了解 DOAJ 的最新信息。

期刊检索，可按所有字段(All fields)、期刊题名(Title)、关键词(Keywords)、主题(Subject)、ISSN、出版者(Publisher)、出版者所在国家(Country of publisher)、期刊语言(Journal Language)进行检索。检索结果可按主题(Subject)、语言(Language)、出版者(Publisher)、出版商所在国家(Country of publisher)、同行评审类型(Peer review types)、时间(Date added)等进行筛选，可按最新添加至 DOAJ、最早添加至 DOAJ、刊名顺排、刊名倒排、相关性等进行排序。

论文检索，可按所有字段（All fields）、论文题名（Title）、摘要（Abstract）、关键词（Keywords）、主题（Subject）、作者（Author）、ORCID、DOI、语言（Language）进行检索。检索结果可按主题（Subject）、期刊（Journals）、出版年（Year of Publication）等进行筛选，可按最新添加至DOAJ、最早添加至DOAJ、篇名顺排、篇名倒排、相关性等进行排序。可免费在线预览和下载全文。

二、中科院 GoOA

GoOA 是一个非营利网站，主旨是建立高质量的 OA 期刊集成平台，提供优质 OA 期刊的一站式论文全文获取。GoOA 构建严格的 OA 期刊评价遴选原则，自 2015 年正式上线至今，收录 2570 种 OA 期刊，472 家 OA 出版社，60 多万篇 OA 论文，近 60 万幅图表。学科范围：科学、技术、医学（Science，Technology and Medicine，STM），也包括部分与社会科学交叉的 STM。语言类型：以英文为主要语言。中国科学院文献情报中心为主办机构，其前期启动、运营资金来源于中国科学院文献情报能力专项开放获取期刊采集服务体系项目资助。此外，GoOA 已发布“中文期刊合作计划”，中文 OA 期刊将“入驻”GoOA 平台[7]。

期刊查找，有浏览和检索两种查找方式。浏览，可按期刊首字母、学科分类、出版者、国家与地区、使用许可、期刊影响因子等浏览；检索，可按期刊题名、ISSN、EISSN、出版者进行检索。期刊检索结果信息包括：学科分类、出版者、出版国与地区、期刊主页、投稿帮助、ISSN、使用许可等。

论文查找，有浏览和检索两种查找方式。浏览，可按热点概念、来源期刊、出版卷期、作者、出版日期、出版者、附加信息等浏览；检索，可按论文题名、作者、关键词、DOI、摘要、出版年、图片、数据进行检索。可免费在线预览和下载全文。

答疑解惑

本章开头的检索提问，你知道怎么解答了吗？

Q：我打算做一个关于游戏化教学的研究，用英文表达，应该是 gamification in education，想查找国外这方面的实证研究（empirical research 或 experimental research），我在外文数据库 ProQuest、SpringerLink、JSTOR、ERIC 上输入 gamification，主题选择教育类，结果好像不是很多。我该怎样查？

A：检索有两个要点。一是要找对数据库，即与专业最相关的数据库，如教育专业主要查 EBSCO、JSTOR、ScienceDirect、SAGE、PQDT、SSCI，而 SpringerLink 适合理工科；一是找对检索词，如 gamification in education 其实是中式英语，Game-based learning (GBL)才是专业术语，而 empirical/experimental 不应选为检索词（想想 why?）。

Q：我在《美国〈学校领导标准〉的制定与启示：从 1996 到 2008》一文中，看到下面这句话。

> 《为学习而领导：连接州、学区与学习的政策与实践》指出，“标准、培训与条件”是构成学校领导发展系统的核心要素。

我想引用这句话，但找不到《为学习而领导：连接州、学区与学习的政策与实践》这篇原文。该怎么办？

A：查看了《美国〈学校领导标准〉的制定与启示：从 1996 到 2008》这篇文章，发现其未在参考文献标注《为学习而领导：连接州、学区与学习的政策与实践》的出处，仔细阅读上下文，大胆猜测是该文章作者将一篇英文论文的题名翻译成中文，因此，用中文题名无法找到。尝试将作者翻译的中文题名，再翻译回英文：Leadership for learning：connection state，school district policy and practice and learning，选取几个关键词，在学术搜索引擎中顺利检索到该英文文献应为 *Leadership for Learning：Making the Connections Among State，District and School Policies and Practices*，并有出版时间和出版机构等信息（Published：September 2006，16 pages；Publishing Organization：The Wallace Foundation），并可免费下载全文。

参考文献

[1] ScienceDirect [EB/OL]. [2022-06-30]. https://www.sciencedirect.com/.
[2] ScienceDirect | All Solutions [EB/OL]. [2022-06-30]. https://www.elsevier.com/solutions/sciencedirect.
[3] EBSCO Information Services [EB/OL]. [2022-06-30]. https://support.ebsco.com/help/.
[4] Research Databases | EBSCO [EB/OL]. [2022-06-30]. https://www.ebsco.com/products/research-databases/.
[5] 科睿唯安学习中心 [EB/OL]. [2022-06-30]. https://clarivate.libguides.com/china.
[6] DOAJ [EB/OL]. [2022-06-30]. http://www.doaj.org/.
[7] GoOA [EB/OL]. [2022-06-30]. http://gooa.las.ac.cn/.

第七章
学位论文数据库

本章重点讲解如何搜索学位论文，以知网学位论文库、万方学位论文库、PQDT学位论文数据库、PreQuest学位论文全文数据库这几个常用的学位论文数据库检索为主，同时也包括免费学位论文网站。

请你先“小试牛刀”。

Q：我想找张建卫写的《小学期家长参与及其与儿童学校适应的关系》，是2003年北京师范大学博士论文，发现学校图书馆购买的所有数据库里都没有这篇学位论文的全文。怎么办？

Q：如何查找本专业近20年的博士论文？

Q：纽约大学全球教育体系主要由美国本土的纽约大学、阿联酋的阿布扎比纽约大学、中国的上海纽约大学这3个“门户校园”组成。那么，如何在PQDT学位论文数据库中查找有多少篇学位论文来自美国本土的纽约大学？

第一节　学位论文数据库的使用困惑

一、为什么要查找学位论文

（一）主要目的

检索学位论文与确立论文选题之间的关联，也就是文献调研的主要目的，包括两个方面。一方面，开展任何研究都应该“站在巨人的肩膀上”，即要查看已有哪些研究方法，已有哪些研究成果，当前的研究热点有哪些，才能确定要研究什么。另一方面，要确定你的选题是否具有新颖性，有没有跟他人撞题，即查看是否已有相似选题、相似研究，避免做重复或无意义的研究。

（二）选题与撞题

学位论文或课题在开题阶段就要特别重视进行较全面的文献调研，从而避免可能的撞题。学位论文的检索范围要广，不仅要查电子版学位论文（全文数据库、文摘数据库），还要查纸质版学位论文（图书馆书目系统）。有的同学就是到了查文摘数据库、书目系统时，才发现选题重复，简直不敢相信自己的眼睛：“为什么有人跟我的想法一样？”如果你的论文有不同研究角度，可以做到更新颖，或者更有深度、广度，那么可以继续自己的选题，否则，就需要考虑换一个选题了。

需要注意的是：不要以为撞题是小概率事件！如果文献调研不够充分，没有检索到可能的密切相关的论文，当自己的论文写了一半才发现这个问题，或许还来得及重新开始；但如果到预答辩，甚至答辩时才发现，则有可能导致延期毕业，而延期毕业又会引起连锁反应,好不容易找到的工作也许就“飞”了。

（三）选题与创新

通过文献调研,确定选题的新颖性、创新点,是建立在全面查找(详见第四章)各类资源、进行全面检索的基础上。文献调研过程中,如果发现没有撞题,在一定程度上说明选题有新颖性,但如果与选题相关的文献很少,一是要看检索是否全面,一是要提醒自己：为什么没有人跟你想的一样？选题是有创新性,还是走偏了？或者是用词过于“独特”,不是大多数研究者的用法,而让你误以为有创新性？例如,一位同学的选题是“双线融合教学”,检索后发现查不到相关论文,但请教检索专家后才知道,“线上线下融合教学”才是专业用语,并且该选题已是研究热点,有较多相关论文已发表。总之,开题阶段,首先要做好文献调研。

二、去哪里查找学位论文

到知网和万方检索、下载学位论文,就够了吗？答案是：不够。那么还要去哪里找学位论文呢？这主要有 3 个方面,① 很多图书馆购买了知网、万方的学位论文库,但并不一定购买其中的所有全文,当部分全文没有购买时,需要继续查看文摘。知网、万方的文摘是免费的。② 知网、万方的学位论文库并未收录国内所有的学位论文,需要继续查找学位论文文摘数据库、图书馆书目系统等。③ 知网、万方的学位论文库收录的是国内的学位论文,还需要查找国外的学位论文,如 PQDT 学位论文数据库。

三、如何获取学位论文全文

查找学位论文的主要目的是了解已有的相关研究进展,查看是否已有相似研究,并确定自己选题的新颖性。因此,下载全文不是主要目的，更不是唯一目的。需要灵活运用检索方法，使检索结果兼顾全面、准确、新颖、权威，再通过浏览题录、摘要判断论文是否有下载全文的必要。经过这样的层层筛选，最后下载有价值的全文。如果只盯着下载全文，其实是舍本求末，“捡了芝麻，丢了西瓜”。本章将逐一讲解常用学位论文数据库的检索方法。

（一）学位论文全文数据库

常见的学位论文全文数据库包括：知网学位论文库，即中国博士学位论文全文数据库和中国优秀硕士学位论文全文数据库；万方学位论文库，即中国学位论文全文数据库；PQDT 学位论文数据库（部分有全文）；PreQuest 学位论文全文数据库。数据库有全文可以下载，直接、方便，但一定不要止步于此。

（二）文献传递

各图书馆购买的知网、万方的学位论文全文可能年限不同、学科不同，本馆未购买的部分，要通过知网、万方平台检索，查看摘要等。除此之外，查找学位论文文摘数据库、图书馆书目系统等之后，可通过文献传递服务获取学位论文全文。除了读秀平台的文献传递对机构用户是免费的之外，文献传递服务产生的费用须由文献申请者承担（详见第二章）。

1. 读秀学术搜索，收录了海量的各类文献，包括图书、期刊、报纸、学位论文等。其中，提供学位论文的文摘、题录信息，涵盖文理各学科领域。可通过读秀平台的文献传递（详见第八章），免费获得学位论文全文，前提是所在的图书馆购买了读秀。

2. 国家科技图书文献中心（NSTL）[1]，收录 1977 年至今的中文学位论文近 500 万篇，1876 年至今的外文学位论文近百万篇，涵盖文理各学科领域，提供免费检索和查看文摘或题录，部分外文学位论文提供免费全文链接。

3. 国家图书馆[2]博士论文数据库，是以国家图书馆20多年来收藏的博士论文为基础建设的学位论文数据库，收录28万多篇博士论文，涵盖文理各学科领域，提供免费检索和查看文摘。国家图书馆是国家规定的博士论文缴送本接收馆，是国内博士论文最全的收藏机构。

4. CALIS学位论文数据库，即CALIS学位论文中心服务系统[3]，收录国内高校学位论文300多万篇，涵盖文理各学科领域，包括知网、万方学位论文数据库未收录的部分学位论文，提供免费检索和查看文摘。

5. PQDT学位论文数据库（ProQuest Dissertation & Theses Global, PQDT），是全球最全面的、涵盖文理各学科的学位论文数据库，收录300多万篇学位论文，并提供100多万篇学位论文PDF全文下载。如果PQDT学位论文数据库、PreQuest学位论文全文数据库都没有收录全文，则可通过图书馆文献传递服务获取全文。

6. 图书馆书目系统。学位论文不一定全部都有电子版，如有些早期只有纸质版的学位论文没有被扫描制成电子版，部分学位论文没有被收录到知网、万方，此时则需要查找纸质版学位论文。在图书馆书目系统，可查找该馆收藏的纸质版学位论文，查看学位论文题录信息，即作者、篇名、导师、学校/机构地点、毕业学校/机构、毕业年。图书馆书目系统可免费访问，因此，查看学位论文题录信息是免费的。不仅可以于所在图书馆的书目系统中查找学位论文，再阅读纸质学位论文；也可以在其他图书馆的书目系统中查找学位论文，再通过图书馆的文献传递服务获取全文或部分全文。

第二节 中国博硕士学位论文全文数据库(知网)

一、知网学位论文库的特点及其适用性

知网学位论文库，包括中国博士学位论文全文数据库和中国优秀硕士学位论文全文数据库，即中国博硕士学位论文全文数据库。收录全国 500 多家博士培养单位、近 800 家硕士培养单位的优秀博硕士论文，包括“985 工程”、“211 工程”等重点高校，中国科学院、中国社会科学院等研究院所的学位论文。知网学位论文库为综合类数据库，学科范围涵盖基础科学、工程技术、农业、医学、哲学、人文、社会科学等各个领域，收录硕士论文 480 多万篇，博士论文 40 多万篇，收录年限为 1984 年至今[4-5]。

二、知网学位论文库的检索案例

（一）选择检索词

先回顾一下知网期刊库、外文期刊数据库的检索，已经知道“影子教育”是“校外补课”的专业术语，因此，补充专业术语“影子教育”为“校外补课”的近义词，检索式修改为：

SU=(校外+课外)*(补课+补习+辅导+培训)+影子教育

（二）选择检索字段

知网的专业检索，默认是精确匹配，因此，中文检索词不需要使用词组检索。在专业检索的不同检索字段进行检索，发现主题(SU)字段的检索结果兼顾全面、准确(见表 7-1)。

表 7-1　同一检索式在不同字段的检索

检　索　式	检索结果	查 全 查 准
SU=(校外+课外)*(补课+补习+辅导+培训)+影子教育	1122	兼顾全面、准确
TKA=(校外+课外)*(补课+补习+辅导+培训)+影子教育	3465	全面,但不够相关
TI=(校外+课外)*(补课+补习+辅导+培训)+影子教育	396	准确,但不够全面
KY=(校外+课外)*(补课+补习+辅导+培训)+影子教育	73	准确,但不全面
CO=(校外+课外)*(补课+补习+辅导+培训)+影子教育	3100	全面,但不够相关

（三）调整检索策略

不做限定时,检索词或检索式是在所有分类中进行检索。也可以将检索词或检索式限定在某一个类目进行检索,如,在“文献分类”中勾选“社会科学Ⅱ辑”的两个细分类目“初等教育”和“中等教育”,检索式在选定的类目中进行检索,发现主题(SU)字段的检索结果兼顾全面、准确;篇关摘(TKA)字段、目录(CO)字段的检索结果在全面的基础上提高了准确度(见表 7-2)。

表 7-2　分类后同一检索式在不同字段的检索

检　索　式	检索结果	查 全 查 准
SU=(校外+课外)*(补课+补习+辅导+培训)+影子教育	567	兼顾全面、准确
TKA=(校外+课外)*(补课+补习+辅导+培训)+影子教育	1780	全面,较准确

续 表

检 索 式	检索结果	查全查准
TI=(校外＋课外)*(补课＋补习＋辅导＋培训)＋影子教育	211	准确，但不够全面
KY=(校外＋课外)*(补课＋补习＋辅导＋培训)＋影子教育	40	准确，但不全面
CO=(校外＋课外)*(补课＋补习＋辅导＋培训)＋影子教育	1760	全面，较准确

（四）筛选检索结果

1. 发现最新论文与研究趋势。将检索结果按时间排序，可查看最新论文或最早论文，也可通过可视化分析页面的发文量总体趋势分析，看到论文发表数量逐年递增，说明有越来越多的研究关注“校外补课”。

2. 发现优秀论文、高被引论文。通过“优秀论文级别”查看全国、省级、校级不同级别的优秀论文。将检索结果按被引排序，可查看被引高的论文。

3. 扩大检索范围。在检索结果页，点击被引次数高的论文篇名，进入论文详情信息页面，通过引文网络，查找相关文献、相关作者。

4. 缩小检索范围。其一，通过“主要主题”与“次要主题”查看论文的主题分布，一方面可了解已有的研究方向，一方面可考量是否要补充检索词的近义词，如“主要主题”中的影子教育、课外辅导、课外补习、营销策略等显示了已有的研究方向。其二，通过“学科”查看论文的学科分布，也就是论文从哪些学科角度来进行研究，如中等教育、教育管理、初等教育是研究“校外补课”最多的学科，还有从经济学等学科角度开展研究，这对你选择从哪个学科角度研究将很有启发。其三，通过“学位授予单位”查看论文的学位授予单位分布，以及是否有研究团队进行相关研究。其四，通过“学科专业”查看论文的学科专业分布，如研究“校外补课”的学科专业主要有：课程与教学论、体育教育训练学、教育学原理、教育经济与管理，了解不同学科专业的研究状况。

三、知网学位论文库的特点

知网的检索方法、检索算符等，在其学位论文库中与期刊库相同，因此这里主要来看学位论文库检索字段、检索结果的特点。

（一）检索字段

知网学位论文库的特殊字段为：目录、导师、第一导师、学科专业名称、学位授予单位。注意：从检索字段来看，知网的多库检索（同时检索多个子库）、总库检索（同时检索所有子库）仅提供各子库通用的检索字段，而学位论文单库则有其特有的检索字段。从检索限定条件来看，学位论文单库可选择优秀论文级别，但多库/总库检索没有这个选项。因此，学位论文单库的检索功能比多库/总库的检索功能要强。比较知网的学位论文库与期刊库、总库的检索字段的不同，见表 7－3。

表 7－3　知网的学位论文库与期刊库、总库的检索字段

学位论文库		期刊库		总　库		字段符号
基本检索 高级检索	专业检索	基本检索 高级检索	专业检索	基本检索 高级检索	专业检索	
主题	主题	主题	主题	主题	主题	SU
篇关摘	篇关摘	篇关摘	篇关摘	篇关摘	篇关摘	TKA

续 表

学位论文库		期刊库		总 库		字段符号
基本检索 高级检索	专业检索	基本检索 高级检索	专业检索	基本检索 高级检索	专业检索	
题名	题名	篇名	篇名	篇名	篇名	TI
关键词	关键词	关键词	关键词	关键词	关键词	KY
摘要	摘要	摘要	摘要	摘要	摘要	AB
目录	目录	小标题	小标题	小标题	小标题	CO
全文	全文	全文	全文	全文	全文	FT
参考文献	参考文献	参考文献	参考文献	参考文献	参考文献	RF
基金	基金	基金	基金	基金	基金	FU
分类号	分类号	分类号	分类号	分类号	分类号	CLC
DOI	DOI	DOI	DOI	DOI	DOI	DOI
作者	作者	作者	作者	作者	作者	AU
		第一作者	第一作者	第一作者	第一作者	FI
		通讯作者	通讯作者	通讯作者	通讯作者	RP
作者单位	作者单位	作者单位	作者单位	作者单位	作者单位	AF
		第一单位	第一单位			FAF
导师	导师					TU
第一导师	第一导师					FTU
学科专业名称	学科专业名称					XF

续 表

学位论文库		期刊库		总 库		字段符号
基本检索 高级检索	专业检索	基本检索 高级检索	专业检索	基本检索 高级检索	专业检索	
学位授予单位	学位授予单位	期刊名称	期刊名称	文献来源	文献来源	LY
		ISSN	ISSN			SN
		CN	CN			CN
		栏目信息	栏目信息			QKLM
	被引频次		被引频次		被引频次	CF

（二）检索结果

知网学位论文库的检索结果排序有 5 种方式：相关度、出版时间、被引、下载、学位授予年度。

知网学位论文库的检索结果分析，与知网期刊库类似，可按主题、学科、学位授予单位、学科专业等，进一步分析和优化检索结果（详见第五章）。

➢ Tips

知网的学位论文，通常仅提供 CAJ 格式的全文，需要另外下载 CAJ 阅读器。一个小妙招可以让你下载到 PDF 全文，即在知网页面的最上端，选择英文版，或英文版界面选择繁体中文版，所有论文即可下载 PDF 格式。

第三节　中国学位论文全文数据库(万方)

一、万方学位论文库的特点及其适用性

万方学位论文库，即中国学位论文全文数据库。收录来源为经批准可以授予学位的高等学校或科学研究机构，为综合类数据库，学科范围涵盖基础科学、理学、工业技术、人文科学、社会科学、医药卫生、农业科学、交通运输、航空航天和环境科学等各学科领域。收录硕博论文700多万篇，年增35万余篇，收录年限为1980年至今[6-7]。

注意：学位论文数据库的选择，不要囿于已见。比如，选择期刊数据库时，很多同学习惯选知网，于是选择学位论文数据库时就可能有思维惯性。但实际上，常用的知网和万方两个学位论文库中，万方学位论文库的收录年限较长、收录数量较多。

二、万方学位论文库的检索案例

（一）确认检索式

在知网学位论文库检索时已确认新的检索式，万方学位论文库的检索式与知网的逻辑关系是一样的，但逻辑算符不同，检索式的表达方式不同。尤其要注意的是，知网和万方对主题字段的定义不同（详见第五章），知网与万方的检索式比较见表7－4。

（二）选择检索字段

在专业检索的不同检索字段进行检索，发现“题名或关键词”字段的检索结果兼顾全面、准确（见表7－5）。注意，直接输入检索式，就是默认为全部字段。

表 7－4 知网和万方检索式的比较

数据库	检 索 式
知网	SU＝(校外＋课外)*(补课＋补习＋辅导＋培训)＋影子教育
万方	主题:((校外 or 课外) and (补课 or 补习 or 辅导 or 培训) or 影子教育)

表 7－5 同一检索式在不同字段的检索

检 索 式	检索结果	查 全 查 准
主题:((校外 or 课外) and (补课 or 补习 or 辅导 or 培训) or 影子教育)	2941	全面,但不够相关
题名或关键词:((校外 or 课外) and (补课 or 补习 or 辅导 or 培训) or 影子教育)	597	兼顾全面、准确
题名:((校外 or 课外) and (补课 or 补习 or 辅导 or 培训) or 影子教育)	371	准确,但不够全面
关键词:((校外 or 课外) and (补课 or 补习 or 辅导 or 培训) or 影子教育)	494	准确,但不够全面
(校外 or 课外) and (补课 or 补习 or 辅导 or 培训) or 影子教育	2979	全面,但不够相关

（三）调整检索策略

万方的专业检索,默认是模糊匹配,因此使用词组检索进行精确匹配,输入:**"影子教育"**,再进行检索,发现词组检索提高了检索结果的准确度(见表 7－6)。

表 7-6 词组检索的同一检索式在不同字段的检索

检索式	检索结果	查全查准
主题：((校外 or 课外) and (补课 or 补习 or 辅导 or 培训) or "影子教育")	2620	全面，但不够相关
题名或关键词：((校外 or 课外) and (补课 or 补习 or 辅导 or 培训) or "影子教育")	590	兼顾全面、准确
题名：((校外 or 课外) and (补课 or 补习 or 辅导 or 培训) or "影子教育")	370	准确，但不够全面
关键词：((校外 or 课外) and (补课 or 补习 or 辅导 or 培训) or "影子教育")	488	准确，但不够全面
(校外 or 课外) and (补课 or 补习 or 辅导 or 培训) or "影子教育"	2620	全面，但不够相关

（四）筛选检索结果

1. 发现最新论文与研究趋势。将检索结果按时间排序，可查看最新论文或最早论文；也可通过“学位授予时间”查看每年的论文数量，据此推测研究趋势。

2. 发现高被引论文。将检索结果按被引频次排序，可查看被引高的论文。

3. 扩大检索范围。在检索结果页，点击被引次数高的论文篇名，进入论文详情信息页面，通过引文网络，查找相关文献、相关作者、相关机构。

4. 缩小检索范围。通过“学科分类”查看论文的学科分布，也就是论文从哪些学科角度来进行研究，如中等教育、初等教育是研究“校外补课”最多的学科，还有从经济学、计算机技术等学科角度开展研究，这对你选择从哪个学科角度研究将很有启发。通过“学位授予单位”与“导师”查看论文的学位授予单位分布、指导相关论文最多的导师，以及是否有研究团队进行相关研究。

三、万方学位论文库的特点

万方的检索方法、检索算符等，在其学位论文库中与期刊库相同，这里主要来看学位论文库检索字段、检索结果的特点。

（一）检索字段

万方学位论文库的特殊字段为：学位-专业、学位-学位授予单位、学位-导师、学位-学位。比较万方的学位论文库、期刊库、多库的检索字段的不同（见表 7－7）。

表 7－7　万方的学位论文库与期刊库、多库的检索字段

学位论文库		期刊库		多　库		专业检索
基本检索	高级检索	基本检索	高级检索	基本检索	高级检索	
全部	全部	全部	全部	全部	全部	全部
	主题		主题		主题	主题
	题名或关键词		题名或关键词		题名或关键词	题名或关键词
题名	题名	题名	题名	题名	题名	题名
关键词	关键词	关键词	关键词	关键词	关键词	关键词
摘要	摘要	摘要	摘要	摘要	摘要	摘要

续 表

学位论文库		期刊库		多库		专业检索
基本检索	高级检索	基本检索	高级检索	基本检索	高级检索	
作者	作者	作者	作者	作者	作者	作者
			第一作者		第一作者	第一作者
	作者单位	作者单位	作者单位	作者单位	作者单位	作者单位
	DOI		DOI		DOI	DOI
分类号	分类号	分类号	分类号		分类号	
		刊名	期刊-刊名		期刊-刊名	
		基金	期刊-基金		期刊-基金	
			期刊-ISSN/CN		期刊-ISSN/CN	
			期刊-期		期刊-期	
专业	学位-专业				学位-专业	
学位授予单位	学位-学位授予单位				学位-学位授予单位	
导师	学位-导师				学位-导师	
	学位-学位				学位-学位	
					会议名称	
					会议-主办单位	

万方的检索字段有以下几个特点。① 全部字段。在基本检索、

专业检索中，直接输入检索词、检索式，默认为全部字段。全部字段，指基本检索、专业检索中的所有字段，全部字段≠全文字段。② 专业检索的检索字段。万方的学位论文库、期刊库、多库的专业检索的检索字段，选取的是各子库通用的字段。③ 多库检索的检索字段。多库的高级检索包括各子库通用的、特殊的检索字段，而多库的专业检索则选取各子库通用的检索字段。

（二）检索结果

万方学位论文库的检索结果排序有 4 种方式：按相关度、学位授予时间、被引频次、下载量。

万方学位论文库的检索结果分析，可按学位授予时间、学科分类、授予学位、学位授予单位、导师等，进一步分析和优化检索结果（详见第五章）。

第四节　PQDT 学位论文数据库

一、PQDT 的特点及其适用性

PQDT 学位论文数据库（ProQuest Dissertation & Theses Global, PQDT），是全球最全面的、涵盖文理各学科的学位论文数据库，收录自 1637 年以来的 520 多万篇学位论文引文，包括从 1861 年至今的 300 多万篇学位论文。PQDT 提供 100 多万篇学位论文 PDF 全文下载，并有 200 多万篇印刷版学位论文可供购买。PQDT 为 1997 年以后的大部分学位论文提供全文，为较早的学位论文提供回溯性全文覆盖。1980 年以后的博士论文，包含作者撰写的 350 字文摘；1988 年以后的硕士论文，则含有 150 字的文摘。PQDT 每周更新，每年新增 20 多万篇论文[8-9]。PQDT 学科分类为：艺术（Arts）、商业与经济(Business & Economics)、教育(Education)、人文学科(Humanities)、社会科学(Social Sciences)、行为科学(Behavioral Sciences)、自然科学(Natural Sciences)、数学与物理科学(Mathematics & Physical Sciences)、健康与医学(Health & Medical Sciences)。

PQDT 收录的学位论文来自 100 多个国家、700 多所大学或学术机构，包括 50 多种语言。2017 年，PQDT 与中国高等教育文献保障系统(CALIS)合作，首次在全球范围内提供 80 所中国大学的学位论文摘要。PQDT 在 100 多个国家被 3100 多个机构的 400 多万名研究人员使用。

➢ Tips

PQDT 是外文数据库，收录的是外文学位论文，为用户体验友好，PQDT 提供中文界面，但检索时要用外文检索词而不是中文检索词。

二、PQDT 检索案例

（一）选择数据库

在外文期刊数据库检索时已完成选取检索词、近义词，并编制检索式。PreQuest 包括多个子库，PQDT 是其中的一个子库，选择 PQDT 单库进行检索。

（二）选择检索字段

将检索式 **shadow education OR private tutoring** 在高级检索的不同检索字段进行检索，发现摘要(AB)字段的检索结果兼顾全面、准确(见表 7-8)。

表 7－8　同一检索式在不同字段的检索

检　索　字　段	检索结果	查 全 查 准
所有字段(默认)	355230	全面,但不相关
不含全文的所有字段(NOFT)	888	较全面,但不够相关
索引词/关键词(DISKW)	44	准确,但不全面
主题词(SU)	72	准确,但不全面
标题(TI)	49	准确,但不全面
全文(FT)	332946	全面,但不相关
摘要(AB)	520	兼顾全面、准确

(三) 调整检索式

检索式逻辑关系不变,加上检索算符(词组检索、截词符 *),在高级检索中,选择摘要(AB)字段作为不同检索式的同一检索字段,进行检索,发现词组检索、截词符分别提高了检索结果的准确性、全面性(见表 7－9)。

表 7－9　不同检索式在同一字段的检索

检　索　式	检索结果	查 全 查 准
shadow education OR private tutoring	520	较全面,但不够相关
"shadow education" OR "private tutoring"	92	准确,但不全面
shadow educat * OR private tutor *	822	全面,但不够相关
"shadow educat *" OR "private tutor *"	150	兼顾全面、准确

（四）优化检索结果

1. 发现最新论文与研究趋势。将检索结果按时间排序，可查看最新论文或最早论文；也可通过年份（Years）查看论文发表的年份分布。可看到论文发表数量逐年递增，说明有越来越多的研究关注“影子教育”。

2. 扩大检索范围。查看**"shadow educat*" OR "private tutor*"**的检索结果，结果默认按相关度排序，发现结果页好几篇论文都是研究中国的“影子教育”。点击一篇引用量高的论文题名，进入论文页面，浏览参考文献、施引文献、共引文献、关于这个主题的基础研究、相似学位论文等。

3. 缩小检索范围。其一，通过主题（Subject）查看论文分布在哪些学科，也就是论文从哪些学科角度来进行研究，如 education 是研究“影子教育”最多的学科，除了有 secondary education、education policy、higher education 这些从教育学的细分学科角度进行研究，还有 economics 是从经济学角度进行研究，这对你选择从哪个学科角度开展研究将很有启发。其二，通过索引词/关键词（Index term/keyword）查看论文使用的主要关键词，一方面了解已有的研究方向，一方面考量是否要补充检索词的近义词，如 private tutoring、shadow education 是使用最多的关键词，提到国别最多的是 Korea、China。其三，通过大学/单位（University/institution）查看论文来自哪些大学，以及是否有研究团队进行相关研究。其四，通过大学/单位位置（University/institution location）查看论文来自哪些国家，如研究“影子教育”的主要国家有：美国、英国、加拿大、中国、土耳其，了解全球的研究状况。其五，通过语言（Language）查看论文使用的语言，如研究“影子教育”的主要语言是英文，此外还有中文。

三、PQDT 检索方法

PreQuest 平台有多个数据库，包括：学位论文、期刊、图书、报纸等。PQDT 单库检索与 PreQuest 多库检索的不同，也体现在检索字段有差异上，多库检索仅提供各子库通用的检索字段，特性的检索字段不出现，PQDT 单库才会出现其特有的检索字段。

要先选择数据库 PQDT，再选择检索方法。在 PreQuest 平台首页的左上方，点击选择数据库，选择 PQDT；或在首页检索框上方，选择学位论文，也就是 PQDT。然后选择检索方法，PQDT 的检索方法主要有：基本检索、高级检索、专业检索、浏览等。

（一）基本检索

基本检索即一框式检索，默认字段为所有字段，并支持含检索算符（如逻辑算符、截词符、词组检索）的检索式。

（二）高级检索

PQDT 高级检索有多个检索框，可增加或减少检索框，每个检索框之间的逻辑关系可选择逻辑与、逻辑或、逻辑非。高级检索默认字段为所有字段，并支持含检索算符（如逻辑算符、截词符、词组检索）的检索式。高级检索还可限定时间范围、类型（硕士论文或博士论文）、语种。

（三）专业检索

PQDT 命令行检索，其实就是专业检索，支持含检索算符（如逻辑算符、截词符、词组检索）和字段符号的检索式。专业检索还可限定时间范围。在专业检索页面，① 选择检索字段，如选择：摘要（AB）字段；② 添加至检索框：**AB( )**；③ 在括号内输入检索式：**AB("shadow educat*" OR "private tutor*")**进行检索。

PQDT 高级检索、专业检索提供多个检索字段（见表 7－10）。其中，不含全文的所有字段(NOFT)，包括以下字段：作者(AU)、摘要(AB)、标题(TI)、主题词(SU)、索引词/关键词(DISKW)、导师(ADV)、大学/单位(SCH)、授予单位(DEP)、大学/单位地理位置(SCHLOC)、出版物编号(DISPUB)等。默认是所有字段(Anywhere)。

表 7-10 PQDT 检索字段

字段名称	字段符号	字段含义
Anywhere		所有字段(默认)
Abstract	AB	摘要
Advisor	ADV	导师
All Fields, except full text	NOFT	不含全文的所有字段
Alternate Language Title	OTI	替代语言标题
Author	AU	作者
Cited Author	CAU	被引文献作者
Cited Document Title	CTI	被引文献标题
Cited Publication Date	CYR	被引发表日期
Cited Publication Title	CPUB	被引出版物标题
Committee Member	CMT	委员会成员
Degree	DG	学位
Department	DEP	授予单位
Document Text	FT	全文(不含摘要的文档正文)
Document Title	TI	标题

续 表

字段名称	字段符号	字段含义
Index Terms	DISKW	索引词/关键词
ISBN	ISBN	国际标准书号
Language	LA	原始语言
Publication/order number	DISPUB	出版物编号
Publication year	YR	出版年
References	REF	参考文献
School location	SCHLOC	大学/单位地理位置
School name/code	SCH	大学/单位
Subject Heading (All)	SU	主题词
Supplemental file types	SPTYPE	补充文件类型
Volume/issue (DVI)	DISVOL	卷期

（四）浏览

PQDT 浏览方式包括主题浏览、地点浏览，分别按主题字顺排列、按地点字顺排列。

四、PQDT 检索技术

PQDT 的检索算符主要有：逻辑算符、截词符、词组检索、位置算符等(见表 7-11)。逻辑算符：逻辑与、逻辑或、逻辑非，用 **AND**(或空格)、**OR**、**NOT** 表示；优先顺序：**AND**>**OR**>**NOT**，如要改变优先顺序，则使用英文半角圆括号( )表示。

表 7－11 PQDT 检索算符

算符	含 义	举 例
*	无限截词符，代表 0—5 个字符，包括一个词根的所有形式	**econom*** 可检索到 economy、economics、economical 等
?	有限截词符，代表 1 个字符，可检索英美不同拼写	**t?re** 可检索到 tire、tyre 等
＃	有限截词符，代表 0—1 个字符，可检索英美不同拼写	**labo＃r** 可检索到 labor、labour
" "	词组检索，表示引号内为词组，词组作为一个整体不可拆分，并且词序保持不变	**"healthy eating"**作为一个整体出现，并且词序保持不变
{ }	与词组检索结合使用，表示词组检索的同时，可进行变体搜索	**"{advertising campaign}"**作为一个整体，同时搜索 advertising 的其他词形
NEAR/＃ N/＃	位置算符，表示两个检索词间隔最多＃个词，并且词序可以互换	**NEAR/3** 表示两个检索词间隔最多 3 个词，并且词序可以互换
PRE/＃ P/＃	位置算符，表示两个检索词间隔最多＃个词，并且词序不可互换	**PRE/6** 表示两个检索词间隔最多 6 个词，并且词序不可互换
EXACT .e	精确检索，用于主题词等特定检索字段，查找确切检索词或词组，而不是将其作为更大词组的一部分	**SU.EXACT("higher education")** 表示检索结果出现主题词 higher education，但不会出现主题词 higher education administration 或 women in higher education 等

自动扩展检索，变体检索(Variants searching)包括拼写变体、形式变体，即英美拼写变体、复数、比较级和最高级等，如：搜 humor，包括 humour；搜 mouse，包括 mice；搜 tall，包括 taller、tallest。但若使用词组

检索" ",则不再检索其拼写变体、复数、比较级和最高级等。

五、PQDT 检索结果

(一) 检索结果排序

PQDT 的检索结果有 3 种排序方式：按相关性、先远后近、先近后远排序。默认按相关性排序，最相关的论文排在最前面。按时间先远后近，即最早的论文排在最前面；按时间先近后远，即最新的论文排在最前面。

(二) 检索结果分析

PQDT 的检索结果分析，可按主题(Subject)、索引词/关键词(Index term/keyword)、大学/单位(University/institution)、大学/单位地理位置(University/institution location)、语言(Language)筛选，并进一步分析和优化检索结果(见表 7-12)。

表 7-12　分析和优化检索结果

检索结果页	显示信息	启发	优化检索结果
时间倒排	最新的论文排在最前面	最新研究成果	新颖
时间顺排	最早的论文排在最前面	最早研究成果	追根溯源
主题	论文的学科主题分布	主要研究学科	缩小检索范围
索引词/关键词	论文的关键词分布	主要关键词	缩小检索范围
大学/单位	论文作者的机构分布	高产机构	权威研究机构
大学/单位地理位置	论文作者的国家/地区分布	高产国家/地区	缩小检索范围

（三）检索结果导出

PQDT 的检索结果可导出为参考文献格式。

1. 直接将引文复制到 Word 文档。在检索结果页，勾选要导出的论文，点击右侧的引用图标❞，出现 40 多种参考文献格式，如 AMA（美国医学协会格式）、APA（美国心理学协会格式）、ASA（美国社会学协会格式）、ABNT（巴西国家标准格式）、BibTeX、Chicago（芝加哥格式）、CSE（生物学编辑协会格式）、Harvard（哈佛格式）、IEEE、MLA（现代语言学协会格式）、Turabian（杜拉宾格式）、Uniform、Vancouver（温哥华格式）等，有些格式有多个版本。选中所需的引文格式，将引文直接复制到 Word 文档。

2. 导出至文献管理软件。在检索结果页，勾选要导出的论文，点击右侧的引用图标❞，选择导出的格式：RIS（适用于 EndNote、Citavi 等）、RefWorks、NoodleTools、EasyBib、XLS 格式，再将引文的文档导入文献管理软件。

六、PQDT 特色功能

（一）索引

在 PQDT 高级检索页面，提供作者（AU）、导师（ADV）、大学/单位（SCH）、主题词（SU）、索引词/关键词（DISKW）等检索字段相应的索引。点击查找链接，出现索引检索框，其下方可选择：包含（默认）、开头为（至少输入 2 个字符），检索后勾选所需作者、导师、大学/单位、主题词、索引词/关键词，添加至检索框，进行精确检索。如，点击“大学/单位”链接，输入：**East China**，在下方选择 **East China Normal University (People's Republic of China)**，添加至检索框，检索结果 10874，也就是说 PQDT 收录华东师范大学的学位论文 10874 篇。此外，添加多个词至检索框时，默认词间关系是 **OR**；作者、主题词、索引词/关键词的索引词，词间关系还可选 **AND**。

（二）叙词表

在 PQDT 高级检索页面，提供叙词表/同义词库的链接。叙词表（Thesaurus）是单个数据库中所有主题术语按字顺排序的列表，用于对该数据库的信息进行分类和组织。叙词表显示了同义词或相关术语等词间关系，以及广义术语或狭义术语的分层排列。通过在检索中添加同义词，可以扩大或缩小检索范围。

使用叙词表，要先选择叙词表链接，浏览或搜索包含该词或以该词开头的主题，再点击主题术语以显示与其他术语的关系，选择要添加到检索框中的术语。

第五节　PreQuest 学位论文全文数据库

一、PreQuest 学位论文全文数据库的特点及其适用性

PreQuest 学位论文全文数据库（以下简称“PreQuest 全文库”），收录来自 PQDT 的全文 80 多万篇，学科范围涵盖文、理、工、农、医等多个领域，收录范围主要包括欧美等地的 4000 多所大学的博士、硕士论文。

PreQuest 学位论文全文数据库是国内图书馆团购的一个全文库，其检索平台：国外学位论文中国集团全文检索平台[10]，不是由数据库商提供，而是由经销商（北京中科进出口有限责任公司）提供，相对来说，其检索等功能比较简单。PreQuest 全文库与 PQDT 相比，PQDT 的学位论文收录数量更大、检索功能强大，部分提供全文；PreQuest 全文库的学位论文收录数量较少，但全部提供全文。强烈

推荐先使用 PQDT，了解学位论文方面的研究概貌，因为每篇学位论文有一个论文编号，若需要全文，可直接用论文编号到 PreQuest 全文库查找，又快又准。

二、PreQuest 全文库检索案例

在 PQDT 已完成检索，这里来看如何在 PreQuest 全文库进行检索。

（一）选择检索字段

将检索式 **shadow education OR private tutoring** 在高级检索的不同检索字段进行检索，发现摘要字段的检索结果兼顾全面、准确（见表 7 - 13）。

表 7 - 13　同一检索式在不同字段的检索

检索字段	检索结果	查 全 查 准
所有字段	650647	全面，但不相关
标题	971	准确，但不全面
摘要	3850	兼顾全面、准确
FullText	18174	较全面，但不够相关

（二）调整检索式

检索式逻辑关系不变，加上检索算符（词组检索、截词符 *），在高级检索中，选择摘要字段作为不同检索式的同一检索字段，进行检索，发现 PreQuest 全文库不支持词组检索、截词符 *。

三、PreQuest 全文库检索方法

PreQuest 全文库提供基本检索、高级检索两种检索方式，以及

分类导航的浏览方式。基本检索、高级检索都可使用包含逻辑与、逻辑或的简单检索式。

（一）基本检索

基本检索即一框式检索，默认字段为所有字段。检索框下方有4个选项：精确检索、仅博士论文、可荐购论文、机构有全文。

（二）高级检索

高级检索提供多种检索字段：所有字段、标题、摘要、作者、导师、学校/机构、学科、ISBN、FullText、论文编号。检索框之间的逻辑关系只有逻辑与、逻辑或。

（三）分类导航

按主题、按学校分类，分别按主题、学校的字顺排列。

四、PreQuest 全文库检索技术

PreQuest 全文库的检索算符比较简单，逻辑运算只有逻辑与、逻辑或，用 **AND**、**OR** 表示，PreQuest 全文库不“认”词组检索" "、截词符 *。但注意，如果在高级检索中将 **shadow education**、**private tutoring** 分别输入两个检索框，选择逻辑或，再选检索框下面的“精确检索”，可以看到“摘要”字段的检索结果数量为 23，“所有字段”的检索结果数量为 1。这再次说明 PreQuest 全文库的检索功能较弱，不过，这个 bug 以后也许会改进。

五、PreQuest 全文库检索结果

（一）检索结果排序

检索结果可按相关性、发表年度排序，默认按相关性排序。

（二）检索结果分析

检索结果可按学科、学校/机构、语言等，进一步分析和优化。

（三）检索结果导出

检索结果可导出为参考文献格式。单篇论文，可选 GB/T 7714、Bluebook、Chicago_Turabian、MLA、AMA、APA 格式复制至 Word 文档；多篇论文，可选 RIS、EndNote、NoteExpress、BibTex 格式导出至文献管理软件。

第六节　免费学位论文网站

学位论文数据库是同学们在论文开题时，必查的一种数据库类型，但学位论文数据库的数量不像期刊数据库那么多，免费的学位论文网站就如同宝藏。这里推荐两类免费、正规、高质量、资源丰富的学位论文网站，一类是各大学自建的机构库（知识库），其中包括本校学位论文，另一类是不同来源的学位论文的整合平台。

本书会分别推荐期刊、学位论文、图书、统计数据等免费网站。免费网站很多，我们首选的是权威、可靠的网站，同时重点讲解查找免费网站的思路。其实，你不必耗费过多时间、精力去收集免费网站，也不必到处收集所谓"读研、读博必须知道的 50 个网站"那些转帖的资源，一来数量太多，二来良莠不齐，三来网址常变动导致失效。掌握查找免费网站的思路，才是更为重要的。

一、麻省理工学院（MIT）DSpace

很多高校会专门建立机构库（知识库），用于收录本校师生发表的研究成果。其中，学位论文是机构库中很重要的学术资源。机构库不同程度地向所有网民提供免费访问和下载全文。一般来说，越是名校，资源越开放，欧美很多名校的机构库都可以免费下载全文。

以麻省理工学院(MIT)为例,用学校名称(如 MIT)加上 dspace(或 theses)两个词在搜索引擎进行搜索,即可搜到高校的机构库(如 DSpace@MIT)。

DSpace@MIT 收录同行评审的学术论文、学位论文、会议论文、预印本、技术报告、图像、研究数据集等,共有 9 万多高质量作品,其中有 5 万多篇论文,被公认为世界上首屈一指的学术知识库之一,平均每月下载量超过 100 万次,中国用户对 DSpace@MIT 学位论文的浏览量和下载量位列全球第二[11]。DSpace@MIT 的学位论文包括博士论文、硕士论文、学士论文。注意:大部分学位论文数据库、大学机构库(知识库)都收录博士论文、硕士论文,不收录学士论文。DSpace@MIT 学位论文,可按分类、学位、院系、作者、题名、主题、时间等进行浏览,可一框式检索。

二、学位论文网络数字图书馆(NDLTD)

学位论文网络数字图书馆(Networked Digital Library of Theses and Dissertations, NDLTD),由学位论文国家数字图书馆(National Digital Library of Theses and Dissertations, NDLTD)演变而来,是一个致力于促进学位论文(ETD)的采用、创建、使用、传播和保存的国际组织,以促进全球知识共享。NDLTD 自 1996 年上线至今,收录 620 多万篇学位论文,部分提供全文下载[12]。NDLTD 的成员包括全球数百所大学以及合作伙伴,包括:Adobe、美国图书馆协会(American Library Association)、研究型图书馆协会(Association of Research Libraries)、网络信息联盟(Coalition for Networked Information)、联合信息服务委员会(Joint Information Services Committee)、OCLC(Online Computer Library Center)、ProQuest/UMI 和加拿大学位论文系统(Theses Canada)等。

NDLTD 的资源涵盖 40 多个国家和地区，并提供这 40 多个国家和地区的学位论文平台的链接。

NDLTD 的检索方法包括基本检索和高级检索，高级检索的检索字段包括：关键词(keyword)、主题(subject)、题名(title)、创作者(creator)、出版者(publisher)、语言(language)等字段，逻辑与、逻辑非，分别用 **AND**、**NOT** 表示。

答疑解惑

本章开头的检索提问，你知道怎么解答了吗？

Q：我想找张建卫写的《小学期家长参与及其与儿童学校适应的关系》，是 2003 年北京师范大学博士论文，发现学校图书馆购买的所有数据库里都没有这篇学位论文的全文。怎么办？

A：知网查不到，万方只有文摘没有全文。在数据库中找不到电子版时，换个思路，找图书馆馆藏。国家图书馆收录了国内比较全的博士论文，果然查到了。再通过图书馆文献传递服务，获得这篇学位论文的全文。

这个提问的收获在于，利用图书馆，不仅要利用图书馆资源(纸本资源＋电子资源)，而且要学会利用图书馆服务，如文献传递服务。

Q：如何查找本专业近 20 年的博士论文？

A：知网、万方的学位论文库并未收录国内所有的学位论文，因此除了查找知网、万方的学位论文库，还要在读秀、NSTL、国家图书馆、CALIS 学位论文数据库等进行查找。

强调：一定要记录下自己的检索步骤，不断反省总结，在点滴中积累，就能提高。

Q：纽约大学全球教育体系主要由美国本土的纽约大学、阿联酋的阿布扎比纽约大学、中国的上海纽约大学这3个“门户校园”组成。那么，如何在PQDT学位论文数据库中查找有多少篇学位论文来自美国本土的纽约大学？

A：这个提问看上去比较简单，但实际检索过程并非如此。例如，在高级检索的大学/单位（SCH）字段，输入：**New York University**，检索结果却出现了State University of New York、City University of New York等其他大学；换成词组检索，输入：**"New York University"**，又担心阿布扎比纽约大学、上海纽约大学也“混入”其中，这可怎么办？

检索要点在于选择合适的字段，以及利用数据库提供的大学/单位索引，具体步骤如下：

① 在PQDT高级检索页面，选择：大学/单位(SCH)字段；

② 点击检索字段选择框右下侧出现的：查找 大学/单位；

③ 在弹出窗口中，出现按大学/单位的名称字顺排列的索引，勾选其中的：New York University及其下属学院；

④ 点击：添加至检索条；

⑤ 点击：检索；

⑥ 得到全面、准确的检索结果。

参考文献

[1] 国家科技图书文献中心(NSTL)[EB/OL]. [2022-06-30]. https://www.nstl.gov.cn/.

[2] 中国国家图书馆·中国国家数字图书馆[EB/OL]. [2022-06-30]. http://www.nlc.cn/.

[3] CALIS学位论文中心服务系统[EB/OL]. [2022-06-30]. http://etd.calis.edu.cn/.

[4] 中国知网[EB/OL]. [2022-06-30]. http://www.cnki.net/.
[5] 中国知网.帮助中心[EB/OL]. [2022-06-30]. http://service.cnki.net/helpcenter/.
[6] 万方数据知识服务平台[EB/OL]. [2022-06-30]. http://www.wanfangdata.com.cn/.
[7] 万方数据.帮助[EB/OL]. [2022-06-30]. https://w.wanfangdata.com.cn/Help.
[8] ProQuest Dissertations & Theses Global [EB/OL]. [2022-06-30]. https://www.proquest.com/pqdtglobal/dissertations/.
[9] ProQuest | Search Tips [EB/OL]. [2022-06-30]. https://proquest.libguides.com/proquestplatform/tips.
[10] 国外学位论文中国集团全文检索平台 [EB/OL]. [2022-06-30]. https://www.pqdtcn.com/.
[11] DSpace@MIT [EB/OL]. [2022-06-30]. http://dspace.mit.edu/.
[12] NDLTD [EB/OL]. [2022-06-30]. http://www.ndltd.org/.

第八章
图书数据库

本章重点讲解如何搜索电子图书，以超星电子图书、读秀学术搜索、SpringerLink 数据库 3 个常用的图书数据库检索为主，同时也包括免费图书网站。注意：纸本图书的查找，详见第二章。

请你先“小试牛刀”：

Q：我想找杜威《民主主义与教育》的英文原版书。在 EBSCO 下载到了电子版，但是页面排版很差，只占据了左边，而且加了密码，无法打印。我也搜索了上海图书馆和本校图书馆，没发现有纸本。怎样才能找到纸质版或者电子版的这本书？

Q：我想找“社会发展的速度取决于权利和知识的结合程度”这句话的出处，但在查阅了很多文献后，一直没有结果。我是在一篇学位论文中看到这句话的，在引用时，可以标注转引自学位论文吗？

与期刊数据库、学位论文数据库相比，图书数据库的检索功能比较简单，但本章重点讲解的这几个图书数据库都有其独到之处。其实，学习检索，不怕不知道，就怕“不知道自己不知道”！

第一节 超星电子图书

一、超星的特点及其适用性

超星电子图书(简称“超星图书”)的学科范围涉及文理各学科，涵盖中图法 22 个大类。收录年份是 1949 年以来出版的图书收录比较齐全，2000 年以后出版的新书有 30 多万种，总量上百万种，每年新增图书超过 15 万种。拥有来自全国 1000 多家专业图书馆的大量珍本、善本、民国图书等稀缺文献资源[1]。

超星图书使用专用阅读器——超星阅读器来阅读全文，因此，要先在超星主页下载、安装最新版的超星阅读器，然后用阅读器打开下载的超星图书并阅读全文。超星阅读器目前有两个版本，一个是电脑端的 Windows 版，一个是手机客户端，超星阅读器暂不支持 Linux 系统或苹果机系统。

➢ Tips

超星阅读器，应在超星主页下载，不要在搜索引擎查找并下载非超星公司提供的超星阅读器，因为其不一定是正版，也不一定是最新版。

二、超星的检索案例

检索案例一：影子教育

(一) 选择检索词

知网期刊库的检索案例是查找“校外补课”的相关研究。当时，我们编写了一个看似完美的检索式，但后来才发现原来还有一个专业术语“影子教育”是之前不知道的。这个时候就急需了解影子教育是什么，因此这里选取检索词：**影子教育**。

（二）选择检索字段

将以上检索词在基本检索的书名、目录、全文字段，以及高级检索的主题字段进行检索，发现检索结果都不太相关。此外，超星的检索结果没有用一个数字来显示总数量，每次最多显示 5 页、每页最多显示 20 条，查看结果很不方便。

（三）调整检索式

检索词不变，为检索词加上英文半角双引号进行词组检索：**"影子教育"**，发现目录字段的检索结果兼顾全面、准确，可见词组检索提高了检索结果的准确度（见表 8－1）。

表 8－1　同一检索词在不同字段的检索

检索字段	检索结果	查　全　查　准
书名	0	结果为零
目录	3	兼顾全面、准确
全文	46	全面，但不够相关

（四）分析检索结果

在超星图书中的检索结果较少，并不等于相关的中文图书真的很少，在下一节的读秀学术搜索中，会找到更多的相关图书吗？

三、超星的检索方法

超星图书的检索方法有：基本检索、高级检索、分类导航。

（一）基本检索

基本检索提供 4 个检索字段：书名、作者、目录、全文。默认字段为书名字段。注意：要善用目录字段，不要仅限于书名字段，因为目录包含的内容比书名更丰富。有时用书名字段搜不到，但从目录字段可以搜到。对于图书检索来说，目录字段的检索结果兼顾全面、准确。

检索案例二：莫言

在作者字段，检索：**莫言**，检索结果为零，说明虽然超星图书的学科范围涉及文理各学科，涵盖中图法 22 个大类，但超星图书收录小说等文学作品较少。

（二）高级检索

高级检索提供 5 个检索字段：书名、作者、主题词、分类、中图分类号。检索框之间的逻辑关系是逻辑与。高级检索还可限定出版年，默认为所有年份。

一般来说，高级检索比基本检索的检索字段更多，但超星图书是一个特例（见表 8－2），基本检索常用的目录字段、全文字段，高级检索却没有；高级检索中的主题词、分类、中图分类号 3 个字段，其实不太常用。虽然在恰当的时候，可以将检索词与分类字段或中图分类号字段结合起来用，但通常情况下，在超星图书检索时，建议用基本检索。

表 8－2　超星图书的检索字段

字段名称	书名	作者	目录	全文	主题词	分类	中图分类号
基本检索	√	√	√	√			
高级检索	√	√			√	√	√

（三）分类导航

超星图书的分类浏览，按中图法分为 22 个大类，每个大类再细分。有的同学对分类不太在意，以为没什么用，但当用户对某一类书感兴趣，又不太了解具体书名的时候，分类浏览其实是一个比较好的方式，可以帮助用户了解这一类书，而不是一定要看指定的某本书。

检索案例三：人工智能

从分类导航查找有关“人工智能”的图书，逐级展开分类：工业技术—“自动化技术、计算机技术”—自动化基础理论，有上百条结果，其中包括“人工智能”的图书。有同学会问，直接在书名字段检索“人工智能”，也可以查到有关人工智能的图书，为什么要用分类的方式？这位同学说的似乎没问题，但是请注意用分类导航的方法找到如下图书：《AI创新融合》《智能+：AI赋能传统产业数字化转型》《智能算法的改进与案例分析》《AI新生》，以及《深度学习》《机器学习》等，都是与人工智能相关的，但是书名中并未出现“人工智能”这个词。由此可见，如果直接用书名检索“人工智能”，可能就会遗漏很多相关图书。

四、超星的检索技术

超星图书的检索算符很简单，逻辑关系只有逻辑与，用**AND**(或空格)表示。词组检索，用英文半角双引号" "表示。注意：超星图书不支持逻辑或、逻辑非。

五、超星的检索结果

超星图书的检索结果有4种排序方式：按出版日期降序、按出版日期升序、按书名升序、按书名降序。检索结果没有分组筛选、导出参考文献的功能，而读秀都具备这些功能(详见下一节)。

六、超星的特色功能

(一) 阅读方式

超星图书有3种阅读方式：超星阅读器阅读、PDF阅读、EPUB

阅读。可以通过这3种方式进行图书的在线阅读和下载。超星阅读器具有文字识别(OCR)、书签、标注等功能。

(二) 全文检索

超星图书,在数据库中,可进行全文检索;在下载的图书中,可在整本书中进行全文检索。部分扫描版的电子图书无全文检索功能(这类图书查找文字的按钮没有高亮显示)。

(三) 收录学科

超星图书学科范围虽然涵盖中图法22个大类,但实际上收录小说等文学作品较少,从分类导航查找小说类的图书,逐级展开分类:文学—中国文学—小说,仅有上百条结果。此外,超星图书只收录中文图书,不收录英文图书。

(四) 检索功能

超星的检索功能不强,如逻辑关系只有逻辑与,检索结果没有分组筛选、导出参考文献的功能等。建议使用读秀检索,因为超星、读秀是同一家公司的不同平台,而且,读秀的图书检索包含了超星图书。

第二节 读秀学术搜索

知网、万方和维普这三大期刊库分属3家公司,三者之间是相互竞争的关系;而超星、读秀是同一家公司的两个平台,两者之间是相互促进的关系。有同学也许有疑惑:用超星图书,可以查阅上百万种图书,为什么还要用读秀?

读秀学术搜索是全文数据库吗?

通过读秀学术搜索查看图书原文，有几种方式？

读秀学术搜索的文献传递可以获得哪些文献原文？

读秀的图书搜索与知识搜索的不同？

在使用读秀之前，请先思考以上几个问题。接下来，来看看读秀为何值得你“拥有”。

一、读秀的特点及其适用性

读秀，是一个学术搜索引擎及文献传递服务平台。读秀的图书检索的学科范围涉及文理各学科，涵盖中图法 22 个大类，提供 330 万种中文图书的全文检索、部分文献的原文试读，以及查找、获取各种类型学术文献的一站式检索[2]。

1. 读秀与超星图书。它们是超星公司的两个平台。超星图书侧重提供图书全文，属于全文数据库；读秀是学术搜索，本身不提供全文，不属于全文数据库，读秀中的有全文的图书都来自超星图书。

2. 读秀与书目系统。读秀学术搜索，不仅整合了超星图书的信息，也整合了购买读秀的图书馆的书目系统，因此，检索结果包括图书馆馆藏、电子图书等书目信息。

3. 读秀的知识搜索与图书检索。读秀学术搜索包括图书、期刊、学位论文、会议论文等多种文献类型，其中，图书资源为读秀的特色。读秀首页默认为知识搜索，是在所有文献类型中搜索，也就是多库搜索；也可以选择其中一个文献类型，如图书进行检索，也就是单库搜索。

4. 读秀与文献传递。通过读秀的“图书馆文献传递”，可以 DIY 文献传递图书章节、期刊论文和学位论文等。

➤ Tips

超星图书的定位是电子图书数据库，并提供图书全文；读秀的定位是学术搜索，并不提供图书全文，但读秀收录的图书种类更多、数量更大。

二、读秀的检索案例

检索案例一：影子教育

（一）选择检索词

与超星图书的检索需求一样，即想要了解影子教育是什么，因此这里选取检索词：**影子教育**。

（二）选择检索字段

将检索词：**影子教育**，在基本检索的不同检索字段进行检索（见表8-3），其中默认的是全部字段。

表8-3 同一检索词在不同字段的检索

检索字段	模糊匹配	精确匹配	词组检索	查全查准
全部字段	3102	20	14	全面，但不够相关
书名	9	3	3	准确，但不够全面
主题词	0	0	0	结果为零
丛书名	0	0	0	结果为零
目次	1905	9	9	兼顾全面、准确

（三）调整检索式

检索词不变，分别做两个调整，一是在结果页将系统默认的模糊匹配转换为精确匹配，二是为检索词加上半角双引号进行词组检索：**"影子教育"**，发现目次字段的检索结果兼顾全面、准确，词组检索、精确匹配提高了检索结果的准确度。

（四）筛选检索结果

在期刊数据库检索时，Q同学已经了解到提出"影子教育"这一概念和理论的是知名学者 Mark Bray，在读秀中进行词组检索：**"影子教育"**，发现检索结果中有马克·贝磊（Mark Bray）所著的中文图书《教育补习与私人教育成本》，这本书是Q同学的阅读重点。

三、读秀的检索方法

读秀的图书检索方法有：基本检索、高级检索、专业检索、分类导航。

（一）基本检索

基本检索的检索字段：全部字段、书名、作者、主题词、丛书名、目次。默认为全部字段。

➢ Tips

1. 全部字段与全文字段只有一字之差，但是两回事。什么是读秀的全部字段？就是表示书名、作者、主题词、丛书名、目次这5个字段。

2. 超星图书的基本检索提供全文字段，读秀的图书检索中的基本检索只有全部字段，没有全文字段。想进行全文检索该怎么办？读秀首页默认的知识搜索，是在所有文献类型中搜索，这时就是全文检索。但知识搜索只有基本检索，没有高级检索、专业检索，且基本检索只有默认的全文字段，没有其他字段。

3. 要善用目次字段，不要仅限于书名字段，因为目次包含的内容比书名更丰富。有时用书名字段搜不到，但从目次字段可以搜到。对于图书检索来说，目次字段的检索结果兼顾全面、准确。

检索案例二：莫言

在作者字段，检索：**莫言**，检索结果为近500条。注意：想查找的是诺贝尔文学奖获得者、作家莫言的文学作品，通过分类导航，可以筛除一些同名作者。如从分类导航查找文学作品类的图书，逐级展开分类：文学—中国文学，结果为400多条。这也说明读秀的学科范围比较全，收录小说等文学作品比较多。

（二）高级检索

高级检索的检索字段：书名、作者、主题词、出版社、ISBN、分类、中图分类号。检索框之间的逻辑关系是逻辑与。高级检索还可限定出版年，默认为所有年份。

（三）专业检索

专业检索的检索字段：T＝书名，A＝作者，K＝关键词，Y＝出版年，BKs＝丛书名，S＝摘要，BKc＝目次。读秀基本检索、高级检索、专业检索提供多个检索字段（见表8-4）。

表8-4 读秀的检索字段

字段名称	基本检索	高级检索	专业检索	字段符号
全部	√			
书名	√	√	√	T
作者	√	√	√	A
目次	√		√	BKc

续 表

字段名称	基本检索	高级检索	专业检索	字段符号
摘要			√	S
主题词	√	√		
关键词			√	K
丛书名	√		√	BKs
出版社		√		
ISBN		√		
分类		√		
中图分类号		√		
出版年		√	√	Y

➢ Tips

在读秀专业检索中有摘要字段，但在基本检索、高级检索中都没有。摘要字段，在期刊数据库和学位论文数据库中，比较兼顾全面、准确；但在图书数据库中，目录字段则是比较兼顾全面、准确的。

（四）分类导航

读秀首页默认的是知识搜索，此时没有显示分类导航。选择检索框上方的“图书”，进入读秀的图书检索，在检索框右侧就会显示“分类导航”。该分类导航与超星一样，按中图法分为 22 个大类，每个大类再细分。如，从分类导航查找小说类的图书，逐级展开分类：文学—中国文学—小说，有超过 24 万条结果。

检索案例三：人工智能

从分类导航查找有关“人工智能”的图书，逐级展开分类：工业技术—“自动化技术、计算机技术”—自动化基础理论，有近5000条结果，其中包括“人工智能”的图书。注意用分类导航的方法找到如下图书：《AI创新融合》《智能+：AI赋能传统产业数字化转型》《智能算法的改进与案例分析》《AI新生》，以及《深度学习》《机器学习》《人机界面》等，都是与人工智能相关的，但是书名并未出现“人工智能”这个词。由此可见，如果直接书名检索“人工智能”，可能就遗漏了很多书名不含“人工智能”的相关图书。

四、读秀的检索技术

读秀的检索算符主要是逻辑算符：逻辑与、逻辑或、逻辑非，用 *、+、| 表示，前后均要空格，优先运算用半角括号( )表示。词组检索，用英文半角双引号" "表示。

与期刊数据库、学位论文数据库相比，超星、读秀的检索功能比较简单。在超星、读秀的检索案例中，主要用的是基本检索。高级检索或专业检索在超星、读秀中不常用。即使这样，看上去最简单的基本检索，选择不同检索字段，也会给结果带来很大不同，所以选择合适的字段，更有利于检索结果的全面、准确。

五、读秀的检索结果

（一）检索结果排序

检索结果有多种排序方式：相关性排序、时间降序、时间升序、访问量、个人收藏量、单位收藏量、引用量、电子馆藏、本馆馆藏。默认按相关性排序。

（二）检索结果分析

检索结果可按年份、学科、作者等筛选，并进一步分析和优化检索结果（见表 8-5）。

表 8-5　分析和优化检索结果

检索结果页	显示信息	启　　发	优化检索结果
时间降序	最新的图书排在最前面	最新研究成果	新颖
时间升序	最早的图书排在最前面	最早研究成果	追根溯源
引用量	图书被引次数	图书的学术影响力	权威
年份	图书出版的年份分布	研究趋势	选题价值
学科	图书出版的学科分布	相关学科研究领域	缩小检索范围
作者	图书出版的作者分布	深入研究的作者	权威作者

（三）检索结果导出

检索结果可导出为参考文献格式。可直接导出引文格式，复制至 Word 文档；也可导出格式为：EndNote、NoteExpress、查新、自定义（ISBN、主题词、页码、中图分类号、丛书名、价格、摘要），再将引文的文档导入文献管理软件；还可导出为 XLS 格式。

（四）查看图书内容

1. 超星电子书全文：读秀本身不提供全文，但提供超星“包库全文”链接，可在线阅读或下载超星图书全文。

2. 馆藏纸本书：读秀整合图书馆书目系统，功能比书目系统更强大（如目录字段），若在检索结果标题后有"馆藏纸本"链接，可到本图书馆借阅纸本图书。

3. 读秀电子书部分章节：读秀的部分图书提供"阅读部分"链接，可显示图书的部分原文。

4. 文献传递电子书部分章节：读秀还提供文献传递服务，在图书详细信息页面有"图书馆文献传递"，可通过读秀平台进行文献传递，获得图书部分章节。

5. 免费电子书全文：若在图书详细信息页面出现门户网站链接，可在线免费阅读其他网站的电子书全文。

六、读秀的特色功能

（一）图书被引量

在读秀的检索结果页，显示了图书的引用量。也就是说，在读秀，可以查到中文图书的被引量。

（二）涵盖超星图书

读秀、超星是同一家公司的两个平台，它们的检索结果中的图书全文都指向同一数据源。

（三）与图书馆书目系统整合

图书馆购买读秀学术搜索后，读秀平台会整合图书馆书目系统，用读秀查找图书馆的纸本书，比直接用图书馆书目系统查书，检索功能更强。如读秀有目次字段，而图书馆书目系统只有书名字段，只能查找书名，无目次字段。

（四）读秀文献传递

读秀平台的文献传递，主要是图书的文献传递，也可进行期刊论文和学位论文的文献传递，如知网、万方未收录的 1960 年代的期刊论文。

1. 读秀文献传递的步骤：① 在检索结果页，点击书名，进入图书详情页面；② 点击书名下方的“图书馆文献传递”，进入“文献传递”页面；③ DIY 填写需传递的图书信息、页码(不超过 50 页)、E-mail、验证码，点击“确认提交”；④ 收到回复邮件后，按邮件提供的链接在线阅览文献。

2. 读秀文献传递的规则：读秀文献传递是提供版权范围内的文献局部使用。为了保护作者版权，文献传递的规则为，① 每本图书单次不超过 50 页，同一本图书每周的传递量不超过全书的 20%。② 传递原文有效期为 20 天；在线阅览，不提供下载。③ 读秀文献传递免费。④ 回复邮件可能会被当作未知邮件或垃圾邮件，若未收到回复，查看一下拦截邮箱或垃圾邮箱。

读秀文献传递与图书馆文献传递相比，在传递方式、传递费用、传递的文献类型、传递的文献范围、文献版权范围、文献阅读有效期等方面有差异(见表 8-6)。

表 8-6 读秀文献传递与图书馆文献传递的比较

	读秀文献传递	图书馆文献传递
传递方式	读秀平台 DIY 自助式	在图书馆文献传递系统提交申请
传递费用	免费	大部分收费，教师节等有优惠活动
传递的文献类型	图书章节、期刊论文和学位论文等	图书章节、期刊论文和学位论文等
传递的文献范围	在读秀中可查到的文献	在联合目录中查到的外馆的文献

续 表

	读秀文献传递	图书馆文献传递
文献版权范围	每本图书每次不超过 50 页，同一图书每周传递量不超过全书 20%	根据与合作图书馆的协议
文献阅读有效期	传递原文在线阅览有效期为 20 天	收到的扫描件、复印件无时间限制

➢ Tips

文献传递的前提是用户所在的图书馆没有收藏该文献（包括纸质版和电子版）。

我们来揭晓一下读秀这一节开头几个提问的答案，看看你掌握了多少。

Q：读秀学术搜索是全文数据库吗？

A：读秀学术搜索不是全文数据库，读秀的图书检索中的图书全文，是通过链接至超星提供的。

Q：通过读秀学术搜索的检索结果查看图书原文，有几种方式？

A：有 5 种方式，① 链接到超星查看电子书；② 链接到本馆书目系统查看纸质书；③ 在读秀查看图书的部分章节；④ 在读秀平台 DIY 文献传递，获得图书的部分章节；⑤ 链接至免费网站。

Q：读秀学术搜索的文献传递可以获得哪些文献原文？

A：读秀平台的文献传递可获得图书的部分章节、期刊论文、学位论文等。

Q：读秀的图书检索与知识搜索的不同？

A：读秀的图书检索，可看作单库搜索；读秀首页的知识搜索，可看作总库搜索。

第三节 SpringerLink 数据库

一、SpringerLink 的特点及其适用性

SpringerLink 是知名学术出版商施普林格·自然（Springer Nature）旗下的数据库。SpringerLink 数据库收录文献类型包含图书和期刊，收录 1815 年至今的 30 多万种图书，包括 3.3 万种会议论文集，近 7000 种丛书，1000 多种参考工具书；图书章节近 500 万篇，会议论文 130 万篇。收录 1832 年至今的 3700 多种期刊，包括近 3000 种同行评审期刊；800 多万篇期刊论文。其中包括诺贝尔奖、费尔兹奖获得者的科研成果[3]。

SpringerLink 涵盖学科：科学、技术、医学（STM），以及人文和社会科学（HSS）的所有学科领域，分为 24 个学科：生物医学（Biomedicine）、商业与管理（Business and Management）、化学（Chemistry）、计算机科学（Computer Science）、地球科学（Earth Sciences）、经济（Economics）、教育（Education）、工程（Engineering）、环境（Environment）、地理（Geography）、历史（History）、法律（Law）、生命科学（Life Sciences）、文学（Literature）、材料科学（Materials Science）、数学（Mathematics）、医学与公共卫生（Medicine & Public Health）、药学（Pharmacy）、哲学（Philosophy）、

物理（Physics）、政治学和国际关系（Political Science and International Relations）、心理学（Psychology）、社会学科（Social Science）、统计数据（Statistics）。

二、SpringerLink 检索案例

（一）选择检索词

我们继续利用检索案例“影子教育”在 SpringerLink 进行检索，已确定检索式：**shadow education OR private tutoring**。

（二）选择检索字段

将以上检索式在基本检索（默认所有字段）中进行检索，发现相比在其他期刊、学位论文的外文数据库“所有字段”检索时动辄上万、上十万的检索结果，SpringerLink 的检索结果为什么这么少？查看 SpringerLink 的使用帮助，发现是因为 SpringerLink 的逻辑优先顺序是 **OR>AND**，所以调整检索式为 **(shadow education) OR (private tutoring)**，重新在基本检索（默认所有字段）中进行检索（见表 8－7）。

表 8－7　不同检索式在同一字段的检索

检　索　式	检索结果	查全查准
shadow education OR private tutoring	6041	不全面、不相关
(shadow education) OR (private tutoring)	103676	全面，但不够相关

（三）调整检索式

检索式逻辑关系不变，加上检索算符（词组检索、截词符 *），在基本检索（默认所有字段）中进行检索，发现词组检索、截词符分别提高了检索结果的准确性、全面性（见表 8－8）。

表 8－8　不同检索式在同一字段的检索

检　索　式	检索结果	查 全 查 准
(shadow education) OR (private tutoring)	103676	全面，但不够相关
"shadow education" OR "private tutoring"	3531	较准确，但不够全面
(shadow educat*) OR (private tutor*)	134498	更全面，但不够相关
"shadow educat*" OR "private tutor*"	3682	兼顾全面、准确

（四）筛选检索结果

查看**"shadow educat*" OR "private tutor*"**的检索结果，结果默认按相关度排序，发现结果页第 5 个结果的作者，就是提出“影子教育”这一概念和理论的知名学者 Mark Bray。点击题名，进入图书章节页面，浏览文献计量指标(引用、浏览、下载等)、摘要、参考文献等。

1. 发现最新文献与最早文献。将检索结果按时间降序，可查看最新图书章节；将检索结果按时间升序，可查看最早图书章节。

2. 扩大检索范围。查看**"shadow educat*" OR "private tutor*"**的检索结果，结果默认按相关度排序，发现结果页的首页好几篇论文或图书章节的作者，都是提出“影子教育”这一概念和理论的知名学者 Mark Bray。点击题名，进入文章或图书章节页面，查看文献的计量指标(被引量、访问量、下载量等)、摘要、参考文献、作者信息、编辑信息、版权信息等；点击作者，可查看 Mark Bray 在 SpringerLink 的相关论文或图书章节(82 篇)，以及链接至 PubMed、学术搜索引擎。

3. 缩小检索范围。通过学科(Discipline)、子学科(Subdiscipline)查看论文分布在哪些学科，也就是论文从哪些学科角度来进行研究，如

education 是研究“影子教育”最多的学科，Educational Policy and Politics、International and Comparative Education、Sociology of Education 是研究最多的教育学的子学科，这对你选择从哪个学科角度研究将很有启发。

三、SpringerLink 检索方法

SpringerLink 提供检索和浏览两种查找方式，检索分为基本检索、高级检索，浏览分为学科浏览、书名浏览。

（一）基本检索

基本检索即一框式检索，默认字段为全文字段，并支持含检索算符（如逻辑算符、截词符、词组检索）的检索式。

（二）高级检索

高级检索有多个检索框，前 4 个检索框都默认全文字段，每个检索框可输入多个检索词，后两个检索框分别为题名（title）字段、作者（author）字段。每个检索框前的文字，说明框内的逻辑关系（见表 8-9）。高级检索还可限定时间范围。

表 8-9　高级检索的检索框含义

检索框前文字	含　义
with all of the words	逻辑与，不用另加 AND
with the exact phrase	词组检索，不用另加" "
with at least one of the words	逻辑或，不用另加 OR
without the words	逻辑非，不用另加 NOT
where the title contains	题名字段
where the author/editor is	作者字段

➢ Tips

一般来说，基本检索是一框式检索。当只有一个检索框时，大家都知道这一个检索框中可输入多个检索词；但有的同学一看到高级检索有多个检索框时，就误以为每个检索框中只能输入一个检索词或词组，其实，高级检索的每个检索框中也可以输入多个检索词。

（三）浏览

SpringerLink 浏览方式包括学科浏览、书名浏览，分别按学科字顺排列、按书名字顺排列。

四、SpringerLink 检索技术

SpringerLink 检索算符包括逻辑算符、词组检索、截词符等（见表 8－10）。逻辑算符：逻辑与、逻辑或、逻辑非，用 **AND**（或 **&** 或空格）、**OR**（或 | ）、**NOT** 表示，前后均要空格，优先顺序：**NOT**＞**OR**＞**AND**。因为默认是 **OR**＞**AND**，所以逻辑或，不需要再另加括号来表示优先顺序。若要改变优先顺序，如要使逻辑与优先，则使用英文半角圆括号( )表示。词组检索，可缩小检索范围，用英文半角双引号" "表示。截词符，可扩展检索范围，用 * 或？表示。智能扩展检索，如搜索：**running**，检索结果包含 running、runner、run、ran 等。

表 8－10 SpringerLink 检索算符

算 符	含 义	举 例
*	无限截词符，代表 0—n 个字符，包括一个词根的所有形式	**key*** 可检索到 key、keying、keyhole、keyboard 等
?	有限截词符，代表 1 个字符	**hea?** 可检索到 head、heat、heal 等

续 表

算 符	含 义	举 例
" "	词组检索，表示引号内为词组，词组作为一个整体不可拆分，且词序保持不变	**"global warming"**作为一个整体出现，且词序保持不变
NEAR/n	位置算符，表示两个检索词间隔n个词，不写数字则默认为10，词序可以互换	**information NEAR/4 systems** 表示两个检索词间隔4个词，词序可以互换 **system NEAR testing** 表示两个检索词间隔10个词，词序可以互换
ONRAR	位置算符，表示两个检索词间隔10个词，词序不可互换	**system ONEAR testing** 表示两个检索词间隔10个词，词序不可互换

➢ Tips

逻辑算符，不仅中文、外文数据库各有不同，而且对于大小写的要求也有不同，注意不要混淆。一个化繁为简的记忆方式，就是外文数据库的逻辑与、逻辑或、逻辑非，用大写 **AND**、**OR**、**NOT** 表示。

特别注意，大部分数据库的优先顺序是 **AND** > **OR**，但 SpringerLink 是特例，默认 **OR**>**AND**，所以逻辑或，不需要再另加括号。如输入检索式：

shadow education OR private tutoring

大部分数据库默认为：

(shadow AND education) OR (private AND tutoring)

但 SpringerLink 默认为：

shadow AND (education OR private) AND tutoring

而 Q 同学实际上想要 **AND>OR**，因此在 SpringerLink 中，要将检索式修改为：

(shadow education) OR (private tutoring)

当进行词组检索时，词组已经作为一个整体出现，所以不用括号：

"shadow education" OR "private tutoring"

五、SpringerLink 检索结果

在 SpringerLink 检索时，是同时检索图书和期刊，在检索结果页的内容类型(Content Type)，可按图书章节(Chapter)、图书(Book)、期刊论文(Article)等，筛选来自图书或期刊的检索结果。

(一) 检索结果排序

SpringerLink 有 3 种排序方式：按相关度(Relevance)、时间降序(Newest First)、时间升序(Oldest First)。默认按相关度排序。

(二) 检索结果分析

检索结果可按内容类型(Content Type)、学科(Discipline)、子学科(Subdiscipline)、语言(Language)筛选，并进一步分析和优化检索结果(见表 8－11)。

表 8-11 分析和优化检索结果

检索结果页	显示信息	启发	优化检索结果
时间降序	最新的文献排在最前面	最新研究成果	新颖
时间升序	最早的文献排在最前面	最早研究成果	追根溯源
计量指标(Metrics)	文献的计量指标	文献的学术影响力	权威文献
学科	文献的学科分布	相关学科研究	缩小检索范围

（三）检索结果导出

检索结果可导出为参考文献格式。选择导出的格式：RIS(适用于 Papers、Reference Manager、RefWorks、Zotero 等)、.ENW(适用于 EndNote)、.BIB(适用于 BibTeX、JabRef、Mendeley 等)，再将引文的文档导入文献管理软件。

六、SpringerLink 特色功能

（一）计量指标

检索结果的文献详细信息页面，显示 SpringerLink 文献的计量指标(Metrics)，包括图书、图书章节或论文的被引量、访问量、关注量(社交媒体、维基百科、文献管理软件等)等。

一篇新发表的论文或图书，通常还不能从引用量来判断其学术影响力，因为引用次数的出现，需要比较长的时间，即新发表论文或图书—被阅读—对其他研究者有启发—他人写论文或图书并引用—又一篇新论文或图书发表时显示一次引用。因此，新发表论文或图

书在社交媒体的关注量等，可比引用量更快地反映出该文献学术影响力。

（二）SpringerLink 开放获取图书

Springer Nature 出版的开放获取（OA）图书、图书章节，用户都可以免费在线浏览[4]。OA 图书涵盖学科：科学、技术、医学（STM），以及人文和社会科学（HSS）的所有学科领域。Springer Nature 出版的所有图书中，与非 OA 图书相比，OA 学术图书、图书章节平均下载量增加 10 倍，引用次数增加 2.4 倍，在线浏览次数增加 10 倍。OA 图书拥有更多样化的读者群，平均涵盖的国家比非 OA 图书多 61%。

（三）诺贝尔奖获得者的研究成果

SpringerLink 收录的图书和期刊包括很多科学家的科研成果，在每年诺贝尔奖颁布之后，施普林格·自然（Springer Nature）会将当年诺贝尔奖获得者的最常被引用的科研成果，开放给所有用户，限时提供免费访问、下载全文。

第四节 免费图书网站

如果你所在的图书馆购买的图书数据库不够多，不用担心，国家图书馆、上海图书馆、浙江图书馆等都购买了常用的外文图书数据库，如 ScienceDirect books、Oxford Scholarship Online、Wiley online books、EBSCO eBook Collection（包括有声书）等，只要成为其中一个图书馆的读者，就可以免费使用这些数据库（详见第四章）。本章讲解的是图书数据库，因此本节先推荐一个国家图书馆、上海图书馆都已购买的数据库：皮书数据库，再推荐 3 个免费、正规、高质量、资源丰富的图书网站。

一、皮书数据库

皮书系列是社会科学文献出版社出版的蓝皮书、绿皮书、黄皮书等连续性年度专题研究报告的统称。皮书系列自1996年至今累计出版3000多种，聚合权威专家学者的研究力量，以客观专业的视角，连续对当下中国的发展状况和热点问题进行年度分析预测，研究内容主要涉及经济、社会政法、文化传媒、地方发展、行业、国际问题六大类。

皮书数据库以皮书系列为基础，全面整合了分析解读当下中国发展变迁的专业著作、智库报告、学术资讯、调研数据等。皮书数据库内容涵盖80余个国家、30个国际区域及国际组织，以及中国的28个省级行政区、20个区域经济体、200个地级及以上行政区，覆盖100多个行业、179个二级学科[5]。皮书系列包括：① 6个基本子库，中国社会发展数据库、中国经济发展数据库、中国行业发展数据库、中国区域发展数据库、中国文化传媒数据库、世界经济与国际关系数据库；② 特色专题库，互联网金融、全球网络治理、庆祝改革开放40周年、社会救助、中国应急管理、邮轮产业、旅游、依法治国与法治中国、金砖国家、中国竞争力、中国国家安全等；③ 皮书数据资源，指数库、图表库，皮书作者、皮书机构、皮书内容动态、皮书发布会信息等；④ 学术共同体。

皮书数据库有3种检索方法：基本检索、高级检索、专业检索。基本检索的检索字段：全文（默认）、主题、作者、摘要、关键词、中图分类；高级检索的检索字段：全文、标题、作者/机构、关键词、主题词、摘要、中图分类号；专业检索的检索字段：SU＝标题、KY＝关键词、AB＝摘要、FT＝全文、AU＝作者。逻辑与，用 **AND** 或＋表示；

逻辑或,用 **OR** 或 | 表示;逻辑非,用 **NOT** 或一表示。检索结果可按中图分类法、资源类型进行筛选;可按相关度、出版时间、更新时间进行排序;可按学科、地区、年代、作者、行业进行浏览。

二、中国哲学书电子化计划

中国哲学书电子化计划[6],于 2006 年上线,是一个在线开放的电子图书馆,为中外学者提供中国历代传世文献,已收藏超过 3 万部著作,共有 50 亿字之多。网站的创始人和维护者为英国杜伦大学计算机科学系的 Dr. Donald Sturgeon,他的主要研究领域为数字人文,并且致力于中国古代文学和语言的应用研究。网站的检索方法包括分类浏览和高级检索,分类是按朝代分类,高级检索提供了使用说明。网站上所有资料以及全文等均为免费,网站页面有中文简体、中文繁体及英文版。注册免费账户,即可使用更多功能以及下载文档。如果官网无法正常访问,中国大陆地区用户可通过备用网址 https://ctext. cn 访问。检索结果提供中英文对照。

三、美国国家科学院出版社(NAP)

美国国家科学院出版社(The National Academies Press, NAP)[7]出版美国国家科学院、工程院和医学院的报告,NAP 官网提供一万多种原版书免费下载。NAP 官网的检索方法包括基本检索(Search)、主题浏览(Browse by topic)。基本检索可按题名(title)、主题(topic)、ISBN、DOI 进行检索。主题浏览可按主题、子主题浏览图书,每个主题、子主题页面按时间排序,最新的图书排在最前面;可在主题、子主题内进行检索。主题页面还列出了最近 7 天该主题下载次数最多的图书。

四、古腾堡计划(Project Gutenberg)

古腾堡计划(Project Gutenberg)[8]是一个免费电子书的在线图书馆，提供6万多种原版书免费下载。不需要任何注册登录，电脑端、移动端(手机、Pad、Kindle等)都可以访问。古腾堡计划的检索方法包括快速检索(Quick search)、高级检索(Advanced search)、浏览(Browsing options)、全文检索(Full text search)。快速检索支持含逻辑算符的检索式：逻辑与，用空格表示；逻辑或，用 | 表示；逻辑非，用!表示。高级检索的检索字段：作者(Author)、题名(Title)、主题(Subject)、语言(Language)、文献类型(Category)、分类(LoCC)、文档类型(Filetype)。浏览选项可按作者、题名、最受欢迎图书等方式浏览图书。

答疑解惑

本章开头的检索提问，你知道怎么解答了吗？

Q：我想找杜威《民主主义与教育》的英文原版书。在EBSCO下载到了电子版，但是页面排版很差，只占据了左边，而且加了密码，无法打印。我也搜索了上海图书馆和本校图书馆，没发现有纸本。怎样才能找到纸质版或者电子版的这本书？

A：在古腾堡计划(Project Gutenberg)网站，用作者John Dewey、书名*Democracy and Education*进行检索，可找到这本书的电子版全文[9]。

Q：我想找"社会发展的速度取决于权力和知识的结合程度"这句话的出处，但在查阅了很多文献后，一直没有结果。我是在一篇学位论文中看到这句话的，在引用时，可以标注转引自学位论文吗？

A：较早的论文，有的引用不够规范，这篇学位论文给这句话加引号进行了直接引用，但没有标注出处。提问者如果也要引用这句话，应该找到原始出处，而不要标注转引自学位论文。查找步骤如下。① 数据库。由于不了解这句话是出自论文还是图书，因此选择包括多种文献类型的数据库，先在知网进行全文检索，没找到；再到读秀进行全文检索，找到线索，在张人杰教授主编的《国外教育社会学基本文选 修订版》中，《英才治国与平等》一文提及这句话出自社会学家迈克尔·扬(Michael Young)《治国英才的崛起》一书。但该“文选”中的这篇文章也不是原始出处。继续在读秀查找《治国英才的崛起》一书，没找到。② 书目系统。在本校、国家图书馆、上海图书馆的书目系统，查找《治国英才的崛起》一书，没找到。③ 搜索引擎。由于不确定《治国英才的崛起》一书是否有中文译本，换个思路，找英文版。通过搜索引擎发现，这本书还有其他中文译名：《优绩主义的兴起》《精英体制的兴起》《精英统治的崛起》等，再到国家图书馆、上海图书馆的书目系统进行检索，没找到。继续用搜索引擎，由多个中文译名查找到这本书的英文书名 *The Rise of the Meritocracy: 1870－2033*。④ 图书数据库。在几个外文图书数据库进行检索，没找到该书电子版。⑤ 在本校、国家图书馆、上海图书馆的书目系统，查找 *The Rise of the Meritocracy: 1870－2033* 一书，本校、国家图书馆都有该书纸质版，终于找到这句话的原始出处。

这个提问，解锁答案的关键是，综合利用中外数据库、书目系统、搜索引擎。

参考文献

[1] 超星汇雅电子图书. 使用帮助[EB/OL]. [2022－06－30]. https://www.sslibrary.com/help/index.

[2] 读秀学术搜索.使用帮助[EB/OL]. [2022-06-30]. http://www.duxiu.com/help/help.html.

[3] SpringerLink [EB/OL]. [2022-06-30]. https://link.springer.com/.

[4] Publish open access with Springer [EB/OL]. [2022-06-30]. https://www.springer.com/gb/open-access.

[5] 皮书数据库[EB/OL]. [2022-06-30]. https://www.pishu.cn/.

[6] 中国哲学书电子化计划[EB/OL]. [2022-06-30]. http://ctext.org/zhs.

[7] The National Academies Press [EB/OL]. [2022-06-30]. https://nap.nationalacademies.org/.

[8] Project Gutenberg [EB/OL]. [2022-06-30]. http://www.gutenberg.org/.

[9] Dewey J. Democracy and Education [B/OL]. [2022-06-30]. http://www.gutenberg.org/files/852/852-h/852-h.htm.

第九章
学位论文开题的文献调研——乐谱案例

准备学位论文开题时，我们首先会从自己的兴趣或者实际研究需要出发，规划大致的研究方向。由于所有研究都要建立在前人研究成果的基础上，所以接下来就要对既有研究成果和研究现状进行文献调研和综述。一方面可以避免重复研究，保证选题的新颖性，另一方面也是对研究方向可行性的初步考察，是否要调整研究方向，或者进一步缩小或扩大研究范围，对于论文开题是否成功，以及之后论文的撰写来说都至关重要。

那么在论文开题过程中，你产生过以下困惑和烦恼吗：

学位论文开题时，要到哪里去找资料？

“知网一下”就够了吗？

论文开题就只是利用图书馆的数据库？

外文文献要到国外找？

版权意识重要吗？

文献调研是学位论文撰写、课题立项等科研过程中非常重要的一个环节，也许你听说过文献调研的流程，但又属于理论上知道，做起来却束手无策，亟须实际操作的指导。本章通过真实案例，即一位同学历时 3 个半月查找乐谱的过程，一步一步教你怎样做好论文开题的文献调研。从论文选题、信息需求分析、检索思路、学生感受层层剖析，带你了解论文开题文献调研的全过程。同时，你也可以将这个案例当作一次实战操作，在熟读前面章节的基础上，可以跟着这位同学，验证一下自己是否真的掌握了文献调研的方法。本章最后梳理了文献调研的查找思路，总结了数据库检索的要诀，以及文献调研过程中需要注重的遵守版权规定、遵守学术规范，以便让你更好地借鉴到自己开题时的文献调研中。

第一节　论文选题

一、论文选题

音乐专业的研究生 S 同学，为学位论文开题收集相关资料，结合自己的兴趣确定了论文选题的初步设想：Aaron Avshalomov 的音乐剧 *The Great Wall* 的乐谱研究。

（S 同学研一时选修了信息检索课程，笔者是她的信息检索课程的老师。S 同学在研二时开题，在笔者的指导下，完成了开题的文献调研，以下提到的老师即为笔者。）

二、文献调研的重点和难点

作曲家 Aaron Avshalomov 创作了大量音乐作品，S 同学选取其中的音乐剧 *The Great Wall*（《孟姜女》）的乐谱进行研究，因为这部音乐剧是 Aaron Avshalomov 的代表作之一。文献调研的重点首先是音乐剧 *The Great Wall* 的乐谱。同时，S 同学还想了解 Aaron

Avshalomov 的生平，从他在中国从事音乐创作的历程，研究音乐剧 *The Great Wall* 的创作背景，但 S 同学不清楚是否有 Aaron Avshalomov 的传记，更不用说传记的书名了（想想看：不知道书名怎么找书？）。因此，文献调研的重点有 3 个：

其一是音乐剧 *The Great Wall* 的乐谱；

其二是 Aaron Avshalomov 的传记；

其三是作曲家 Aaron Avshalomov、音乐剧 *The Great Wall* 的相关研究。

图 9-1 作曲家 Aaron Avshalomov[1]

确定了文献调研的重点，老师也和 S 同学一起分析了文献调研的难点：Aaron Avshalomov 是俄罗斯人，在中国生活了 30 年左右，创作了中国题材的音乐剧 *The Great Wall*。那么，要找的主要文献是中文文献还是俄文文献？是否有相关的英文文献？

看到这里，爱思考的你，想到什么检索思路呢？

第二节 检索思路

从哪里开始第一步？——文献调研去哪儿找

本书第一章就提到了学术搜索、文献调研的就近原则，一个是网络便利上的“近”：网络就在身边，先从网络免费资源开始查找；一个是地理位置上的“近”：先从身边的图书馆开始查找。

一、网络免费资源

与大多数学生的习惯一样，S 同学最初的查找是从搜索引擎开始的，但是，面对大量相关或不相关的信息，犹如大海捞针，也让 S 同学很迷茫。

老师建议 S 同学：

搜索网络百科，了解 Aaron Avshalomov 的简略生平，网络百科如果有参考文献，也是很好的线索；

进行图书搜索，看看是否有 Aaron Avshalomov 的传记或相关图书。

S 同学很快找到了想要的结果：

从网络百科，搜索到 Aaron Avshalomov 的词条，虽然比较简单，但也了解到一点基本信息；

从图书搜索，确认了有 Aaron Avshalomov 的传记，是由 Aaron Avshalomov 和儿子 Jacob Avshalomov① 共同完成的 *Avshalomovs' Winding Way: Composers Out of China — A Chronicle*[2]，但从网上无法查看传记的内容。哪里可以找到这本传记呢？

从孔夫子旧书网、淘宝网，搜索到了《孟姜女》的剧目单，是一位古玩爱好者的收藏，S 同学毫不犹豫地买了下来。

二、国内图书馆与相关机构

（一）本校图书馆

与很多学生的习惯一样，S 同学一想到图书馆，第一时间想到的就是纸本资源。S 同学所在学校的图书馆，收藏文献的学科范围涵

---

① Jacob Avshalomov(1919—2013)，作曲家，出生于中国，后定居美国，曾任教于哥伦比亚大学、伊利诺伊大学、阿斯本音乐学院等，曾担任波兰青年管弦乐团指挥。

图 9-2 传记 *Avshalomovs' Winding Way* 封面

盖人文科学、社会科学、自然科学与应用技术等学科领域，尤以教育学、地理学、文史哲等学校重点学科领域的文献见长，艺术、音乐类的文献不是馆藏的重点，收藏并不是太丰富，检索了学校图书馆的书目系统之后，S 同学没有找到 Aaron Avshalomov 的传记和乐谱。

老师建议 S 同学：

检索图书馆购买的数据库，看看国内外是否有 Aaron Avshalomov 及其音乐作品的相关研究，找一两个数据库是不够的，至少要查 3 种文献类型的数据库，即期刊数据库（详见第五章、第六章)、学位论文数据库(详见第七章)、图书数据库(详见第八章),尤其是要检索中外文的学位论文数据库,以确定学位论文选题的新颖性。

老师指导S同学检索了以上3类数据库,发现没有相关的学位论文、图书以及图书章节,只找到几篇中文期刊论文,其中有一篇具有参考价值的期刊论文:许步曾先生的《记俄罗斯犹太作曲家阿甫夏洛穆夫》[3],该文主要介绍了Aaron Avshalomov在中国的音乐历程,从中寻找到不少线索。

乐坛纪事 EVENTS

记俄罗斯犹太作曲家阿甫夏洛穆夫

阿龙·阿甫夏洛穆夫，亦称阿父·夏洛穆夫（Aaron Avshalomov，亦拼作Avshalomoff，1894－1965）是一位毕生为中国民族音乐贡献力量的俄罗斯犹太作曲家。 ■许步曾

图9-3 论文《记俄罗斯犹太作曲家阿甫夏洛穆夫》

对大部分学科的同学来说,全面查找学校图书馆的纸本资源和数据库之后,已经可以完成文献调研的主要部分;而对音乐专业的S同学来说,检索到的相关信息很少,文献调研的重点即乐谱和传记还未找到,下一步到哪里去找呢?

（二）上海图书馆

S同学的学校在上海，查找了学校图书馆之后，“就近”去上海图书馆查找。

由于不少民国时期的资料，可能还没有进入图书馆的书目系统，S同学实地到上海图书馆进行查找。

在上海图书馆的近代文献阅览室，从民国时期的一些报纸、期刊上，S同学找到不少1945年的关于音乐剧 *The Great Wall*（《孟姜女》）公演的报道和评论。例如：《孟姜女》于1945年11月25日在兰心大戏院首演（1945年8月抗战胜利），首演当日的《时代日报》刊登了梅兰芳、夏衍、周信芳、傅雷等34位文化名人共同署名撰写的《上海文化界推荐〈孟姜女〉》，编剧贺一青（本名：姜椿芳）撰写的《中国第一部乐剧〈孟姜女〉公演》。

S同学还找到了一张上海百代公司唱片封套，写有：义勇军进行曲，聂耳曲，夏亚夫和声配乐。夏亚夫是 Aaron Avshalomov 在民国时期的中文名字，电影《风云儿女》主题曲《义勇军进行曲》最早的配器者。

即使还没有找到最核心的 *The Great Wall*（《孟姜女》）的乐谱，但从所查到的资料获知，*The Great Wall*（《孟姜女》）1945—1946年的公演引起非同凡响的轰动，这让S同学坚定了继续查找该乐谱的决心。

令S同学很开心的是，上海图书馆的老师，不仅很热心帮着找资料，而且建议S同学去上海市档案馆、上海市地方志办公室找找看，还详细地告之乘车路线等（当年智能手机还未普及，还没有地图 App）。

（三）上海档案馆等相关机构

上海图书馆老师的建议，让S同学又看到了希望，兴致勃勃地赶往上海市档案馆、上海市地方志办公室。但很遗憾的是，在上海市档

图 9－4　上海百代公司唱片《义勇军进行曲》

案馆、上海市地方志办公室，一无所获。

由于音乐剧 *The Great Wall*（《孟姜女》）1945 年 11 月曾在兰心大戏院公演了十几场，于是 S 同学又到了兰心大戏院，可是依然没有收获。

此时的 S 同学比较郁闷，如果找不到乐谱，学位论文就要面临换题的苦恼了。连上海图书馆这样的大馆都找不到，还能到哪里去找？

老师的指导和鼓励使 S 同学又燃起了信心，重新踏上寻找作曲家 Aaron Avshalomov 的传记与乐谱之路。

（四）专业院校图书馆

音乐剧 *The Great Wall*（《孟姜女》）这个选题，从学科角度看，与戏剧、音乐相关，因此，老师建议S同学：到戏剧、音乐的专业院校图书馆查找乐谱。

上海戏剧学院图书馆、上海音乐学院图书馆，属于专业院校图书馆。一些学科性很强的文献，综合性的大型图书馆不一定有收藏，专业院校图书馆可能有收藏。

高校图书馆的服务对象以本校师生为主，而且S同学的学校图书馆未与这两个图书馆建立文献传递的合作协议关系，还好老师的一位同事热心帮忙，事先联系好了这两个图书馆的相关老师，S同学作为外校学生受到了款待。很幸运，在上海音乐学院图书馆找到了Aaron Avshalomov在中国创作的大部分音乐作品的乐谱，可是音乐剧 *The Great Wall*（《孟姜女》）的乐谱却偏偏不见踪影。

（五）国家图书馆

S同学再次遭受重创，差点失去了信心，到底还要不要继续找呢，S同学又开始给自己打气：找乐谱没有方向的时候，再去找老师请教！

老师建议S同学：

在继续检索了几个大型图书馆的书目系统，以及几个主要的联合目录之后，确认国内没有Aaron Avshalomov的传记、音乐剧 *The Great Wall*（《孟姜女》）的乐谱。

至此，主要是利用图书馆资源找了个遍，但还是找不到，看似这条路走不通了。其实，我们还要学会利用图书馆服务，比如，尝试通过图书馆的文献传递服务（详见第二章），经由国内图书馆，看看是否能从国外获得Aaron Avshalomov的传记与乐谱。

利用图书馆服务，同样遵循就近原则。① 本校图书馆。S同学先现场咨询了学校图书馆的文献传递，得知学校较少直接与国外图书馆建立文献传递的合作协议关系。② 上海图书馆。S同学又电话咨询了上海图书馆的文献提供中心，被告知其国外协议馆中，没有收藏 Aaron Avshalomov 的传记和乐谱的。③ 国家图书馆。最后 S 同学邮件咨询了国家图书馆，因为国家图书馆是在国内图书馆中与国外图书馆建立合作关系最多的。

S 同学通过 E-mail 咨询国家图书馆的文献传递部门，多次 E-mail 来往，国家图书馆答应先提供传记的文献传递服务，一个半月后拿到传记的复印件。这对 S 同学来说，宛如打了一针强心剂，继续加油呀！

由于乐谱涉及版权问题，需要先获得作曲家的家属进行版权授权，国家图书馆才有可能进行文献传递。

至此的检索思路小结，见图 9－5。接下来去哪里查？

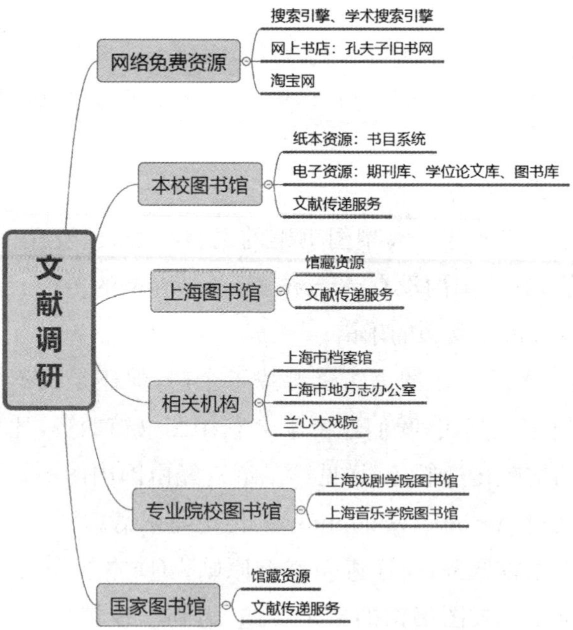

图 9－5　国内文献调研的检索思路小结

三、国外图书馆与相关个人、机构

如何获得作曲家家属的版权授权？S 同学又一次带着疑问来找老师。

老师建议 S 同学：

利用国内图书馆的资源和服务，似乎已经穷尽了，可以将眼光投向国外图书馆试试。

S 同学比较疑惑，难道要拜托国外留学的同学到当地的图书馆去找？

老师向 S 同学推荐了 WorldCat 全球书目，追寻音乐剧 *The Great Wall*（《孟姜女》）乐谱的踪迹。

检索 WorldCat 全球书目，终于眼睛一亮：美国的 New York Public Library 收藏了 Aaron Avshalomov 的作品选，Free Library of Philadelphia 收藏了 *The Great Wall*（《孟姜女》）的乐谱。因为知道乐谱有版权问题，老师建议 S 同学先咨询这两个图书馆。

➢ Tips

WorldCat 全球书目是全球最大的图书馆联合目录系统，包含 OCLC 近 2 万家成员馆书目记录和馆藏信息。从 1971 年建库至今，共收录有 480 多种语言总计 5 亿多条独一无二的书目记录、40 亿多条馆藏记录。基本上反映了自公元前 4800 年至今世界范围内的图书馆所拥有的文献资源，文献类型包括图书、期刊报纸、地图、乐谱、视频、手稿与网络资源等[4]。用户可以在 WorldCat 全球书目查找世界各地图书馆的馆藏信息，上海图书馆购买了 WorldCat 全球书目，只要成为上海图书馆的读者（详见第四章），就可以远程访问 WorldCat 全球书目。

（一）New York Public Library

S同学通过纽约公共图书馆(New York Public Library)官网的在线咨询和E-mail咨询，很快得到答复：New York Public Library只收藏了剧本，没有乐谱。咨询馆员还热心推荐Aaron Avshalomov的相关馆藏：演出说明书、由Aaron Avshalomov及其儿子撰写的传记等，并推荐Free Library of Philadelphia等图书馆有*The Great Wall*(《孟姜女》)乐谱的原稿，还提供了链接，以便于S同学E-mail联系。

虽然，以上大部分信息，S同学已通过检索WorldCat全球书目获知，但是咨询后得到了进一步确定，如同吃了定心丸。咨询馆员的耐心和热心，也让S同学如沐春风，增强了信心。

（二）Free Library of Philadelphia

S同学通过费城自由图书馆(Free Library of Philadelphia)官网的E-mail咨询，同样很快得到答复：不仅确认该馆收藏了音乐剧*The Great Wall*(《孟姜女》)乐谱，还推荐了该馆没有收藏的Aaron Avshalomov相关资料，并提供链接或收藏馆名称，例如对于那本传记，竟然推荐了一大串图书馆名单。S同学再次感受到了胜利的曙光。

得到专业又热情的咨询答复同时，相关图书馆也重申了版权保护的重要性。咨询馆员强调，音乐剧*The Great Wall*(《孟姜女》)乐谱目前还在版权期内，必须征得作曲家家属的同意才能复印。

小插曲

寻寻觅觅，终于在太平洋彼岸找到了乐谱，S同学高兴得飞起来！心情迫切的S同学，太想早一点看到乐谱，紧急联系正在美国访学的朋友，实地到Free Library of Philadelphia去复印乐谱。

该朋友专程飞到 Free Library of Philadelphia，图书馆同意当场浏览，但因版权问题，不可全文复印，只允许封面和目录的拍照。图书馆再次强调，须征得作曲家家属的同意，才可复印乐谱。

（三）Jacob Avshalomov

到哪里去找作曲家家属？S 同学搜索之后发现，Aaron Avshalomov 的儿子 Jacob 和两个孙子 David 和 Daniel 也从事作曲、指挥等音乐工作[5]。而且，Jacob Avshalomov 在这个音乐世家中造诣最深。

图 9－6　《阿甫夏洛穆夫一家三代》CD 封套

S 同学在老师指导下，搜索到了 Jacob Avshalomov 的官网。S 同学按捺不住激动的心情，通过 E-mail 联系 Jacob，请求 Jacob 同意复制音乐剧 *The Great Wall*（《孟姜女》）乐谱。

了解到S同学找乐谱是为了学习和研究，90岁高龄的Jacob很快回复了邮件，不仅耐心地回答了S同学的一些疑问，爽快同意复制乐谱（不收取版权费），还热心向S同学推荐说乐谱的原稿在The American Composers Alliance也有收藏，而且复制的费用，The American Composers Alliance比Free Library of Philadelphia更优惠（Jacob还想到帮助身为在校学生的S同学省钱！）

Jacob不仅主动联系The American Composers Alliance说明S同学的需求，并为S同学提供了E-mail联系方式。更没想到的是，Jacob还将老朋友许步曾先生的住址告诉了S同学，S同学几乎是欣喜若狂了。

（四）许步曾先生

许步曾先生是Jacob Avshalomov的老朋友，又是《记俄罗斯犹太作曲家阿甫夏洛穆夫》一文的作者（还记得一开始找到的那篇中文期刊论文吗？），对Aaron Avshalomov及其音乐作品有比较全面的研究。通过Jacob的推荐，S同学专程去拜访了居住在上海的许步曾先生，并得到了老先生赠送的演出说明书，以及Jacob在纪念Aaron Avshalomov九十诞辰活动上的演讲稿，这些是S同学想都没有想到的"宝贝"。

Aaron Avshalomov在演出说明书中的一段话，突显了Aaron Avshalomov超前地意识到了中国传统音乐的价值，致力于"要使中国民族音乐现代化"：

> 如果分析《孟姜女》中的音乐结构，有人也许会发现内中也含着中国固有的主题和乐句，但是这些主题都是用和声和交响乐的色调加以发展和丰富了。
>
> 我希望我的实验能激起中国青年音乐家们的密切注意。他们是和自己祖国的音乐的前途相联系在一起的。我希望他们不

要盲目摹仿西方艺术而要回过头来注意东方。

这更让S同学感受到自己坚持查找乐谱的意义。

（五）The American Composers Alliance

有了Jacob的推荐，通过E-mail联系，美国作曲家联盟（The American Composers Alliance）帮S同学圆了梦，他们以比图书馆更优惠的价格，提供了*The Great Wall*（《孟姜女》）乐谱的复制件，而且为使S同学对该音乐剧有更深入的了解，还主动将*The Great Wall*

图9-7　音乐剧《孟姜女》宣传海报[6]

(《孟姜女》)剧本的扫描件用 E-mail 免费发给了 S 同学！S 同学惊呼："天上真的掉馅饼啦！"

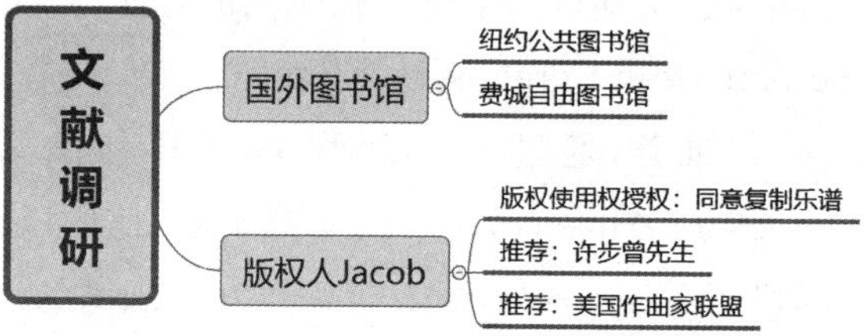

图 9－8　国外文献调研的检索思路小结

第三节　学 生 感 受

一、当事学生感受

图书馆、网络、人的帮助，一个都不能少。

(一) 网络不能少

网络不能少，这是高校学生平时学习和生活就会有的感受。从 S 同学的查找过程中，我们更是感受到了网络的优势：

从网络百科，获得了有关 Aaron Avshalomov 的线索；

从图书搜索，确认了 Aaron Avshalomov 传记的书名；

从孔夫子旧书网、淘宝网，买到了《孟姜女》的剧目单；

从 Jacob Avshalomov 的官方网站，联系上了 Aaron Avshalomov 的儿子 Jacob，只有得到 Jacob 的认可，才能够获取 *The Great Wall* (《孟姜女》)乐谱的复印件。

(二) 图书馆不能少

图书馆不能少，这可能是不少学生想不到的。S 同学的查找经历，充分说明了图书馆的不可或缺：

从学校图书馆的数据库，找到了论文《记俄罗斯犹太作曲家阿甫夏洛穆夫》；

从上海图书馆，找到不少 1945—1946 年的关于音乐剧 *The Great Wall*（《孟姜女》）公演的报道和评论；

从上海音乐学院图书馆，找到 Aaron Avshalomov 在中国创作的大部分音乐作品的乐谱；

从国家图书馆，通过文献传递，获得了 Aaron Avshalomov 传记的复印本；

从 WorldCat、New York Public Library、Free Library of Philadelphia，获得了 Aaron Avshalomov 的很多相关信息，找到了收藏有 Aaron Avshalomov 传记、*The Great Wall*（《孟姜女》）乐谱的图书馆。

（三）来自人的帮助不能少

S 同学作为一个在校学生，不仅没有因学生身份导致被忽视，反而因此受到重视，也凸显了人的关键作用：

信息检索课程老师的帮助，S 同学在长达三四个月的寻找过程中，一次次从希望到失望，再一次次峰回路转，这个过程中一直伴随着老师的指导和鼓励；

来自国内多个图书馆，包括学校图书馆、上海图书馆、上海音乐学院图书馆、国家图书馆等多位老师的帮助；

来自大洋彼岸的帮助，美国的图书馆 New York Public Library 和 Free Library of Philadelphia 的咨询馆员、The American Composers Alliance 的工作人员、Aaron Avshalomov 的儿子 Jacob 以及许步曾先生——未曾谋面的、登门拜访的，不仅有帮助，更传递着温暖。

正因为S同学遵守版权规定[7-9]，即复制乐谱全文须得到作曲者家属的同意，不懈努力地联系 Jacob 获得授权，她才因此收获了更多帮助，甚至还有 Jacob 帮忙联系更优惠的乐谱复制渠道（可谓意外之喜），并得以拜访许步曾先生，获赠宝贵的研究文献，事半功倍。

二、听课学生感受

是什么支撑S同学坚持3个半月锲而不舍地查找乐谱？

热爱、坚持、能力、版权意识，一个都不能少：

对选题的热爱不能少，兴趣是最好的老师；

对选题的坚持不能少，因为热爱，所以坚持，选题有价值：*The Great Wall*（《孟姜女》）是中国第一部现代音乐剧，也是S同学一直坚持的动力；

检索能力不能少，学习检索方法，才能具备坚持到底的能力；

版权意识不能少，文献调研中的版权意识，经常被很多学生忽略，从S同学查找乐谱的案例中我们看到，遵守学术规范，尊重版权是必须要做到的，在得到版权授权后，才能获得乐谱复制件。

此外，多注意学习他人的案例，也利于自我提高。如上海外国语大学研究生听了乐谱查找案例的讲座后，表示因为有同学的论文选题是民国时期在中国的俄罗斯人，从乐谱查找案例受到很大启发。

三、论文答辩前后

历时3个半月，经历曲折，最终获得乐谱的版权授权，S同学很快投入到乐谱研究和论文写作中，如同文献调研一样认真、专注。

论文答辩后，S同学在答辩现场给老师打来电话：答辩专家很好奇是从哪里找到的乐谱。是否可以拷贝一下乐谱和剧本给他？

老师建议S同学：你若拷贝给答辩专家，Jacob 不一定知道，也许只是“天知地知,你知我知”,但当初 Jacob 是因为你查找乐谱是用于学习和研究,才欣然授权你获得乐谱的复制件,你应该对得起这份信任,不可在版权人没有授权同意的情况下拷贝给其他人。

S 同学婉言谢绝了答辩专家想拷贝乐谱和剧本的要求,专家也表示理解。

第四节 总结与思考

看完了 S 同学历经 3 个半月查找乐谱的过程,我们来总结一下检索思路,你印象最深的步骤是什么呢?

一、检索思路总结

首先,对论文选题进行深入分析,确定文献调研的重点和难点;然后,梳理初步的检索思路,就近寻找合适的信息资源:网络免费资源、本校图书馆资源(包括纸本资源和电子资源);进一步梳理检索思路,查找国内的图书馆与相关机构,以及国外的图书馆与相关机构、个人等;最后,要善于利用图书馆的文献传递、在线咨询等服务,以及强调拥有版权意识的重要性。简而言之,是从网络到图书馆,从本校图书馆到国内的相关图书馆,从国内图书馆到国外图书馆,从利用图书馆资源到利用图书馆服务,并始终强调文献调研中的版权意识。

(一) 查找电子资源的检索思路

1. 查找网络免费资源。不仅要利用搜索引擎进行搜索,还要利用网上书店(如孔夫子旧书网)、万能的淘宝网,进行图书及其相关资料的查找。简而言之,网络免费资源 3 个宝藏:搜索引擎—网上书店—淘宝网。

2. 查找图书馆数据库。几乎所有学科必查3个类型的数据库：期刊数据库、学位论文数据库、图书数据库，有的学科还需要查报纸数据库、统计数据库、引文数据库等。

3. 数据库的利用。首选本校图书馆，如果本校图书馆购买数据库较少，还可利用国家图书馆、上海图书馆的数据库（详见第四章）。

（二）查找纸本资源的检索思路

根据学术搜索、文献调研的就近原则，纸本资源先从身边的图书馆开始查找，如乐谱查找案例的查找过程：本校图书馆—上海图书馆—上海市档案馆、上海市地方志办公室等相关机构—专业图书馆/全国联合目录—国家图书馆—WorldCat 全球书目—外国的图书馆—相关个人—相关机构。

利用图书馆资源的同时，要善于利用图书馆服务，尤其是咨询服务、文献传递服务等。

二、数据库检索要诀

（一）选取检索词之人名检索

通常来说，人名检索相对比较简单，直接输入人名进行检索，但乐谱查找案例中出现了人名检索的多种情况。

1. 外国人名的不同中文译名。如 Aaron Avshalomov 的中文译名主要有：阿隆·阿甫夏洛穆夫、阿龙·阿甫夏洛穆夫、阿伦·阿甫夏洛穆夫、阿朗·阿夫沙洛莫夫、阿父夏洛穆夫、夏亚夫，这些不同的中文译名都应该作为检索词/近义词。

2. 非英语国家人名的不同英文译名。Aaron Avshalomov 是俄罗斯人，其英文译名主要有两个：Aaron Avshalomov 和 A. Avshalomoff。这两个英文译名作为检索词/近义词，不仅用于查找英文文献，也可用于查找中文文献，因为有的中文文献在使用中文译名的同时，会标注英文名称。

3. 笔名、化名。音乐剧 *The Great Wall*（《孟姜女》）的编剧是贺一青，即出版家、翻译家、《中国大百科全书》首创者、上海外国语大学创始人姜椿芳。因此，本名姜椿芳、笔名/化名贺一青，也都应该作为检索词/近义词。贺一青主要是在民国时期使用的化名，查找民国文献时，用贺一青作为检索词；在 1949 年后都使用本名姜椿芳，查找 1949 年后的文献时，则用姜椿芳作为检索词。

此外，中国作者的名、字、号等也要考虑进去。如著名音乐家、美术教育家、书法家、戏剧活动家李叔同，又名李息霜、李岸、李良，谱名文涛，幼名成蹊，学名广侯，字息霜，别号漱筒，还有法名演音，号弘一，晚号晚晴老人，后被人尊称为弘一法师。检索时，李叔同的又名、谱名、幼名、学名、字、号、法名、尊称等都应作为检索词的近义词。

➢ Tips

韦氏拼音，又称威氏拼音，全称威妥玛式拼音（Wade-Giles romanization），是由英国人 T. F. 威妥玛（Thomas Francis Wade，1818—1895 年）制定、H. A. Giles 修订的注音规则。19 世纪后期至 1958 年汉语拼音方案颁布前，被普遍用于拼写中国的人名、地名等。1958 年汉语拼音方案获得批准并推行后，除了少数需要保持文化传统的场合外，国内已基本不再使用，但国外学术界至今仍较常使用。有的历史名人的人名沿用了韦氏拼音，例如：孙中山（Sun Yat-sen），宋庆龄（Soong Ching-ling），蒋介石（Chiang Kai-shek）等。要特别留意这个特点，曾有清华大学教师在学术论著中把 Chiang Kai-shek 翻译成“常凯申”[10]，成了一个离谱的学术错误。

注意：查找民国时期的人名、地名，应用韦氏拼音，而不是汉语拼音，因为 1958 年开始才使用汉语拼音。

（二）检索字段之全文检索

在一般情况下，数据库检索选择字段的时候，中文数据库的常用字段是：主题字段（知网、万方）、篇关摘字段（知网）、“题名或关键词”字段（万方、维普）、目录字段（读秀、超星）等；外文数据库的常用字段是：Title，abstract，keywords 字段（ScienceDirect、Scopus）、Abstract 字段（EBSCO）、Topic 字段（WOS）、No Full Text 字段（PQDT）等。简而言之，一般不会选择全文字段进行检索。但在相关信息太少的时候，则需要选择全文字段检索。

乐谱查找案例，主要选取作曲家人名、编剧人名、音乐剧名称等作为检索词，进行全文检索。其中，作曲家人名包括不同的中文译名、英文译名，编剧人名包括本名和笔名、化名，音乐剧名称包括中文名称《孟姜女》和《万里长城》、英文名称 *The Great Wall*。由于该音乐剧的相关资料很少，以上检索词都要在全文字段检索，才有可能查找到比较全面的信息。

（三）报纸检索

报纸，对有的学科来说，也许不是主要的学术资源。但对有的学科来说，如 S 同学的这类选题，则是很重要的学术信息资源。在相关研究很少的情况下，S 同学从学校的报纸数据库、上海图书馆近代文献阅览室的纸质报纸（当时未电子化），获取了很有价值的信息。

常用报纸数据库有：《人民日报》数据库、《光明日报》数据库、《申报》、全国报刊索引-中国近代报纸资源全库（还包括中国出版的外文报纸）、中国重要报纸全文数据库（知网）、ProQuest 近代中国英文报纸库（ProQuest/Historical Newspapers：Chinese Newspapers Collection 1832－1953）等。这些报纸数据库，可以通过国家图书馆、上海图书馆来使用（详见第四章）。

音乐剧 *The Great Wall*（《孟姜女》）的创作和演出，发生在 1940

年代，因此主要查找民国时期的报刊；1985 年 5 月举行了阿隆·阿甫夏洛穆夫诞辰九十周年的纪念会和音乐会，因此主要查找 1980 年代的报刊。

三、遵守版权规定

在文献调研过程中，S 同学在多个环节遇到版权问题如下。① 文献传递，在向国家图书馆申请文献传递服务时，国家图书馆回复说，由于乐谱涉及版权问题，需要先获得作曲家家属的版权授权，国家图书馆才有可能进行文献传递。② 乐谱复印，通过 WorldCat 全球书目，终于在美国的 Free Library of Philadelphia 找到乐谱后，咨询馆员强调，音乐剧 *The Great Wall*（《孟姜女》）乐谱目前还在版权期内，必须征得作曲家家属的同意才能复印。即使 S 同学的朋友到访该图书馆，图书馆同意当场浏览，但因版权问题，不可全文复印，只允许封面和目录的拍照，必须征得作曲家家属的同意，才可复印乐谱。③ 参加论文答辩的专家想拷贝乐谱和剧本，考虑到版权授权的使用范围，S 同学婉言谢绝了答辩专家想拷贝乐谱和剧本的要求，专家也表示理解。

（一）版权保护范围

由于乐谱的版权人 Jacob Avshalomov 是美国人，美国和中国都已加入全球性的版权公约，因此需要遵守《伯尔尼公约》与《世界版权公约》。《伯尔尼公约》保护的作品范围是“一切文学艺术作品”。“文学艺术作品”包括文学、科学和艺术领域内的一切作品，如图书、讲课、演讲、讲道、戏剧、哑剧、舞蹈、乐曲、电影作品、图画、建筑、雕塑、摄影、实用艺术品、地理学、解剖学、建筑学或科学方面的图表、图示及立体作品等。《世界版权公约》对文学、科学、艺术作品，包括文字、音乐、戏剧和电影作品，以及绘画、雕刻和雕塑的作者及其他版权所有者的权利，提供充分有效的保护。《世界版权公约》保护的有 4 项经济权利：复制权、公演权、广播权以及翻译权。根据《伯尔尼公约》与《世界版权公约》，乐谱也受到版权保护。

（二）版权的适用范围

图书馆是社会文化交流体系的一个重要机构，图书馆是使文化的创造和继承成为可能的社会机构。《中华人民共和国著作权法》第二十四条指出："在下列情况下使用作品，可以不经著作权人许可，不向其支付报酬，但应当指明作者姓名或者名称、作品名称，并且不得影响该作品的正常使用，也不得不合理地损害著作权人的合法权益"，其中包括"图书馆、档案馆、纪念馆、博物馆、美术馆、文化馆等为陈列或者保存版本的需要，复制本馆收藏的作品"。因此，图书馆收藏的乐谱，读者可以免费浏览，但要获得版权授权后，才可以复制。乐谱的版权人 Jacob Avshalomov 同意 S 同学复制乐谱，是基于 S 同学将乐谱用于学习和研究，版权授权的使用范围仅限个人使用（详见第十三章）。所以，S 同学说明了具体情况，婉言谢绝了答辩专家想拷贝乐谱和剧本的要求。（如果是你，你会做怎样的选择呢？）

回到本章开头的几个提问，现在你可以给出答案了吗？

学位论文开题时，要到哪里去找资料？——文献调研的范围

"知网一下"就够了吗？——多种数据库类型

开题就只是利用图书馆的数据库？——图书馆资源＋图书馆服务

外文文献要到国外找？——"秀才不出门，也知天下事"，很多外文文献可以在国内查找到

版权意识重要吗？——文献调研和文献使用过程中，都要遵守版权的相关规定

参考文献

[1] American Composers Alliance. Aaron Avshalomov [EB/OL]. [2021-06-30]. https://composers.com/aaron-avshalomov.

[2] Jacob Avshalomov, Aaron Avshalomov. Avshalomovs' Winding Way: Composers Out of China — A Chronicle [M]. Xlibris, 2008.

[3] 许步曾. 记俄罗斯犹太作曲家阿甫夏洛穆夫[J]. 音乐爱好者，2006(6): 40-44.

[4] OCLC. WorldCat: 世界上最全面的图书馆馆藏数据库 [EB/OL]. [2022-06-30]. https://www.oclc.org/zh-Hans/worldcat.html.

[5] American Composers Alliance. Jacob Avshalomov [EB/OL]. [2021-06-30]. https://composers.com/jacob-avshalomov.

[6] 上海市杨浦区图书馆. 图书馆长的音乐之旅[EB/OL]. [2022-06-30]. https://mp.weixin.qq.com/s/GAYng2x-a77GzkmTy2orpA.

[7] 中华人民共和国著作权法[M]. 北京：法律出版社，2020.

[8] 保护文学和艺术作品伯尔尼公约[EB/OL]. [2021-06-30]. https://www.wipo.int/treaties/zh/ip/berne/.

[9] 世界版权公约[EB/OL]. [2021-06-30]. https://wipolex.wipo.int/zh/treaties/details/205.

[10] 高山杉. "门修斯"之后又见"常凯申"[M]//《东方早报·上海书评》编辑部. 游戏的风雅人. 上海：上海书店出版社，2010: 193-197.

第十章
引文数据库

本章重点讲解如何利用引文数据库查找高被引论文、发现论文之间的关联、追溯研究的起源、追踪研究最新进展，以 CSSCI、WOS、Scopus 数据库这 3 个常用的引文数据库检索为主。

请你先“小试牛刀”。

Q：查文献时，看到很多论文都提到了同一本中文专著，所以在写文献综述时，我也把它包括在内。那么，我如何确认这本专著的学术影响力很大？

Q：怎么判断期刊是 C 刊？C 刊的刊名目录去哪里查？

Q：怎么判断期刊是 SCI 刊？SCI 刊的期刊目录去哪里查？

一、引文数据库有什么用

爱思唯尔(Elsevier)《科研的信任》(*Trust in Research*，2019)研究报告[1]显示，平均而言，研究人员每周用来搜索研究文献的时间超过 4 个小时，而阅读文献的时间则超过 5 个小时。2011—2019 年，研究人员阅读的文献数量减少了 10%，但用来查找文献的时间却增加了 11%。62%的研究人员认为，他们所看到的大部分研究成果是可信的，37%的研究人员认为只有大约一半的研究成果是可信的。为此，研究人员使用新的应对方法，以确保所使用的研究资料的可靠性，57%的研究者会仔细检查附录材料或数据，52%的仅阅读同行评审期刊的论文或从其他可信来源寻求佐证（如查看是否在已知期刊中被引），37%的研究者仅阅读自己认识的研究者的研究成果，29%的研究者仅阅读特定机构的研究成果。这既增加了研究人员的工作量，又局限了查找文献的范围。

引文数据库通过权威学术文献的引文网络，既能揭示某一学科的“前世今生”，即继承与发展关系，又能反映学科之间的交叉渗透的关系。引文数据库，不仅为研究人员提供各学科领域的高质量文献，而且通过检索施引文献、参考文献、相关文献，帮助研究人员越查越新、越查越深、越查越广。

二、什么是施引文献、参考文献、相关文献

施引文献，即引用作者的论文的文献。参考文献，即作者参考、引用的文献，也称引文。相关文献，即有共同引用的文献。如有 3 篇文献 A、B、C，文献 A 是文献 B 和 C 的参考文献，文献 B 和 C 则是文献 A 的施引文献，因为文献 B 和 C 共同引用了文献 A，文献 B 和 C 互为相关文献。

你也许习惯用期刊数据库、学位论文数据库、图书数据库查找、下载全文，但请注意，引文数据库不是全文库，其本身不提供全文，即使 WOS、Scopus 这样的引文数据库提供几种获取全文的方式，也一定不要把引文数据库当作下载全文的数据库来使用。

第一节　CSSCI 数据库

在学习如何使用 CSSCI 之前，请先思考一下这几个问题：

什么是来源期刊？CSSCI 来源期刊与知网期刊范围选 CSSCI 的区别？

什么是来源文献？CSSCI 的来源文献有哪几种文献类型？

什么是被引文献？CSSCI 的被引文献有哪几种文献类型？

什么是他引、自引？

一、CSSCI 的特点及其适用性

中文社会科学引文索引（Chinese Social Science Citation Index，CSSCI）[2]，是南京大学中国社会科学研究评价中心研发的人文社会科学引文索引数据库，主要收录所有来源期刊/集刊全部来源和引文信息，旨在服务于人文社会科学领域的知识创新、前沿研判、综合评价，提升中文期刊论文学术影响力。CSSCI 为研究机构、学术期刊和研究人员，提供可用于分析、研究和评价的原始数据和统计结果。CSSCI 用于检索中文社会科学领域的论文收录和文献被引用情况，可作为社会科学研究重要评价指标之一。

CSSCI 来源期刊/集刊的遴选范围，是国内外公开出版的中文人文社会科学学术期刊以及中国大陆公开出版的学术集刊。CSSCI 来源期刊/集刊的遴选原则：① 公开、公平、公正；② 总量控制，动态调整；③ 定量（文献计量指标）评价与定性（学科专家）评价相结合；

④ 质量优先，兼顾地区与学科平衡。CSSCI来源期刊，按照遴选原则每两年进行调整和增删，因此来源期刊是动态的，不是一成不变的。

CSSCI将人文社会科学分为28个类目，2021—2022年版来源期刊583种，扩展版来源期刊229种。CSSCI自1998年发布以来，已发布版本：1998、1999、2000—2002、2003、2004—2005、2006—2007、2008—2009、2010—2011、2012—2013、2014—2016、2017—2018、2019—2020、2021—2022年版。2017年之后，每两年更新发布[2-3]。

➢ Tips

什么是CSSCI查收查引？

很多高校图书馆、省市级图书馆提供CSSCI查收查引证明服务。CSSCI的查收查引，指所查询的论文被CSSCI收录与引用。是否被CSSCI收录与引用，只有通过在CSSCI数据库中进行检索，才能确认。注意：知网期刊库显示某期刊是CSSCI，不能作为被CSSCI收录的依据，因为知网的CSSCI不够准确，没有及时反映CSSCI的动态调整。此外，一般不需要做知网的查收查引，因为论文被知网等全文数据库收录，并不能体现它是高质量论文。

二、CSSCI检索案例

（一）选择检索词

CSSCI的检索功能比较简单，不用编制检索式进行检索。继续以查找“校外补课”的相关研究为例，选取专业术语“影子教育”作为检索词。

（二）选择检索字段

将检索词：**影子教育**，在来源文献高级检索的不同字段（篇名字段、关键词字段、所有字段）进行检索，其中默认的是篇名字段。将检索词：**shadow education**，在来源文献高级检索的英文篇名字段进行检索(见表10－1)。

（三）调整检索式

检索词不变，分别做两个调整，一是在结果页将系统默认的模糊匹配转换为精确匹配，发现其中，所有字段、英文篇名字段无“精确匹配”选项；二是为检索词加上半角双引号进行词组检索：**"影子教育"**以及**"shadow education"**，发现所有字段的检索结果兼顾全面、准确。如表10－1所示，发现精确匹配的检索结果并不理想，词组检索对检索结果没有影响，使用CSSCI的默认匹配即可。

表10－1 同一检索词在不同字段的检索结果

检索字段	默认匹配	精确匹配	词组检索	查全查准
篇名	42	未找到	42	准确，但不够全面
关键词	54	51	54	准确，较全面
所有字段	56	无选项	56	兼顾全面、准确
英文篇名	43	无选项	43	准确，但不够全面

（四）筛选检索结果

在知网、万方的检索结果中发现，马克·贝磊(Mark Bray)在发表中文论文时，署名“马克·贝磊”或“贝磊”，因此，在检索结果页，选择作者字段，输入：**贝磊**，进行二次检索，检索结果为马克·贝磊(Mark Bray)在CSSCI的论文，这些论文应该是阅读重点。

三、CSSCI检索方法

CSSCI提供来源文献和被引文献两种检索，来源文献和被引文献分别又有基本检索和高级检索。此外，还提供来源期刊导航。

(一) 来源文献检索

1. 什么是来源期刊，CSSCI 来源期刊与知网期刊范围选 CSSCI 的区别

来源期刊，即 CSSCI 收录的期刊，也称 C 刊。CSSCI 来源期刊是动态调整的，但知网期刊库的期刊来源类别所列的 CSSCI，并未跟踪、及时反映 CSSCI 来源期刊的动态调整，是不够准确的。

2. 什么是来源文献

来源文献，即在 CSSCI 来源期刊上发表的论文，有多种表述方式：被 CSSCI 收录的论文、在 CSSCI 发表的论文、发表在 C 刊上的论文等。

3. 来源文献检索

来源文献检索，是在篇名、作者、第一作者、关键词、期刊名称、作者机构、中图分类号、基金细节、所有字段、英文篇名等字段，检索 CSSCI 来源期刊上发表的论文，如检索被 CSSCI 收录的作者、机构、期刊、基金、学科等的论文。默认字段为篇名字段。所有字段表示同时检索篇名、作者、第一作者、关键词、期刊名称、作者机构、中图分类号、基金细节等字段。其中，篇名、作者、关键词、期刊名称等字段，可选择精确匹配。

来源文献的高级检索的检索字段与基本检索的类似，仅多一个字段：作者地区字段，并且高级检索的作者地区字段、中图分类号字段可选细分类目。如在中图分类号字段，选择一个分类(如“艺术”)，再选择“艺术”的一个细分类目(如“音乐”)，分类号自动显示在检索框中(如“J6”)，即可查找该学科(如“音乐”)被 CSSCI 收录的论文。高级检索还可选择按发文年代、年代卷期、文献类型、学科类别、学位分类、基金类别等，进行筛选。

（二）被引文献检索

1. 什么是被引文献

被引文献，即被 CSSCI 来源期刊论文引用的文献。注意：被引文献自身有可能不是发表在 CSSCI 来源期刊上。

2. 被引文献检索

被引文献检索，是在被引篇名、被引作者、被引作者（排除自引）、被引期刊名称、被引文献细节等字段，检索论文在 CSSCI 的被引次数。默认字段为被引篇名字段。其中，被引篇名、被引作者、被引期刊名称等字段，可选择精确匹配。

被引文献的高级检索，检索字段与基本检索的一样，还可选择被引年份、被引文献类型等，进行筛选。其中，被引年份可多选 1998 年至今的每个年份、几个年份、全选等，检索结果则可逐年显示被引次数、合并显示任意年份的总被引次数。

在被引文献中进行检索，可查询作者、文献等的被引次数。

3. 作者的被引次数

通过检索一位作者的被引次数、他引次数，可了解该作者的学术影响力。

4. 什么是他引、自引

被引次数＝他引＋自引。他引，即他人引用该文献；自引，即作者自己引用该文献。注意：如果一篇论文有多位作者，其中的任一作者引用该论文，都属于自引。

5. 文献的被引次数

通过检索一篇文献的被引次数，可了解该文献的学术影响力。注意：用“被引篇名”检索时，不要输入完整的篇名，而要选用篇名的关键词，因为常出现有些人引用文章时写错被引篇名。

（三）来源期刊导航

期刊导航分为来源期刊、扩展版来源期刊的分类导航。目前，CSSCI 分类包括法学、管理学、教育学、经济学、历史学、社会学、体育学、外国文学、中国文学、心理学、新闻学与传播学、艺术学、语言学、哲学、政治学等 28 个学科分类。点击每个分类，即可查看这个类目的来源期刊，浏览该期刊信息。

四、CSSCI 检索技术

CSSCI 的检索技术比较简单，主要使用逻辑算符，即在高级检索中，检索框之间的逻辑关系可选择逻辑与、逻辑或，分别表示为：与、或。CSSCI 也支持词组检索" "，但从以上的检索案例中发现，词组检索的使用，并未影响检索结果。

五、CSSCI 检索结果

（一）检索结果排序

来源文献检索结果排序，可按年代、篇名、作者进行降序或升序。默认排序按年代降序，即最新论文排在最前面。

被引文献检索结果排序，可按被引次数、篇名、年代、被引作者进行降序或升序。默认排序按被引次数降序，即被引最高的论文排在最前面。

（二）检索结果分析

1. CSSCI 的来源文献有哪几种文献类型

来源文献检索结果分析，包括学科、期刊、年代等。注意，目前来源文献类型，仅有期刊论文。

2. CSSCI 的被引文献有哪几种文献类型

被引文献检索结果分析，包括引文类型、引文期刊、引文年代、被引年代等。其中，引文类型即被引文献类型，包括期刊论文、图书、报纸、学位论文、会议文献、报告、电子文献等。

（三）检索结果导出

在来源文献的检索结果中，勾选所需记录，点击“显示”或“下载”（TXT 格式），可显示或保存题录信息，包括参考文献信息，但不是国家标准的参考文献格式。

在被引文献的检索结果中，勾选所需记录，点击“显示”或“下载”（TXT 格式），可显示或保存题录信息，包括来源文献的题录信息，但不是国家标准的参考文献格式。

六、CSSCI 与北大核心

中文社会科学引文索引（CSSCI）又称为南大核心，是南京大学中国社会科学研究评价中心研发的人文社会科学引文索引数据库；《中文核心期刊要目总览》又称为北大核心，是由北京大学图书馆及北京十几所高校图书馆众多期刊工作者及相关单位专家参加的研究项目的研究成果，以印刷型图书形式出版[4]。最新版的南大核心（2021—2022 版）与北大核心（2020 版）的比较见表 10－2。

表 10－2　南大核心与北大核心的比较

	中文社会科学引文索引	中文核心期刊要目总览
呈现形式	数据库	印刷型图书（从未在网上发布）
收录学科	人文社会科学	文科、理工科
学科分类	28 个类目	七编，74 个学科，147 个核心类目
来源期刊	来源 583 种，扩展版 229 种	1990 种

续　表

	中文社会科学引文索引	中文核心期刊要目总览
更新频率	已发布 1998、1999、2000—2002、2003、2004—2005、2006—2007、2008—2009、2010—2011、2012—2013、2014—2016、2017—2018、2019—2020、2021—2022 年版共 13 版。2017 年之后，每两年更新发布	已出版 1992、1996、2000、2004、2008、2011、2014、2017、2020 年版共 9 版。2008 年之前，每 4 年更新出版；2008 年之后，每 3 年更新出版
起始年份	1998 年	1992 年

第二节　Web of Science 核心合集

在学习使用 Web of Science 核心合集之前，请先思考一下这几个问题：

什么是 WOS 核心合集？
什么是 SCI？
什么是 WOK？
什么是期刊影响因子？
什么是高被引论文？
什么是热点论文？
什么是文献级别用量指标？

一、WOS的特点及其适用性

（一）什么是WOS核心合集

Web of Science核心合集（Web of Science Core Collection，简称“WOS核心合集”），是知名学术出版商科睿唯安（Clarivate）旗下的数据库。收录200多个学科的2万多种权威的、高影响力的学术期刊，学科涵盖自然科学、工程技术、生物医学、社会科学、艺术与人文等领域，最早回溯至1900年[5]。Web of Science核心合集，还收录了论文中所引用的参考文献，并按照被引作者、出处和出版年代编制成独特的引文索引。所有出版物的参考文献均完全标引且可检索，可检索所有作者和作者的所属机构。可追踪引文，了解引用情况和趋势；可通过检索结果分析，确定研究趋势和出版物模式。

Web of Science核心合集，主要包括三大引文数据库：

Science Citation Index-Expanded（SCIE，科学引文索引），收录1900年至今，177个学科9400多种自然科学、工程技术、生物医学领域的权威学术期刊；

Social Sciences Citation Index（SSCI，社会科学引文索引），收录1900年至今，58个学科3500多种社会科学领域的权威学术期刊；

Arts & Humanities Citation Index（AHCI，艺术人文引文索引），收录1975年至今，28个学科1800多种艺术人文领域的权威学术期刊。

其中，SCIE、SSCI双收录662种期刊，SSCI、AHCI双收录398种期刊，SCIE、AHCI双收录74种，SCIE、SSCI、AHCI三收录38种期刊。

Web of Science核心合集，除了三大引文数据库，还包括以下引文数据库：

Emerging Sources Citation Index（ESCI，新兴研究成果引文索

引),指将要进入 SCIE、SSCI、AHCI 的候选期刊,收录 2005 年至今;

Conference Proceedings Citation Index(CPCI,会议论文引文索引),收录 1990 年至今;

Book Citation Index(BKCI,图书引文索引),收录 2005 年至今;

Current Chemical Reactions(CCR,新化学反应),收录 1985 年至今;

Index Chemicus(IC,化学物质索引),收录 1993 年至今。

➢ Tips

Web of Science 核心合集,根据用户需求、经费所限等原因,各图书馆购买的年份不同,比如,有的图书馆购买三大引文数据库的年份是 2000 年至今。各图书馆购买的子库数量不同,比如,有的图书馆仅购买 SCIE,有的图书馆仅购买 SCIE、SSCI、AHCI,有的图书馆还购买三大引文数据库之外的子库。

本章讲解的是 Web of Science 核心合集的三大引文数据库,本章简称"WOS"。

(二) 什么是 SCI

SCI 是 SCIE 的前身,在 WOS 中最为知名,网络版不再区分 SCI 与 SCIE。让我们一起来看看 SCI 的由来。原美国情报信息研究所(ISI)的尤金·加菲尔德(Eugene Garfield)博士于 1955 年在 *Science* 发表文章 *Citation Indexes for Science*,提出将引文索引(Citation Index)作为一种新的文献检索与分类工具[6]。Garfield 认为,可以将一篇文献作为检索字段从而跟踪一个 Idea 的发展过程及学科之间的交叉渗透的关系。Garfield 团队、ISI 相继出版:

1963 年出版科学引文索引(Science Citation Index, SCI);

1973 年出版社会科学引文索引(Social Sciences Citation Index, SSCI);

1978 年出版艺术与人文引文索引(Arts & Humanities Citation Index，AHCI)。

(三) 什么是 WOK

Web of Knowledge(WOK)比 Web of Science 核心合集的范围更广，主要包括：Web of Science 核心合集、BIOSIS Citation Index(生命科学与生物医学引文索引)、中国科学引文数据库(CSCD)、Derwent Innovations Index(德温特发明索引)、Inspec(科技文摘数据库)、MEDLINE(生命科学数据库)、SciELO Citation Index(SciELO 引文索引)等。

➢ Tips

什么是 SCI 查收查引？

很多高校图书馆、省市级图书馆提供 SCIE、SSCI、AHCI 查收查引证明服务。SCI 查收查引，准确地说，是 SCIE、SSCI、AHCI 的查收查引，指查询论文被 SCIE、SSCI、AHCI 收录与引用，需要在 SCIE、SSCI、AHCI 数据库中进行检索。

注意：Web of Science 核心合集包括 SCIE、SSCI、AHCI 等引文数据库，Web of Knowledge(WOK)比 Web of Science 核心合集的范围更广，由于它们都是科睿唯安(Clarivate)旗下的数据库产品，在同一个 Web of Science 检索平台上，因此查收查引时应该仅勾选指定子库(如 SCIE)，如果选择检索范围较大的 Web of Science 核心合集或 Web of Knowledge，则会导致查收查引的结果不准确，比实际结果多。

二、WOS 检索案例

(一) 选择数据库

社会科学与自然科学的研究有越来越多的交叉，其文章也经常相互引用，因此，社会科学文献调研，应同时检索 SCIE、SSCI、AHCI。

在 ScienceDirect 数据库检索时（详见第六章）已完成选取检索词、近义词，并编制检索式。这里首先在 WOS 核心合集勾选三大引文库：SCIE、SSCI、AHCI。

（二）选择检索字段

将检索式 **shadow education OR private tutoring** 在高级检索的不同字段进行检索，发现主题字段的检索结果兼顾全面、准确（见表 10－3）。

表 10－3　同一检索式在不同字段的检索结果

检索字段	检索结果	查全查准
所有字段	4420	全面，但不够相关
主题	1179	兼顾全面、准确
标题	318	准确，但不够全面
摘要	741	较全面，但不够相关
作者关键词	228	准确，但不够全面
Keyword Plus	126	准确，但不全面

（三）调整检索式

检索式逻辑关系不变，加上检索算符（词组检索、截词符），在高级检索的同一字段（主题字段）进行检索，发现词组检索、截词符分别提高了检索结果的准确性、全面性（见表 10－4）。

表 10－4 不同检索式在同一字段的检索结果

检 索 式	检索结果	查全查准
shadow education OR private tutoring	1179	全面，但不够相关
"shadow education" OR "private tutoring"	370	准确，但不够全面
shadow educat * OR private tutor *	1406	更全面，但不够相关
"shadow educat *" OR "private tutor *"	397	兼顾全面、准确

（四）筛选检索结果

通过 WOS 检索结果页的筛选功能，可以发现最新论文与最早论文、最有学术影响力论文，并扩大检索范围，缩小检索范围。

1. 发现最新论文与最早论文。将检索结果按时间降序排序，可查看最新论文；按时间升序排序，可查看最早论文（1992 年）。

2. 发现高学术影响力论文。其一，将检索结果按被引频次最高优先、使用次数最高优先排序，可查看被引频次最高的论文（1992 年），所有时间、最近 180 天使用次数最高的论文，分别为 2015 年、2022 年的论文。查看使用次数最高的论文，经常是关注度高的比较新的论文。其二，通过“作者”查看发表论文最多的作者，如 Mark Bray 发表 28 篇“影子教育”相关论文，遥遥领先于其后的发表 10 篇、8 篇的作者。需要重点阅读发表论文数量前五作者的论文。其三，通过“所属机构”查看发表论文最多的机构，如 University of Hong Kong 是发表“影子教育”论文最多的机构，East China Normal University 也位列前五。需要重点阅读发表论文数量前五机构的论文。

3. 扩大检索范围。查看**"shadow educat*" OR "private tutor*"**的检

索结果，结果默认按相关度排序，发现结果页第一篇论文（*Private Subtractory Tutoring: The Negative Impact of Shadow Education on Public Schooling in Myanmar*）的作者，就是提出“影子教育”这一概念和理论的知名学者 Mark Bray。点击论文题名右侧的被引频次、参考文献、相关记录，可查看该论文的施引文献、参考文献、有共同引用的相关文献。点击作者，可查看 WOS 的作者论文列表。

4. 缩小检索范围。通过“Web of Science 类别”查看论文分布在哪些学科，也就是论文从哪些学科角度来进行研究，Education Educational Research 是研究“影子教育”最多的学科，其他比较多论文的学科还有 Sociology、Economics Linguistics、Psychology Educational，这不仅是你的阅读重点，也对你选择从哪个学科角度研究将很有启发。通过“出版物标题”查看论文主要发表在哪些期刊上，如 *Asia Pacific Education Review* 是发表“影子教育”论文最多的期刊。需要重点阅读发表论文数量前五的期刊的论文。

三、WOS 检索方法

WOS 提供基本检索、高级检索、被引参考文献检索、作者检索、化学结构检索 5 种检索方法。

（一）基本检索

基本检索，具有高级检索功能，在主题、作者、所属机构、出版物标题、作者标识符等字段，检索特定的研究主题、某个作者、某个机构、特定期刊特定年份发表的论文等。默认检索字段为主题字段。可增加或减少检索框，每个检索框之间的逻辑关系可选择逻辑与、逻辑或、逻辑非。WOS 基本检索支持含检索算符（如逻辑算符、截词符、词组检索）的检索式。

➢ Tips

什么是主题字段？

在书目系统、知网、万方、EBSCO、PQDT、WOS等数据库中都出现了主题字段，但注意不同数据库的主题字段的含义可能有所不同（见表10－5）。

表10－5 主题字段的不同含义

数据库	字段名称	字段含义
书目系统	主题	是指反映信息的内容特征、经过规范化的名词术语。主题词来自主题词表（叙词表）
知网	主题（SU）	指知网标引出来的主题字段，该字段内容包含一篇文章的所有主题特征，同时在检索过程中嵌入了专业词典、主题词表、中英对照词典、停用词表等工具，并采用关键词截断算法，将低相关或微相关文献进行截断
万方	主题	表示题名、关键词、摘要3个字段
EBSCO	主题词（SU）	是指反映信息的内容特征、经过规范化的名词术语，来自主题词表（叙词表）
PQDT	主题词（SU）	是指反映信息的内容特征、经过规范化的名词术语，来自主题词表（叙词表）
WOS	主题（Topic）	表示标题、摘要、作者关键词和Keyword Plus 4个字段

（二）高级检索

高级检索，具有专业检索功能，支持含检索算符（如逻辑算符、截词符、词组检索）和字段标识的检索式。高级检索的检索字段与基本检索的一样，检索字段：所有字段、主题（即标题、摘要、作者关键词、Keyword Plus 4 个字段）、标题、作者、出版物标题、出版年、所属机构、基金资助机构、出版商、出版日期、摘要、入藏号、地址、作者标识符（Web of Science ResearcherID 或 ORCID）、作者关键词、会议、文献类型、DOI、编者、授权号、团体作者、Keyword Plus、语种、PubMed ID、Web of Science 类别等。其中，作者、出版物标题、所属机构、地址、团体作者字段，分别提供相应的作者索引、出版物名称索引、所属机构索引、地址缩写、团体作者索引。在高级检索页面，① 选择检索字段，如选择：主题字段；② 在检索框输入检索式，如**"shadow educat*" OR "private tutor*"**；③ 添加至检索式，下方检索式预览，显示：**TS=("shadow educat*" OR "private tutor*")**；④ 可重复步骤①—③，继续添加检索词或检索式，也可直接点击检索。

（三）被引参考文献检索

被引参考文献检索，在被引作者、被引著作、被引 DOI、被引年份、被引卷、被引期、被引页、被引标题等字段，检索文献在 WOS 的被引频次和施引文献，了解引用这些文献的论文所做的研究。其中，被引作者、被引著作等字段，都提供相应的作者索引、出版物名称索引。注意：检索缩写形式的标题可得到更多结果。

（四）作者检索

作者检索，在作者姓名、作者标识符（Web of Science ResearcherID 或 ORCID）字段，检索作者被 WOS 收录的论文。注意：基本检索、高级检索都提供作者、作者标识符字段，但作者检索的检索结果更准确。通过作者检索，可全方位了解作者的学术成果及影响力，寻找你的研究合作对象或将来的导师。

检索案例

在作者姓名字段，检索：**BRAY, MARK**。检索结果为 9 个作者，即使通过作者姓名、机构、学科类别、国家/地区等进行分析和筛选，还是不太能确定到底哪个是所要找的作者。不过，在这 9 个作者中，发现了两个不同的 Web of Science ResearcherID。

在作者标识符字段，输入其中一个 Web of Science ResearcherID，即：**AAH-1979-2020**，检索结果为 3 个作者，其中两个作者有一样的 ResearcherID，第三个作者是另一个 ResearcherID。勾选 3 个作者，点击“作为组合的记录查看”，显示为 112 篇 WOS 论文，这些论文发表于 1982—2022 年，按时间降序排序，默认显示所有出版物，也可选择显示第一作者、通讯作者等的出版物。检索结果还显示了 1982 年至今 Mark Bray 任职过的十几个所属机构，以及 h 指数为 20，被引频次总计 1650 次，施引文献 1204 篇等。

在作者标识符字段，输入另一个 Web of Science ResearcherID，即：**A-3891-2010**，检索结果为一个作者，直接显示 10 篇 WOS 论文，这些论文发表于 1995—2005 年。还显示了 1995—2005 年 Mark Bray 任职于香港大学(University of Hong Kong)，以及 h 指数为 5，被引频次总计 401 次，施引文献 393 篇等。

对以上 3 个检索结果(见表 10-6)分析发现，Mark Bray 有两个 Web of Science ResearcherID：AAH-1979-2020 与 A-3891-2010，A-3891-2010 仅关联了 1995—2005 年的 10 篇论文，AAH-1979-2020 关联了所有论文。

小结：① 在作者姓名字段进行检索，要筛选同名作者、解决姓名不明确等问题有一定难度；② 在作者标识符字段进行检索，通常一个作者只有一个 Web of Science ResearcherID，则可以查全该作者的所有论文；③ 在作者标识符字段进行检索，如果一个作者不止一个 ResearcherID，则要分辨出关联了所有论文的那个 ResearcherID，不要被一个旧的、被弃用的 ResearcherID 误导。

表 10 - 6　作者检索的检索结果

检索字段	检索案例	检索结果	检索结果分析
作者姓名	BRAY, MARK	9	作者姓名、机构、学科类别、国家/地区
作者标识符	AAH-1979-2020	3	作为组合的记录查看 112 篇 WOS 论文
作者标识符	A-3891-2010	1	10 篇 WOS 论文

➢ Tips

什么是 Web of Science ResearcherID?

Web of Science ResearcherID 是 Web of Science 的唯一标识符，用于将作者与其收录到 Web of Science 生态系统(Web of Science、Publons 和 InCites)中的出版物关联起来。每一位在 Web of Science 中至少有一篇文献的作者，都可以注册自己专属的 ResearcherID。免费注册 Publons[7]，作者即可获得 Web of Science ResearcherID，即使作者更换了所属机构，ResearcherID 也不会更改。ResearcherID 还可以链接到作者的 ORCID，以确保作者通过网络正确地记录其出版物。

注意，作者注册 ResearcherID 之后，需要把文章添加到 ResearcherID 的出版物清单，这些文章在 WOS 中即关联到 ResearcherID。如果作者没有及时将新发表的论文关联到 ResearcherID，则 ResearcherID 无法反映该作者的所有出版物。正常情况下，一个作者只有一个 ResearcherID，但如果作者重复注册，就可能有多个 ResearcherID。

（五）化学结构检索

化学结构检索，支持绘制化学结构图并/或输入任何所需的数据，检索化学物质和化学反应。

四、WOS 检索技术

WOS 的检索算符主要有：布尔逻辑算符、截词符、词组检索、位置算符等（见表 10－7）。逻辑算符：逻辑与、逻辑或、逻辑非，用 **AND**、**OR**、**NOT** 表示；优先顺序：**NOT**＞**AND**＞**OR**，如要改变优先顺序，则使用英文半角圆括号( )表示。

表 10－7　WOS 检索算符

算　符	含　义	举　例
*	无限截词符，代表 0—n 个字符，包括一个词根的所有形式	**econom*** 可检索到 economy、economic、economically 等
?	有限截词符，代表 1 个字符	**wom?n** 可检索到 woman、women
$	有限截词符，代表 0—1 个字符	**colo$r** 可检索到 color、colour
" "	词组检索，表示引号内为词组，词组作为一个整体不可拆分，且词序保持不变	**"artificial intelligence"** 作为一个整体出现，词序保持不变
NEAR/x	位置算符，表示两个检索词间隔最多 x 个词，且词序可以互换	**NEAR/6** 表示两个检索词间隔最多 6 个词，且词序可以互换
SAME	位置算符，表示在“地址”字段检索时，检索词出现在同一地址中	**AD=(Tsinghua SAME arts)** 表示在“地址”字段检索时，Tsinghua 和 arts 出现在同一地址中

五、WOS检索结果

（一）检索结果排序

WOS检索结果有多种排序方式：相关性（默认）、日期降序、日期升序、被引频次最高优先、被引频次最低优先、使用次数（所有时间）最多优先、使用次数（最近180天）最多优先、会议标题升序、会议标题降序、第一作者姓名升序、第一作者姓名降序、出版物标题升序、出版物标题降序。新增引文类别排序，分别为：背景最高优先、基础最高优先、支持最高优先、差异最高优先、讨论最高优先。

（二）检索结果分析

WOS检索结果分析，可在快速过滤中筛选：高被引论文、热点论文、综述论文、在线发表、开放获取。快速过滤功能的下方，可按出版年、文献类型、Web of Science类别、作者、所属机构、出版物标题、出版商、基金资助机构、授权号、开放获取、社论声明、编者、团体作者、研究方向、国家/地区、语种、会议名称、丛书名称、Web of Science索引等筛选，并进一步分析和优化检索结果（见表10－8）。

表10－8　分析和优化检索结果

检索结果页	显示信息	启　发	优化检索结果
文章页面	被引频次、参考文献	后续研究、前期研究	扩大检索范围
作者页面	作者的更多论文、影响力	作者本人的相关研究	扩大检索范围
日期降序	最新的论文排在最前面	最新研究成果	最新论文
日期升序	最早的论文排在最前面	最早研究成果	追根溯源

续 表

检索结果页	显示信息	启　发	优化检索结果
被引频次排序	论文的被引频次	高影响力论文	权威论文
使用次数排序	论文的使用次数	高影响力的最新论文	热点论文
被引频次（施引文献）	引用该论文的文献	追踪最新研究进展，该论文对后续研究的影响	越查越新
参考文献	论文引用的文献	研究依据和起源	越查越深
相关记录	有共同引用的相关文献	开拓思路，跨学科研究	越查越广
高被引论文	近十年中发表，被引为全球前1%	高影响力论文	权威论文
热点论文	近两年中发表，被引为全球前0.1%	高影响力的最新论文	热点论文
综述论文	文献类型 Review	最新综述显示研究进展	精炼检索结果
开放获取	出版商处的免费全文、知识库中的免费已提交文章等	开放获取也包括高被引论文、热点论文	免费全文下载
出版年	论文的年份分布	研究趋势、研究阶段	选题价值
WOS 类别	论文的学科分布	主要研究领域、学科交叉情况	选题方向
作者	论文的作者分布	高产作者	领军人物
所属机构	论文作者的所属机构分布	高产机构、高校	领军团队

续　表

检索结果页	显示信息	启　发	优化检索结果
出版物标题	论文发表的期刊分布	相关研究最多的期刊	知名期刊
研究方向	论文的研究方向分布	主要研究方向、学科交叉研究	选题方向
国家/地区	各国/地区研究状况	高产国家/地区	主要国家/地区

点击论文篇名，进入文章页面，可查看文章信息、引用信息、期刊信息。① 文章信息，包括：DOI、出版时间、摘要、关键词（作者关键词、Keyword Plus）、所属机构、研究方向、入藏号等。② 引用信息，包括：被引频次、最近 180 天的使用次数、所有时间的使用次数、施引文献、相关记录、参考文献等。③ 期刊信息，包括：期刊影响因子（当年和 5 年）、JCR 学科类别、JCR 类别排序、JCR 分区等。

点击作者，进入作者页面，可查看作者个人信息，包括：作者的署名变体、所属机构、Web of Science ResearcherID。作者出版物指标，包括：h 指数、出版物总数、被引频次总计、施引文献、作者影响力射束图，还有作者为第一作者、通讯作者、末位作者的发文比例，以及来自 WOS 的作者论文列表等。

（三）检索结果导出

WOS 检索结果可导出为参考文献格式。可直接导出至 EndNote 文献管理软件（EndNote 与 WOS 同为科睿唯安的产品）；可选择导出格式：纯文本文件、RefWorks、RIS、BibTex，再将引文的文档导入文献管理软件；也可选择导出至 Excel 文档、制表符分隔文件、可打印的 HTML 文件、InCites、电子邮件等。此外，还可勾选自己发表的论文添加到 Publons 个人账号中。

（四）如何获取全文

WOS属于引文数据库，不是全文数据库，但WOS提供了多种方式帮助用户获取全文。

1. 开放获取。在检索结果页的快速过滤中勾选：开放获取，对检索结果进行精炼，得到所有开放获取的文献列表。开放获取（OA）包括金色OA和绿色OA两个类型，金色OA为“出版商处的免费全文”，绿色OA为“知识库中的免费已发表/接受/提交文章”。点击开放获取连接，即可下载全文。

2. 出版商处的全文。在检索结果页，当标题下方显示“出版商处的全文”或“查看全文”，若所在机构已购买该数据库全文，则可直接下载全文。

3. 利用Kopernio插件。免费安装Kopernio插件，利用Kopernio进行跨平台检索，一键下载全文。

4. 学术搜索引擎。在文章页面，当标题上方显示，即可在学术搜索引擎中查找全文。

5. 图书馆文献传递。在文章页面，当标题上方显示“全文链接”，可查看该论文的图书馆馆藏信息，通过所在图书馆进行文献传递（详见第二章），获取全文。

6. 联系作者。在文章页面查看通讯作者地址和E-mail，可联系作者获取全文。

六、WOS特色功能

（一）期刊影响因子

什么是期刊影响因子？

影响因子，是一个期刊评价指标，由科睿唯安 *Journal Citation Reports*（《期刊引证报告》，JCR）发布，通常情况下指的是当年影响因子。JCR 对期刊影响因子的其他计算方法还包括去除自引的影响因子、5 年影响因子[5]。

影响因子(Journal Impact Factor, IF)：期刊过去两年发表的论文在当前 JCR 年获得的总引用次数与该期刊过去两年发表的论文数量的比值。

去除自引的影响因子(Journal Impact Factor Without Self Cites)：去除期刊自引后计算得到的期刊影响因子。

5 年影响因子(5 Year Journal Impact Factor)：期刊过去 5 年发表的论文在当前 JCR 年获得的总引用次数与该期刊过去 5 年发表的论文数量的比值。

(二) 高被引论文及热点论文

什么是高被引论文?

高被引论文(Highly Cited Paper)：近 10 年中发表的论文，被引次数在同年同学科发表的论文中进入全球前 1%。

什么是热点论文?

热点论文(Hot Paper)：近两年中发表的论文，被引次数在近两个月同学科发表的论文中进入全球前 0.1%。

➢ Tips

从高被引论文、热点论文的定义，即可得知，WOS 的检索结果中，并不是都会显示高被引论文、热点论文。当检索结果较多时，有可能出现高被引论文、热点论文。如，在 WOS 中检索有关人工智能的研究，将检索式**"artificial intelligence" OR AI** 在主题字段进行检索，检索结果为 95867 条。其中，高被引论文 1226 篇、热点论文 70 篇，并有 60 篇论文同时是高被引论文和热点论文；开放获取(OA) 39104 篇，开放获取也包括高被引论文、热点论文。

（三）文献级别用量指标（使用次数）

什么是文献级别用量指标？

文献级别用量指标，即 Item Level Usage Metrics（ILUM）。WOS 的文献级别用量指标即使用次数，WOS 为每篇文献提供两个使用次数，分别为：使用次数（最近 180 天），即最近 180 天内某条记录的全文被访问或是对记录进行保存的次数；使用次数（所有时间），即从 2013 年 2 月 1 日开始某条记录的全文被访问或是对记录进行保存的次数。注意：使用次数记录的是所有 WOS 用户进行的所有操作，而不仅限于所属机构的用户。如果某篇文献在 WOS 有多个不同版本，则这些版本的使用次数将加以统计。使用次数每天更新。

刚发表不久的文献还没有足够长的时间累积引用，文献级别用量指标（使用次数）可为这类文献的价值评估提供一些参考。一些如数学、经济学等传统学科引用相对缓慢，一些如建筑史学、修辞学、拉丁语族学等小众学科引文很少，文献级别用量指标（使用次数）在一定程度上反映了读者的兴趣、论文的影响力，可作为一个有价值的参考指标。

（四）引文分析

WOS 通过引文分析来揭示论文间的潜在联系。施引文献数量，即被引频次，从一个侧面反映了论文的学术影响力。通过施引文献，追踪研究领域的最新进展，以及该论文对后续研究的影响和应用，发现新的研究思路，越查越新；通过参考文献，追溯研究依据和起源，越查越深；通过相关记录，即有共同引用的相关文献，分析研究相关性，开拓思路，启发跨学科研究，越查越广；通过热点论文，查找高影响力的最新论文，紧跟学术前沿；通过高被引论文，查找高影响力、权威论文；统计高被引论文之间的引证关系，采用共聚类分析得出关键词，洞悉研究前沿。

在检索结果页，点击“分析检索结果”，可分别查看按出版年、文献类型、Web of Science 类别、作者、所属机构、出版物标题、出版商、基金资助机构、授权号、开放获取、社论声明、编者、团体作者、研究方向、国家/地区、语种、会议名称、丛书名称、Web of Science 索引显示的可视化分析数据。点击“引文报告”，可查看该领域文章的引文报告，包括出版物、施引文献及其去除自引、被引频次及其去除自引、篇均被引频次、h 指数，按年份的被引频次和出版物分布，每篇出版物近 5 年的分年被引频次、年均被引频次、合计等。此外，创建跟踪服务，可用于追踪今后该论文的被引情况。

第三节　Scopus 数据库

在使用 Scopus 之前，请先思考一下这几个问题：

什么是 CiteScore?

什么是 FWCI?

什么是 PlumX?

WOS 核心合集功能如此强大，让人跃跃欲试，那为什么还要用 Scopus?

Scopus 与 WOS 核心合集相比，有什么不同?

一、Scopus 的特点及其适用性

Scopus 是全球最大的同行评审文献的文摘和引文数据库[8]，也是知名学术出版商爱思唯尔(Elsevier)旗下的数据库。Scopus 收录

全球7000多家出版商的2.7万多种同行评审学术期刊(含5000多种金色OA期刊)、25多万种图书、235万条图书记录、1100万篇会议论文等,共收录8500多万篇学术文献(1788年至今)、17多亿篇参考文献(1970年至今)、1700多万名学者个人学术档案、9.4万个机构学术档案。学科领域涵盖全学科,共有27个一级学科和334个二级学科,包含自然科学、技术、工程、医学、生命科学、社会科学、艺术与人文学科等。期刊数量按学科分布：自然科学9000多种,医学近7600种,社会科学8600多种,生命科学5100多种[8-9]。

Scopus的收录特色还体现在以下几点。

1. 理工类特别是计算机、工程、生物医学类学科检索和分析更有优势。Scopus收录理工类相关的期刊、图书、会议论文与专利,知识覆盖更全面、系统。Scopus收录4700万条专利记录,来自五大专利组织：世界知识产权组织(WIPO)、欧洲专利局(EPO)、美国专利商标局(USPTO)、英国知识产权局(UKIPO)、日本特许厅(JPO)。

2. 人文社科领域数据更加全面。Scopus收录人文社科领域8600多种期刊、21万本电子书、850多套丛书。

3. 中国期刊论文覆盖更多。Scopus收录高水平中国期刊900多种,推动了中国期刊国际认知度和影响力的提升。

Scopus是研究者跟踪学科发展、学科规划的重要工具。基于Scopus的权威性,全球重要的学术评估和排名榜单,例如QS、THE、软科中国大学排名、美国斯坦福大学全球2%顶尖科学家榜单等,都采用Scopus的数据作为学科产出和学科发展评估的数据源,“中国高被引学者”榜单也是基于此进行中国优秀学者的遴选。

Scopus取名源自一种具有强大导航能力的、名叫Phylloscopus Collybita的鸟,旨在为研究人员和机构提供获取学术信息的创新性导航工具,助力探索科学世界。

二、Scopus 检索案例

（一）选择检索词

我们继续以检索案例“影子教育”为例，在 Scopus 进行检索，已确定检索式：**shadow education OR private tutoring**。

（二）选择检索字段

将以上检索式在“文献检索”的“所有字段”进行检索，并与 WOS “所有字段”的检索结果相比较（见表 10－9）。Scopus 收录的期刊种类、论文数量都远远多于 WOS，但同一检索式都在“所有字段”进行检索，Scopus 的检索结果为什么反而更少？

表 10－9 同一检索式在 WOS 与 Scopus 中的检索结果

所有字段	检索结果	查 全 查 准
WOS	4420	全面，但不够相关
Scopus	1269	不全面、不准确

查看 Scopus 的使用帮助和教程，发现这是因为 Scopus 的逻辑优先顺序是 **OR＞AND**，调整检索式为 **(shadow education) OR (private tutoring)**，在高级检索的不同检索字段进行检索，发现“论文标题、摘要、关键词”字段的检索结果兼顾全面、准确（见表 10－10）。

表 10－10 同一检索式在不同字段的检索结果

检 索 字 段	检索结果	查 全 查 准
所有字段	66921	全面，但不够相关
论文标题、摘要、关键词	2040	兼顾全面、准确

续 表

检索字段	检索结果	查全查准
论文标题	462	准确，但不够全面
摘要	1249	较准确，但不够全面
关键词	396	准确，但不够全面

（三）调整检索式

检索式逻辑关系不变，加上检索算符（词组检索、截词符），在高级检索的同一字段（“论文标题、摘要、关键词”字段）进行检索，发现词组检索、截词符分别提高了检索结果的准确性、全面性（见表10－11）。

表10－11　不同检索式在同一字段的检索结果

检索式	检索结果	查全查准
(shadow education) OR (private tutoring)	2040	全面，但不够相关
"shadow education" OR "private tutoring"	532	准确，但不够全面
(shadow educat *) OR (private tutor *)	2853	更全面，但不够相关
"shadow educat *" OR "private tutor *"	645	兼顾全面、准确

（四）筛选检索结果

通过 Scopus 检索结果页的筛选功能，可以发现最新论文与最早论文、最有学术影响力论文，以及扩大检索范围、缩小检索范围。

1. 发现最新论文与最早论文。将检索结果按时间倒排，可查看最新论文；按时间顺排，可查看最早信件（1888 年）、最早论文

(1963年)。

2. 发现高学术影响力论文。其一,将检索结果按施引文献最多排序,可查看被引次数最高(223次)的论文(2001年)。其二,通过"作者姓名"查看发表论文最多的作者,如Mark Bray发表36篇"影子教育"相关论文,遥遥领先于其后的发表13篇、9篇的作者。需要重点阅读发表论文数量前五作者的论文。其三,通过"归属机构"查看发表论文最多的机构,如University of Hong Kong是发表"影子教育"论文最多的机构,East China Normal University也位列前五。需要重点阅读发表论文数量前五机构的论文。

3. 扩大检索范围。查看**"shadow educat*" OR "private tutor*"**的检索结果,结果默认按相关度排序,发现提出"影子教育"这一概念和理论的知名学者Mark Bray的论文(*The hidden curriculum in a hidden marketplace: relationships and values in Cambodia's shadow education system*)。点击论文题名右侧的被引次数、论文题名下方的相关文献,可分别查看该论文的施引文献、有共同引用的相关文献。点击作者,可查看Scopus的作者论文列表。

4. 缩小检索范围。通过"学科领域"查看论文分布在哪些学科,也就是论文从哪些学科角度来进行研究,Social Sciences是研究"影子教育"最多的学科,其他比较多论文的学科还有Arts and Humanities、Economics, Econometrics and Finance、Psychology、Computer Science,这不仅是你的阅读重点,也对你选择从哪个学科角度研究将很有启发。通过"来源出版物"查看论文主要发表在哪些期刊上,如*Asia Pacific Education Review*是发表"影子教育"论文最多的期刊,你需要重点阅读发表论文数量位列前五期刊的论文。

三、Scopus 检索方法

Scopus 提供文献检索、高级检索、作者检索、归属机构检索、来源出版物检索 5 种检索方法。

（一）文献检索

文献检索，具有高级检索功能。通过文献检索，可查找最新研究成果、由引文追溯学科发展历程。检索字段：所有字段、篇关摘（论文标题、摘要、关键词）、作者、第一作者、来源出版物名称、论文标题、摘要、关键词、归属机构、归属机构名称、归属机构城市、归属机构国家/地区、基金资助信息、基金资助机构、基金资助首字母缩写词、基金资助编号、语言、ISSN、CODEN、DOI、参考文献、会议、篇关摘作（论文标题、摘要、关键词、作者）、化学名称、CAS 编号、ORCID。篇关摘（论文标题、摘要、关键词）字段为默认检索字段。可增加或减少检索框，每个检索框之间的逻辑关系可选择逻辑与、逻辑或、逻辑非，支持含检索算符（如逻辑算符、截词符、词组检索）的检索式。

（二）高级检索

高级检索，具有专业检索功能，支持含检索算符（如逻辑算符、截词符、词组检索）和字段代码的检索式。高级检索提供文本内容、归属机构、作者、生物实体、化学实体、会议、文献、编者、基金资助、关键词、出版物、参考文献、学科领域等的字段代码。在高级检索页面，① 选择字段代码，如选择："论文标题、摘要、关键词"（TITLE-ABS-KEY）字段；② 添加至检索框：**TITLE-ABS-KEY( )**；③ 在括号内输入检索式：**TITLE-ABS-KEY("shadow educat*" OR "private tutor*")**进行检索。注意，检索式中的括号( )要用英文半角括号。

（三）作者检索

作者检索，即在作者姓氏、作者名字、归属机构、ORCID 字段，检索作者被 Scopus 收录的论文。注意，文献检索、高级检索都提供作者、归属机构、ORCID 字段，但作者检索的检索结果更准确。通过个人学术档案，可全方位了解作者的学术成果及影响力，寻找你的研究合作对象或将来的导师。

检索案例

在作者姓名字段，检索：**Bray, Mark**。检索结果为 17 个作者。点击第一位作者，进入作者页面，显示 112 篇论文。这些论文发表于 1982—2022 年，按时间降序排序。检索结果还显示了 Mark Bray 任职过的十几个所属机构，以及被引次数总计 2224 次、施引文献 1526 篇、h 指数为 26 等。比较 Scopus 与 WOS 核心合集的作者页面（见表 10－12），发现 Scopus 的被引次数更多、施引文献更多、h 指数更高，印证了 Scopus 比 WOS 核心合集的收录范围更广，但 Scopus ID 的知晓度不够。

表 10－12　Scopus 与 WOS 核心合集的作者页面的比较

	Scopus	WOS 核心合集
作者姓名	Bray, Mark	BRAY, MARK
作者论文	112	112
被引次数	2224	1650
施引文献	1526	1204
h 指数	26	20

续 表

	Scopus	WOS 核心合集
归属机构	1986－2022，The University of Hong Kong 2019－2022，East China Normal University 2006－2010，International Institute for Educational Planning，Paris，France 2007－2008，UNESCO United Nations Educational，Scientific and Cultural Organization，Paris，France 2007，UNESCO International Institute for Educational Planning IIEP，Buenos Aires，France 2007，IIEP，Paris，France 2007，Faculty of Education 2007，Faculty of Education，France 1984，University of Papua New Guinea，Port Moresby，Papua New Guinea	2020－2022，East China Normal University 1986－2022 University of Hong Kong 2007－2020 UNESCO 2016－2017，Comparat & Int Educ Soc 2016－2016，World Council Comparat Educ Soc 2008－2016，Comparat Educ Soc Hong Kong 2005－2016，University of Edinburgh 1984－2016，University of London 1982－2016，University of Papua New Guinea 2014－2014，UNESCOs Int Inst Educ Planning IIEP 2014－2014，CIES 2006－2014，Comparat Educ Soc 2008－2008，UNESCO Int Inst Educ Planning IIEP 2005－2005，Comparat Educ Soc Hong Kong CESHK

➢ Tips

什么是 Scopus ID?

Scopus 作者标识符，即 Scopus AU-ID，简称 Scopus ID。有些作者具有相似的姓名，有些作者的姓名在各种出版物中可能以不同的形式出现。Scopus 作者标识符通过为 Scopus 中的每位作者分配一个唯一编号，并将该作者发表的全部文献分为一组，以此区分姓名相似的其他作者。无法与作者完全匹配的文献将另外分组，在这种情况下，一个作者可能对应多个 ID。从作者页面进入作者反馈向导，可提交修正个人信息的申请，包括：合并作者、添加/删除关联的文献，以及修正姓名、归属机构或 E-mail 等。

（四）归属机构检索

归属机构检索，即在归属机构名称字段，检索机构发表的论文。通过机构学术档案，可全方位了解归属机构（即作者单位）的学术成果及影响力，寻找你的研究合作对象或将来留学、访学的机构。

➢ Tips

什么是 Scopus AF-ID？

Scopus 归属机构标识符，即 Scopus AF-ID。Scopus 归属机构标识符通过为 Scopus 中的每个机构分配一个唯一编号，并将该归属机构的全部文献分为一组，以此区分名称相似的其他机构。

（五）来源出版物检索

来源出版物检索，即在学科类别、标题、出版商、ISSN 字段，检索 Scopus 的来源出版物。勾选来源出版物学科类别的一个或多个学科，可查看来源出版物名称、CiteScore、最高百分位数、引文（所选年份的最近 4 年）、文献（所选年份的最近 4 年）、被引用比率、SNIP、SJR、出版商等。可下载 Scopus 来源出版物列表，可将所选来源出版物导出为 Excel 文档或保存至来源出版物列表。可按开放获取期刊、Citescore 最高千分位数、来源出版物类型，进一步筛选。从来源出版物的学科类别检索，可了解学科领域期刊及其质量，选择关注和投稿期刊。

四、Scopus 检索技术

Scopus 的检索算符主要有：布尔逻辑算符、截词符、词组检索、位置算符等(见表 10－13)。逻辑算符：逻辑与、逻辑或、逻辑非，用 **AND**、**OR**、**AND NOT** 表示；优先顺序：**OR>AND>AND NOT**。**AND NOT** 通常置于检索式末尾。如要改变优先顺序，则使用英文半角圆括号( )表示。

表 10－13　Scopus 检索算符

算　符	含　义	举　例
*	无限截词符，代表 0—n 个字符，包括一个词根的所有形式	**econom***可检索到 economy、economic、economically 等
?	有限截词符，代表 1 个字符，可检索英美不同拼写	**organi?ation** 可检索到 organisation、organization
＃	有限截词符，代表 0—1 个字符，可检索英美不同拼写	**col＃r** 可检索到 color、colour
" "	近似词组搜索，表示引号内为特定短语，标点符号、连词符、单复数等被自动忽略	**"high-way"**与**"high way"**检索结果相同
{ }	精确词组检索，表示词组作为一个整体，所有符号将被作为检索词进行严格精确匹配	**{high-way}** 与**{high way}** 检索结果不同
W/n	位置算符，表示两个检索词间隔最多 n 个词，且词序可以互换	**W/6** 表示两个检索词间隔最多 6 个词，且词序可以互换
PRE/n	位置算符，表示两个检索词间隔最多 n 个词，且词序不可互换	**PRE/3** 表示两个检索词间隔最多 3 个词，且词序不可互换

注意：Scopus、ScienceDirect 同是爱思唯尔(Elsevier)旗下的数据库，但逻辑算符的优先顺序不同。Scopus 优先顺序：**OR>AND>AND NOT**；ScienceDirect 优先顺序：**NOT>AND>OR**。

➢ Tips

Scopus 具有智能扩展检索功能。① 自动检索英美不同拼写，如检索 color，包含 colour。② 使用单数检索时，可同时找到该词的单数、复数以及所有格形式，如检索 oyster，包含 oysters。③ 忽略连接符等标点符号，如检索 high-way 或 high way，检索结果相同。④ 单词的词干提取，可找出同一单词的不同形式。

五、Scopus 检索结果

（一）检索结果排序

Scopus 检索结果有多种排序方式：相关性（默认）、日期降序、日期升序、施引文献最多、施引文献最少、第一作者（顺排）、第一作者（倒排）、来源出版物名称（顺排）、来源出版物名称（倒排）。

（二）检索结果分析

Scopus 检索结果分析，可按开放获取、年份、作者姓名、学科类别、文献类型、出版阶段、来源出版物名称、关键词、归属机构、资金赞助机构、国家/地区、来源出版物类型、语言等筛选，并进一步分析和优化检索结果（见表 10－14）。检索结果列表上方，可分别查看所选文献的引文概览、施引文献、参考文献。

表 10－14　分析和优化检索结果

检索结果页	显示信息	启　发	优化检索结果
文章页面	被引次数、参考文献	后续研究、前期研究	扩大检索范围
个人学术档案	作者的更多论文、影响力	作者本人的相关研究	扩大检索范围
机构学术档案	机构的更多研究、影响力	该机构的相关研究	扩大检索范围

续 表

检索结果页	显示信息	启发	优化检索结果
来源出版物页	出版物的更多研究、影响力	该出版物的相关研究	扩大检索范围
日期降序	最新的论文排在最前面	最新研究成果	新颖
日期升序	最早的论文排在最前面	最早研究成果	追根溯源
施引文献最多	论文的被引次数	高影响力论文	权威论文
施引文献	引用该论文的文献	追踪最新研究进展，该论文对后续研究的影响	越查越新
参考文献	论文引用的文献	研究依据和起源	越查越深
相关文献	有共同引用的文献	开拓思路，跨学科研究	越查越广
年份	近10年论文的年份分布	研究趋势、研究阶段	选题价值
作者姓名	前十作者	高产作者	领军人物
学科类别	前十学科类别	主要研究领域、学科交叉情况	选题方向
来源出版物	前十来源出版物	相关研究最多的期刊	知名期刊
关键词	前十关键词	主要关键词	缩小检索范围
归属机构	前十归属机构	高产机构、高校	领军团队
国家/地区	前十国家/地区	高产国家/地区	主要国家/地区

点击论文篇名，进入文章页面，可查看文章信息、引用信息。① 文章信息，包括：文章篇名、作者、归属机构、摘要、作者关键词，以及文献类型、来源出版物类型、ISSN、DOI、出版商、原始语言等。② 引用信息，包括：Scopus 中的被引次数、FWCI、浏览次数、PlumX 指标、施引文献、相关文献、参考文献等。③ 期刊信息，点击刊名，可查看期刊详情，包括：Scopus 涵盖范围年份、出版商、ISSN、学科类别，以及 CiteScore 指标、CiteScore 排名趋势、Scopus 内容涵盖范围等。

点击作者，进入个人学术档案（即作者页面），可查看作者详情、文献和引文信息。① 作者详情，包括：作者姓名、归属机构历史记录、主题领域、作者姓名变体、Scopus ID、关联至 ORCID、链接至 Mendeley 账户等。提供“潜在作者匹配”，指这些个人信息可能与该作者相关，但 Scopus 没有足够的信息建立确切的匹配关系。个人信息按照与作者的匹配程度排序。② 文献和引文信息，包括：作者在 Scopus 中的文献数量、总被引次数、h 指数、文献与引文趋势、最高贡献主题、作者的文献列表。③ 文献和引文趋势图，显示作者每年的发表文献数量和引文数量。④ 作者的文献列表，包括：发表文献、施引文献、预印本、合著作者、主题、基金资助。其中，“主题”是指具有共同知识兴趣的文献集合，基于使用参考文献列表的直接引文分析进行汇总。可选以搜索结果格式查看列表、查看参考文献，可按日期、施引文献、第一作者、来源出版物标题排序。

点击归属机构，进入机构学术档案（即归属机构页面），可查看归属机构详情、文献信息。① 机构详情，包括：归属机构名称、归属机构地址、归属机构 ID、其他名称格式等。② 文献信息，包括：归属机构的文献、作者数量等，以及按学科类别划分的文献（可按文献数量、学科类别排序）、归属机构层次结构、合作的归属机构、按来源出版物划分的文献等。

点击来源出版物，进入来源出版物页面，可查看来源出版物详情，包括：Scopus 涵盖范围年份、出版商、ISSN、学科类别，以及 CiteScore 指标、CiteScore 排名、CiteScore 趋势、Scopus 内容涵盖范围等。

（三）检索结果导出

Scopus 检索结果可导出为参考文献格式。① 直接将引文复制到 Word 文档。在检索结果页，勾选要导出的文献，点击“创建题录”，出现 10 种参考文献格式，即 APA 6th（美国心理学协会格式）、BibTeX、CBE 6th（国际生物学编辑委员会格式）、Chicago 16th（芝加哥格式）、Harvard（哈佛格式）、Harvard（哈佛格式-英国标准）、MLA 7th（现代语言学协会格式）、NLM（美国国家医学图书馆格式）、Turabian 7th（杜拉宾格式）、Vancouver（温哥华格式，ICMJE 建议格式）。选中所需的引文格式，将引文直接复制到 Word 文档。② 导出至文献管理软件。在检索结果页，勾选要导出的文献，点击“导出”，可将选定记录导出至文献管理软件 Mendeley；也可选择导出的格式（RefWorks、RIS、BibTeX、CSV、纯文本文件），再将引文的文档导入文献管理软件。导出信息，默认引文信息，也可再勾选题录信息、摘要和关键词、基金资助详情、其他信息。

（四）如何获取全文

Scopus 属于文摘和引文数据库，不是全文数据库，但 Scopus 提供了多种方式帮助用户获取全文。

1. 开放获取。在检索结果页左侧勾选：开放获取，对检索结果进行精炼，得到所有开放获取的文献列表。开放获取（OA）包括金色 OA、混合金 OA、青铜 OA、绿色 OA 4 个类型。金色（Gold）OA，即全部发表“开放获取”内容的期刊中的文献；混合金（Hybrid Gold）OA，即期刊中为作者提供“开放获取”发表方式选项的文献；青铜

(Bronze)OA,即已出版文献或已接受手稿,出版商选择提供暂时的或永久的免费全文;绿色(Green)OA,即知识库中的免费的已出版文献或已接受手稿。点击开放获取连接,即可免费下载全文。

2. 出版商处的全文。在检索结果页,点击标题下方“View at Publisher”,若所在机构已购买该数据库全文,则可直接下载全文。

3. 联系作者。在文章页面查看通讯作者地址和E-mail,可联系作者获取全文。

六、Scopus 特色功能

(一) 期刊评价指标 CiteScore

什么是 CiteScore?

CiteScore 是由 Scopus 发布的连续出版物(如期刊)评价指标,用于衡量连续出版物(如期刊)的引用影响。Scopus 对 CiteScore 的计算方法是期刊在4年内所发表的同行评审文献(研究论文、评论论文、会议论文、图书章节和数据论文)的引用次数除以编入 Scopus 索引的相同类型文献在这4年内的发表总数。引用次数是 CiteScore 计算的分子,文献发表总数是 CiteScore 计算的分母。CiteScore 一年计算一次。CiteScore Tracker 与 CiteScore 的计算方式相同,但其针对的是当前年份,而非过去几年的全部年份。CiteScore Tracker 一月计算一次。

CiteScore Percentile 显示连续出版物在其学科领域中的相对位置。如果某个连续出版物的 CiteScore Percentile 为96%,则代表根据 CiteScore 排名,该连续出版物等于或高于所在类别中96%的出版物。出版物在其编入 Scopus 索引的每个学科领域均会获得一个 CiteScore Percentile。

CiteScore Percentile 最高值,表示该出版物在分类后所属的所有学科领域中的 CiteScore Percentile 最高值。

CiteScore 排名，表示出版物在其学科领域中的排列位置。出版物在其编入 Scopus 索引的每个学科领域均会获得一个 CiteScore 排名。

CiteScore 与影响因子（IF）的区别。CiteScore 指标是根据 Scopus 数据计算得出的，可免费查看。影响因子（IF）则由 JCR 生成，而非直接从 Web of Science 平台生成。JCR 数据库需要机构用户（如图书馆）购买。JCR 附带影响因子（IF）数据，包含 WOS 核心合集的约 13500 种期刊（不包括 ESCI）。这些期刊基本上已被 Scopus 收录。只有约 120 种期刊没有被编入 Scopus 索引，可能正在添加过程中，也可能出于商业原因而未被编入。

（二）文献评价指标

Scopus 提供 FWCI、PlumX 指标，两者都是用于评价文献学术影响力的指标。

什么是 FWCI？FWCI，即领域加权引用影响力指数（Field-Weighted Citation Impact），是一篇文献被引次数与 3 年内所有同类文献平均被引次数的比率。FWCI 显示一篇文献与同类文献相比的引用效果（同类文献是指同出版年、同学科、同文献类型的文献）。一般认为，全球平均值为 1，高于 1 则表示文献引用数超过全球平均水平。FWCI 综合考虑了出版年份、文献类型、来源出版物相关学科等因素，因此不同学科在评价指标中的比重是相同的，可避免因研究人员引用行为造成的差异，也有助于研究人员判断领域内文献的学术影响力。

什么是 PlumX？PlumX，是替代计量学指标。当人们与研究活动相互影响时，在网络上会留下在线“足迹”。Plum Analytics 收集这些足迹，创建各个研究成果（论文、会议记录、图书章节等）的指标并进行分类。这些指标统称为 PlumX 指标。PlumX 指标分为 5 个类别：使用（Usage）、捕获（Captures）、提及（Mentions）、社交媒体（Social Media）、引用（Citations），用以评估引用影响和该文献的社会影响力，如是否被专利、政府政策引用，以及社交媒体的推广和关注度等，进一步分析该研究的应用价值。

（三）引文分析

Scopus 利用引文网络深度挖掘文献，即通过文章详情页面，将引文网络延伸、拓展至施引文献、参考文献、相关文献，使三者相互关联，形成覆盖研究领域的网络体系，从而快速、全面了解这一研究领域的“前世今生”。通过施引文献，追踪研究领域的最新进展，以及该论文对后续研究的影响和应用，发现新的研究思路，越查越新；通过参考文献，追溯研究依据和起源，越查越深；通过相关文献，即有共同引用的相关文献，分析研究相关性，开拓思路，启发跨学科研究，越查越广。

在检索结果页，点击“分析搜索结果”，可分别查看按年份、来源出版物、作者姓名、归属机构、国家/地区、类型、学科类别、基金资助机构划分的文献的可视化分析图，点击这些可视化分析图可查看更多数据。

在作者页面，点击“分析作者的产出”，可查看来源出版物、合著作者，按来源出版物、文献类型、年份、学科划分的文献的可视化分析图，以及 h 指数、引文。点击“引文概览”，可查看按出版年份显示的文献引用次数，可勾选日期范围、排除所选作者的自引、排除所有作者的自引、排除书籍中的引用，并可导出、打印引用文献列表。

七、Scopus 与 WOS 三大引文库的比较

Scopus 与 WOS 三大引文库各有特色，这里比较两者在收录范

围、检索方法、结果分析等方面的不同(见表10-15),用户可选择适合自己的引文数据库。

表10-15 Scopus与WOS三大引文库的比较

	Scopus	WOS三大引文库
出版商	爱思唯尔(Elsevier)	科睿唯安(Clarivate)
文献数量	2.7万多种同行评审期刊(含5000多种金色OA期刊)等	约1.35万种权威学术期刊等
学科范围	所有学科领域,分为自然科学、医学、生命科学、社会科学四大类	所有学科领域
收录年限	1788年至今	1900年至今
文献类型	期刊、会议论文、图书章节、专利	期刊
检索方法	文献检索、高级检索、作者检索、归属机构检索、来源出版物检索	基本检索、高级检索、被引参考文献检索、作者检索、化学结构检索
检索字段	篇关摘、作者、来源出版物名称、论文标题、摘要、关键词、归属机构等	主题、标题、作者、出版物标题、所属机构、地址、作者标识符等
文章页面	文章信息、引用信息(被引次数、FWCI、浏览次数、PlumX指标、施引文献、相关文献、参考文献)、期刊信息等	文章信息、引用信息(被引频次、最近180天的使用次数、所有时间的使用次数、施引文献、相关记录、参考文献)、期刊信息等
作者页面	作者姓名、归属机构、主题领域、作者姓名变体、Scopus ID、文献数量、总被引次数、h指数、文献与引文趋势、最高贡献主题、作者文献列表等	作者署名变体、所属机构、ResearcherID、h指数、出版物总数、被引频次总计、施引文献、作者论文列表等

续 表

	Scopus	WOS 三大引文库
结果排序	相关度(默认)、日期、施引文献、第一作者、来源出版物名称等	相关度(默认)、日期、被引频次、使用次数、第一作者、出版物标题等
结果分析	年份、作者、学科领域、来源出版物名称、关键词、归属机构、国家/地区等	出版年、WOS 类别、研究方向、作者、所属机构、出版物标题、国家/地区等
结果导出	直接导出至 Mendeley	直接导出至 EndNote
	导出格式：RefWorks、RIS、BibTeX、CSV、纯文本文件，再导入文献管理软件	导出格式：纯文本文件、RefWorks、RIS、BibTex，再导入文献管理软件
	APA 等 10 种参考文献格式，可复制到 Word 文档	导出至 Excel 文档、制表符分隔文件、可打印的 HTML 文件等
获取全文	开放获取(OA)、出版商处的全文、联系作者	开放获取(OA)、出版商处的全文、利用 Kopernio 插件、学术搜索引擎、图书馆文献传递、联系作者
引文分析	利用施引文献、参考文献、相关文献形成引文网络，分析搜索结果，分析作者的产出，提供“引文概览”	利用施引文献、参考文献、相关记录形成引文网络，分析检索结果，提供“引文报告”
作者评价	文献数量、总被引次数、h 指数、文献与引文趋势、最高贡献主题	出版物总数、被引频次总计、h 指数、施引文献
论文评价	被引次数、浏览次数、FWCI、PlumX 指标	被引频次、使用次数、高被引论文、热点论文
期刊评价	CiteScore	期刊影响因子(IF)

八、常用外文数据库检索算符的比较

在期刊、学位论文、图书、引文数据库各章中，讲解了常用外文数据库的检索。常用外文数据库的检索算符(逻辑算符、优先算符、词组检索、截词符等)比较见表 10－16。注意：Scopus、SpringerLink 的逻辑与、逻辑或的优先顺序都属于特例，是 **OR>AND**。

表 10－16　常用外文数据库的检索算符

	Science Direct	EBSCO	PQDT	Springer Link	WOS	Scopus
逻辑与	AND	AND	AND	AND、&	AND	AND
逻辑或	OR	OR	OR	OR、|	OR	OR
逻辑非	NOT	NOT	NOT	NOT	NOT	AND NOT
优先算符	( )	( )	( )	( )	( )	( )
词组检索	" "	" "	" "	" "	" "	" "
无限截词符	无	*	*	*	*	*
有限截词符	无	?	?	?	?	?
有限截词符	无	#	#	无	$	#
优先顺序	NOT> AND> NOT	NOT> AND> NOT	AND> OR> NOT	NOT> OR> AND	NOT> AND> OR	OR>AND >AND NOT

答疑解惑

本章开头的检索提问，你知道怎么解答了吗？

Q：查文献时，看到很多论文都提到了同一本中文专著，所以在写文献综述时，我也把它包括在内。那么，我如何确认这本专著的学术影响力很大？

A：每个人的阅读范围有限，不能以个人的阅读量、主观想法或传闻等，来判断某本专著的学术影响力，一般来说，主要依据应该是引文数据库统计出的被引次数。中文图书的被引，除了查 CSSCI，还可以查读秀。

Q：怎么判断期刊是 C 刊？C 刊的刊名目录去哪里查？

A：C 刊，即 CSSCI 来源期刊。判断期刊是否为 C 刊，需要在 CSSCI 的来源期刊目录、扩展版来源期刊目录中查证。CSSCI 的来源期刊目录、扩展版来源期刊目录是动态调整的，每两年更新一次，所以，要查找的是所需的年份。在 CSSCI 官网可免费下载全部年份的来源期刊目录、扩展版来源期刊目录。注意：不要用搜索引擎查找 CSSCI 来源期刊目录，如果不是来自 CSSCI 官网，所找到的来源期刊目录可能是不完整的，也可能不是最新的或所需年份。

Q：怎么判断期刊是 SCI 刊？SCI 刊的期刊目录去哪里查？

A：SCI 刊，即 SCI 来源期刊。判断期刊是否为 SCI 刊，需要在 WOS 期刊目录中查证。注意，目前已不再区分 SCI 与 SCIE。科睿唯安每年公布期刊目录，在科睿唯安官网可免费查找 SCIE、SSCI、AHCI 期刊目录。在期刊目录（Master Journal List）页面[10]，输入刊名或 ISSN，从检索结果可知，该刊是否为 SCIE、SSCI、AHCI 其中之一的来源期刊，或者是 SCIE、SSCI、AHCI 双收录、三收录的期刊。注意：不要用搜索引擎查找 SCI 期刊目录，如果不是来自科睿唯安官网，找到的 SCI 期刊目录可能是不完整、不准确的。

参考文献

[1] Elsevier Global Communications. Trust in Research [EB/OL]. (2019-08-27) [2022-06-30]. https://www.elsevier.com/connect/trust-in-research.

[2] 中国社会科学引文索引[EB/OL]. [2022-06-30]. http://cssci.nju.edu.cn/.

[3] 南京大学中国社会科学研究评价中心[EB/OL]. [2022-03-12]. https://cssrac.nju.edu.cn.

[4] 中文核心期刊要目总览[EB/OL]. [2022-06-30]. http://hxqk.lib.pku.edu.cn/.

[5] 科睿唯安学习中心[EB/OL]. [2022-06-30]. https://clarivate.libguides.com/china.

[6] Garfield E. Citation indexes for science[J]. Science, 1955, 122: 108-111. DOI: 10.1126/science.122.3159.108.

[7] Publons [EB/OL]. [2022-06-30]. https://publons.com/.

[8] Scopus [EB/OL]. [2022-06-30]. https://www.scopus.com/.

[9] Scopus: Access and use Support Center [EB/OL]. [2022-06-30]. https://service.elsevier.com/app/home/supporthub/scopus/.

[10] Web of Science Master Journal List [EB/OL]. [2022-06-30] https://mjl.clarivate.com/.

第十一章
统计数据库

大数据时代，数据意识、数据能力成为科研创新的核心竞争力。丰富的网络公开数据资源可以为拓宽数据视野提供有力支撑。大数据时代，如何查找权威数据？

请你先“小试牛刀”。

Q：我想查近几年美国城市的一些数据，如人口、就业、新经济发展、城市发展、生态建设等。哪里可查？

Q：我想查近几年的旅游数据，最好能查到电子版的。我要去哪里查？

本章重点讲解如何查找统计数据，以知网统计库、OECD iLibrary 统计数据两个常用的统计数据库为主，同时也包括中国公开数据网站、国际组织公开数据网站。选择网站的重点是，这些网站公开的统计数据是可靠的、权威的。

在前面的章节，已反复强调检索的 4 个要点：全面、准确、新颖、权威。在查找统计数据的时候，特别要强调的就是“新颖”和“权威”。

统计数据，要注重“新颖”。21 世纪的今天，社会发展、技术发展都很快。信息技术、互联网技术这类前沿技术就更是飞速发展，如果所写的论文与 IT 或互联网相关，用的却是几年前的数据的话，那就根本不能说明现在的发展状态。一般来说，每年的年中，就可以查到上一年度全年的官方统计数据，但是有些同学写学位论文时没有查找最新数据的意识，用的还是几年前的数据，表明其对统计数据的新颖性不是很敏感，或者是还不够重视。

统计数据，要注重“权威”。有些同学在写论文的时候知道要“用数据说话”，却没有查找权威数据的意识，可能会自己做一些调查问卷，分析问卷得来的数据，等等。采用调查问卷的方法是可以的，但要注意样本量、信度、效度等，而且数据的权威性其实要打个很大的问号，更推荐查找来自权威机构的统计数据。

特别提醒：想要对查到的数据进行分析，为自己的研究或者论文提供数据支撑，是很好的想法，但同时也一定要记得查找是否已有人对这些数据进行过分析研究，也就是这个 idea 是否有研究者做过。曾经有一位同学先是想查找“美国民调”最新年份的数据，在笔者指导下查到之后很惊喜，接着就想查更多年份的数据，在笔者帮助整理思路之后，又查到了最近十年的数据。他非常高兴，庆幸自己在这些数据的启发下有了一个很好的 idea，即可以经由分析这些数据，研究美国民调对外交政策的影响，作为学位论文选题。他觉得别人查不到这些数据，也想不到这个 idea，因此也就没想要去查是否已有研究做过这些数据的分析。笔者提醒他不要囿于己见，避免先入为主地认为没有人对这些数据进行过分析研究，应该全面查找相关研究之后再下结论。这位同学查找之后大吃一惊，发现居然有人和他的 idea 一样，并且已对这些数据做过全面、深入的分析。还好及时发现，避免了可能的撞题。这也就是为什么开题时要先做文献调研，通过文献调研确认选题的新颖性，再进入写论文的阶段。

第一节　中国经济社会大数据研究平台

统计数据库,检索过程相对来说比较简单。本章主要从数据库简介、导航浏览、检索方法、检索结果几个方面来讲解。

一、知网统计库的特点及其适用性

中国经济社会大数据研究平台[1](以下简称"知网统计库")是知网旗下的统计数据库,是目前国内最大的连续更新的以统计年鉴为主体的统计数据库。目前收录统计年鉴、资料共2500多种,29200多册;数据图表条目共计3000多万条。行业领域包括国民经济核算、固定资产投资、人口与人力资源、人民生活与物价、各类企事业单位、财政金融、自然资源、能源与环境、政法与公共管理、农民农业和农村、工业、建筑房产、交通邮电信息产业、国内贸易与对外经济、旅游餐饮、教育科技、文化体育、医药卫生等18个大类。资料类型包括统计年鉴、分析报告、资料汇编、调查资料、普查资料、统计摘要等。

中国经济社会大数据研究平台,是统计大数据碎片化抽取与分析的应用产品,提供一站式的数据查询、分析,将统计数据查询、数据挖掘分析、决策支持研究及个人数据管理功能集于一体,对国内的权威统计年鉴、统计资料进行数字化整合。统计数据不仅来自统计年鉴,还来自各类行业年鉴、统计报告,以及海内外各级各行业统计部门发布/提供的经济社会发展进度数据。为弥补印刷型统计年鉴、资料存在的周期时滞的问题,及时收录了国家统计局实时发布的经济运行进度数据。如其"第七次全国人口普查数据"的数据来源就是国家统计局。

二、知网统计库导航浏览

（一）导航栏

知网统计库导航栏包括首页、统计资料、数据分析、决策支持和“我的统计数据”5个栏目。其中，统计资料、数据分析、决策支持再细分为各项子标题。

1. 统计资料。进入统计资料页面，可按领域（见前文中的“行业领域”18个大类）、资料类型（统计年鉴、调查资料、分析报告、普查资料、资料汇编、统计摘要等6类）、地区（全国范围、长江三角洲、珠江三角洲、环渤海地区、西部大开发省市等40类）进行浏览，也可输入检索词进行查询后，再按领域、地区、资料类型进行限定。

2. 数据分析。系统采用数据挖掘分析技术，面向研究课题，为用户提供方便快捷的数据分析服务。包括年度数据分析、进度数据分析、国际数据分析、专题数据分析。数据分析可从地区、指标、时间（时间范围和区间）3个维度进行数据查询（见表11－1）。可生成数据图表、数据地图，进行相关分析、统计预测、科学评价等决策支持分析。

表11－1　数据分析的3个维度

	地　区	指　标	时　间
年度数据分析	检索地区 按地区类型 按行政区域选择 选择下级地域	基本指标（27个） 全部指标（75个）	按时间范围 按区间快速选择

续　表

	地　区	指　标	时　间
进度数据分析	检索地区 按行政区域选择 选择下级地域	全部进度指标(50个) 季度指标(13个) 月度指标(45个)	按时间范围
国际数据分析	检索国家/地区 按洲别选择 按国家/地区类型选择	全部指标(25个)	按时间范围
专题数据分析	检索地区 按行政区域选择 按环保重点城市选择 按主要城市选择 按沿海城市选择	主题指标(14个)	按时间列表 按时间轴

3. 决策支持。包括相关分析、科学评价、统计预测、决策模型、数据智能分析平台。使用方法主要包括3个操作步骤,第一步选择决策支持研究模型(相关分析、科学评价、统计预测、决策模型),第二步选择建模方法,第三步设置模型的参数,点击“计算”,即可生成对应的结果页。其中,“相关分析”的建模方法有：关联规则挖掘、一元线性回归分析、多元回归分析、相关系数;“科学评价”的建模方法有：熵值法、层次分析法(AHP法)、灰色关联分析法、因子分析法、主成分分析法;“统计预测”的建模方法有：一元线性回归预测、多元线性回归预测、时间序列趋势外推预测、指数平滑法;“决策模型”的建模方法有：地区决策分析、产业决策分析、企业决策分析。

(二) 首页快速导航区

知网统计库首页快速导航区包括中国指数、进度数据发布、统计资讯、数据智能分析平台4个板块,并提供数据定制服务。

1. 中国指数。包括景气指数、价格指数和各地区核心指标数据，用图表方式直观展示中国的各类重要指标。① 景气指数，包括宏观经济景气指数、企业家信心指数 & 企业景气指数、消费者信心指数、采购经理人指数、人类发展指数、克强指数、恩格尔系数、基尼系数、国房景气指数、银行业景气指数及银行家信心指数、中国创新指数(2005 年＝100)、科技进步贡献率、中国市场化指数、中小企业发展指数(SMEDI)、小微企业运行指数、经济学家信心指数、5000 户企业景气指数。② 价格指数，包括居民消费价格指数、商品零售价格指数、工业生产者价格指数、农产品生产价格指数、农产品集贸市场价格指数、农产品批发价格 200 指数、农业生产资料价格指数、企业商品价格指数、住宅销售价格指数、固定资产价格指数、中国沿海(散货)运价指数。③ 各地区核心指标数据，精选各行业、各地区核心统计指标，横纵纬度双向深度挖掘，将指标时间序列、内容详情、数据看板(dashboard)、发展预测及相关推荐信息进行直观呈现。

2. 进度数据发布。包括综合、价格指数、财政金融保险、建筑房产、交通邮电、工农产品、固定资产投资、工业企业和海关外贸等 9 个专题，可按年度、季度、月度显示。

3. 统计资讯。可进行一框式资讯检索，检索结果中可选地区分组、来源分组、年份分组，进行限定。

4. 数据智能分析平台。包括 40 多种宏观经济分析方法、30 多种运筹与决策分析模型，可以上传个性化数据进行统计建模分析，只需简单设置参数，即可一键生成详细的报告式分析结果。

5. 数据定制。数据库提供数据定制服务，满足用户进行论文写作、课题研究和项目建设过程中对数据的需求，为用户数据获取、研究分析、管理决策提供支撑。

三、知网统计库检索方法

知网统计库的检索方法相对比较简单，主要有基本检索和高级检索。

（一）基本检索

基本检索即一框式检索，可输入检索词，在统计指标、条目题名、统计资料、统计资讯中进行数据查询。默认检索结果为统计指标，在检索结果中，还可分别按条目题名、统计资料、统计资讯进行查看。如输入：**高校毕业生**，即可查询到相关的统计指标、条目题名、统计资料、统计资讯。

（二）高级检索

在检索结果页，分别选择：统计指标、条目题名、统计资料、统计资讯，则可在相应的页面进行高级检索。统计指标的高级检索，可输入指标名称、指标地区进行检索，可选择指标时间、数据类型进行限定。条目题名的高级检索，可输入年鉴名称、条目题名进行检索，可选择年鉴年份进行限定。统计资料的高级检索，可输入关键词进行检索。统计资讯的高级检索，可输入关键词进行检索。

四、知网统计库的检索结果

（一）检索结果排序

统计指标、条目题名的检索结果排序有两种方式：年鉴年份、相关度。默认排序是按年鉴年份。统计资料、统计资讯的检索结果则按年份排序。

（二）检索结果分组

在基本检索和高级检索的检索结果中，都可按分组进一步限定检索结果（见表 11－2）。

表 11－2 分组限定检索结果

检索结果	分组限定检索结果
统计指标	时间范围、所属地区、数据来源、统计指标
条目题名	条目类型、所属地区、所属年鉴、条目年份
统计资料	领域分组、地区分组、类型分组
统计资讯	地区分组、来源分组、年份分组

（三）数据下载格式

统计指标的下载格式有两种：CAJ 格式、XLS 格式。XLS 格式便于利用不同分析方法对统计数据进行分析。

第二节　OECD iLibrary 统计数据

一、OECD iLibrary 的特点及其适用性

OECD 即经济合作与发展组织（Organisation for Economic Cooperation and Development），为政府间国际经济组织，简称“经合组织”，旨在共同应对全球化带来的经济、社会和政府治理等方面的挑战，并把握全球化带来的机遇。1995 年 OECD 与中国建立对话合作关系，2002 年中国成为 OECD 科学技术政策委员会的观察员。

OECD iLibrary 即经合组织在线图书馆[2]，收录类型包括图书（Books）、论文（Papers）、播客（Podcasts）和统计数据（Statistics）。涵盖 17 个学科领域：农业和食品（Agriculture and Food）、发展（Development）、经

济(Economics)、教育(Education)、就业(Employment)、能源(Energy)、环境(Environment)、金融和投资(Finance and Investment)、治理(Governance)、工业和服务业(Industry and Services)、核能(Nuclear Energy)、科学和技术(Science and Technology)、社会问题/移民/健康(Social Issues/Migration/Health)、税收(Taxation)、贸易(Trade)、运输(Transport),以及城市、乡村与区域发展(Urban, Rural and Regional Development)。OECD iLibrary 需访问权限才能查看全文,全球有数千家机构,包括上海图书馆已购买 OECD iLibrary。

二、OECD iLibrary 统计数据导航浏览

OECD iLibrary 首页导航栏包括主题浏览(Browse by Theme)、国家浏览(Browse by Country)、主题和国家浏览(Browse by Theme and Country)、目录(Catalogue)、统计数据(Statistics)、播客(Podcasts)6 个栏目。其中,① 主题浏览,可按 17 个学科主题进行浏览,每个主题又分为图书、论文、统计数据、播客。其中,统计数据可按统计数据库(Databases)、统计指标(Indicators)、统计期刊(Statistical Periodicals)进行浏览。② 国家浏览,可按国家/地区进行浏览。③ 主题和国家浏览,可分别选择一个或多个主题、国家进行浏览。④ 目录,可按图书、论文、统计数据、可持续发展目标探路者(SDG Pathfinder)等进行浏览。

OECD iLibrary 统计数据(Statistics),分为搜索统计数据(Search Statistics)、特色内容(Featured Content)、统计数据库(Databases)、统计指标(Indicators)、统计连续出版物(Statistical Series)5 个栏目。其中,统计数据库 46 个、统计指标 56 项、统计连续出版物 34 种。特色内容,指最新发布的统计数据。

（一）46 个统计数据库

OECD iLibrary 统计数据（Statistics）收录 46 个统计数据库（Databases），其中包括 OECD 的 29 个统计数据库和国际能源署（International Energy Agency，IEA）的 11 个统计数据库，数据来自 OECD 成员国以及其他非成员国的数据资料。可从“跨数据集”中提取数据（Extract data from across datasets），以下为 46 个统计数据库：

按商品统计的国际贸易（International Trade by Commodity Statistics）

主要经济指标（Main Economic Indicators）

经合组织农业统计（OECD Agriculture Statistics）

经合组织经济展望：统计和预测（OECD Economic Outlook: Statistics and Projections）

经合组织教育统计（OECD Education Statistics）

经合组织就业和劳动力市场统计（OECD Employment and Labour Market Statistics）

经合组织环境统计（OECD Environment Statistics）

经合组织概况统计（OECD Factbook Statistics）

经合组织卫生统计（OECD Health Statistics）

经合组织机构投资者统计（OECD Institutional Investors Statistics）

经合组织保险统计（OECD Insurance Statistics）

经合组织国际发展统计（OECD International Development Statistics）

经合组织国际直接投资统计（OECD International Direct Investment Statistics）

经合组织国际移民统计（OECD International Migration Statistics）

经合组织国民账户统计（OECD National Accounts Statistics）

经合组织专利统计(OECD Patent Statistics)

经合组织养老金统计(OECD Pensions Statistics)

经合组织产品市场监管统计(OECD Product Market Regulation Statistics)

经合组织生产力统计(OECD Productivity Statistics)

经合组织季度国际贸易统计(OECD Quarterly International Trade Statistics)

经合组织区域统计(OECD Regional Statistics)

经合组织科学、技术和研发统计(OECD Science, Technology and R&D Statistics)

经合组织社会和福利统计(OECD Social and Welfare Statistics)

经合组织国际服务贸易统计(OECD Statistics on International Trade in Services)

经合组织衡量全球化统计(OECD Statistics on Measuring Globalisation)

经合组织增加值贸易统计(OECD Statistics on Trade in Value Added)

经合组织税收统计(OECD Tax Statistics)

经合组织电信和互联网统计(OECD Telecommunications and Internet Statistics)

经合组织旅游统计(OECD Tourism Statistics)

经合组织统计(OECD. Stat)

STAN：经合组织结构分析统计(STAN：OECD Structural Analysis Statistics)

结构和人口商业统计(Structural and Demographic Business Statistics)

IEA 国家的能源预测(Energy Projections for IEA Countries)

IEA 燃料燃烧统计中的二氧化碳排放量：能源产生的温室气体排放量(IEA CO_2 Emissions from Fuel Combustion Statistics: Greenhouse Gas Emissions from Energy)

IEA 煤炭信息统计(IEA Coal Information Statistics)

IEA 电力信息统计(IEA Electricity Information Statistics)

IEA 能源效率指标(IEA Energy Efficiency Indicators)

IEA 能源价格和税收统计(IEA Energy Prices and Taxes Statistics)

IEA 能源技术研发统计(IEA Energy Technology RD&D Statistics)

IEA 天然气信息统计(IEA Natural Gas Information Statistics)

IEA 石油信息统计(IEA Oil Information Statistics)

IEA 可再生能源信息统计(IEA Renewables Information Statistics)

IEA 世界能源统计和平衡表(IEA World Energy Statistics and Balances)

国际临界安全基准评估项目手册(International Criticality Safety Benchmark Evaluation Project Handbook)

国际反应堆物理评估项目手册(International Reactor Physics Evaluation Project Handbook)

ITF 运输统计(ITF Transport Statistics)

(二) 56 项统计指标

可从统计指标(Indicators)了解国家统计概况(Country statistical profiles)。OECD 统计指标包括 56 项：农业产出(Agricultural output)、农业政策(Agricultural policy)、空气和气候(Air and climate)、福利和工

资(Benefits and wages)、生物多样性(Biodiversity)、宽带接入(Broadband access)、转化率(Conversion rates)、企业部门(Corporate sector)、人口统计(Demography)、开发资源流动(Development resource flows)、收入和工资(Earnings and wages)、教育程度(Education attainment)、教育资源(Education resources)、就业(Employment)、能源(Energy)、创业(Entrepreneurship)、环境政策(Environmental policy)、渔业(Fisheries)、外国直接投资 FDI(Foreign direct investment, FDI)、森林(Forest)、国内生产总值和支出(GDP and spending)、一般政府(General government)、保健用途(Health care use)、保健设备(Health equipment)、卫生资源(Health resources)、健康风险(Health risks)、健康状况(Health status)、家庭账户(Household accounts)、行业(Industry)、不等式(Inequality)、信息和通信技术 ICT(Information and communication technology, ICT)、保险(Insurance)、利率(Interest rates)、国际学生评估 PISA(International student assessment, PISA)、国际贸易(International trade)、领先指标(Leading indicators)、材料(Materials)、移民(Migration)、货币总量(Monetary aggregates)、国民收入(National income)、官方发展援助 ODA(Official development assistance, ODA)、养老金(Pensions)、按地区划分的人口(Population by region)、价格(Prices)、生产率(Productivity)、研发 R&D(Research and development, R&D)、社会保护(Social protection)、学生(Students)、可持续农业(Sustainable agriculture)、税(Tax)、教师(Teachers)、运输(Transport)、失业(Unemployment)、废弃物(Waste)、水(Water)、青年与劳动力市场(Youth and the labour market)。

(三) 34 种统计连续出版物

OECD 统计连续出版物(Statistical Series),包括 34 种:

消费税趋势（Consumption Tax Trends）

教育概览（Education at a Glance）

环境概览（Environment at a Glance）

流向发展中国家的资金的地理分布（Geographical Distribution of Financial Flows to Developing Countries）

健康概览（Health at a Glance）

健康概览：欧洲（Health at a Glance：Europe）

按商品统计的国际贸易（International Trade by Commodity Statistics）

世界主要能源统计（Key World Energy Statistics）

主要经济指标（Main Economic Indicators）

主要科技指标（Main Science and Technology Indicators）

经合组织国家国民账户（National Accounts of OECD Countries）

经合组织国家的国民账户、金融账户（National Accounts of OECD Countries，Financial Accounts）

经合组织国家的国民账户、金融资产负债表（National Accounts of OECD Countries，Financial Balance Sheets）

经合组织国家的国民账户、一般政府账户（National Accounts of OECD Countries，General Government Accounts）

核能数据（Nuclear Energy Data）

经合组织生产力指标纲要（OECD Compendium of Productivity Indicators）

经合组织经济展望（OECD Economic Outlook）

经合组织保险统计（OECD Insurance Statistics）

经合组织国际发展统计（OECD International Development Statistics）

经合组织国际直接投资统计（OECD International Direct Investment Statistics）

经合组织劳动力统计（OECD Labour Force Statistics）

经合组织养老金概览（OECD Pensions at a Glance）

经合组织季度国际贸易统计（OECD Quarterly International Trade Statistics）

经合组织地区和城市概览（OECD Regions and Cities at a Glance）

经合组织科学、技术和工业记分牌（OECD Science, Technology and Industry Scoreboard）

经合组织国际服务贸易统计（OECD Statistics on International Trade in Services）

季度国民经济核算（Quarterly National Accounts）

收入统计（Revenue Statistics）

非洲收入统计（Revenue Statistics in Africa）

亚太地区收入统计（Revenue Statistics in Asia and the Pacific）

拉丁美洲和加勒比地区的收入统计（Revenue Statistics in Latin America and the Caribbean）

社会概览（Society at a Glance）

对工资征税（Taxing Wages）

世界能源展望（World Energy Outlook）

三、OECD iLibrary 统计数据检索方法

（一）基本检索（Search）

基本检索即一框式检索，可输入检索词或词组，进行数据查询。基本检索默认在标题、作者或 ISSN/ISBN/DOI 字段进行检索。基

本检索可使用词组检索" "、截词符*等检索算符。

（二）高级检索（Advanced Search）

高级检索，检索字段包括所有字段、标题、作者名、作者单位、摘要、DOI/ISSN/ISBN。默认为所有字段。检索算符包括逻辑算符**AND**、**OR**、**NOT**，词组检索" "，截词符*。

高级检索可选择时间（Search between these dates）、版本说明（Imprints）、语言（Languages）、内容类型（Content type）、主题/国家（Theme/Country）等进行限定。

检索案例：大中小学的学生数

查询步骤：OECD iLibrary—统计数据（Statistics）—统计数据库（Databases）—经合组织教育统计（OECD Education Statistics）—数据集（Datasets archives）—选择需要的年份（如 2021 年）—点击教育数据库（Education Database）或教育概览（Education at a glance），可查看按年龄或领域划分的入学率、在校生、毕业生。查看历年的数据，则需要逐年查看教育数据库或教育概览。

四、OECD iLibrary 统计数据检索结果

（一）检索结果排序

检索结果有 3 种排序方式：相关度（Relevance）、最新时间（Newest First）、最早时间（Oldest First）。默认为按相关度排序。

（二）检索结果分析

在检索结果页，可按主题（Theme）、出版年（Publication year）、内容类型（Content Type）、语言（Language）、翻译（Translations）、国家（Country）、版本说明（Imprint）、作者/编者（Author/Editor）、出版物（Publication），进一步分析和优化检索结果。检索结果页右侧，用

3种颜色显示检索结果中的访问权限。橙色：用户有权在线阅读内容；绿色：用户的订阅使之能够访问所有格式；蓝色：用户可以访问所有格式。

（三）检索结果导出

检索结果（数据集、统计指标、表格）可导出为参考文献格式，可直接将引文格式复制到Word文档，也可选择导出格式：EndNote、Zotero、BibTeX、RefWorks、Procite，还可将选定记录导出至文献管理软件RefWorks、Mendeley。

（四）阅读与下载

点击统计数据库（Databases）标题，进入统计数据库详情页面，可查看如下几种信息。① 统计数据库基本信息，包括统计数据库名称、摘要、关键词、语种、ISSN、DOI等信息，以及相关指标（Related Indicators）链接、相关统计数据库（Related Databases）链接。右侧选项提供邮件提醒和RSS订阅服务等。② 数据集（Datasets），显示所包含的数据集。有的数据集含有子数据集，点击下拉展开对应的子集。点击数据集右侧“Data”，可直接链接至该数据集的浏览和检索界面。③ 相关标题（Related Titles），显示相关标题。可以HTML、PDF、ePUB、在线阅读格式查看统计连续出版物；点击标题右侧“XLS”，可直接下载Excel表格；也可访问完整的出版物（Access the full publication）。④ 数据集档案（Datasets archives），点击档案标题右侧“CSV”，可直接下载为CSV格式。

点击统计指标（Indicators），进入统计指标详情页面，可查看如下几种信息。① 统计指标基本信息，包括统计指标名称、摘要、关键词、语种、DOI等信息，以及相关指标（Related Indicators）链接、相关统计数据库（Related Databases）链接。右侧选项提供邮件提醒和RSS订阅服务等。② 统计指标/相关标题（Indicators/Related

Titles)，显示所包含的统计指标。点击数据集右侧“Data”，可直接链接至该统计指标的浏览和检索界面。③ 相关标题(Related Titles)，显示相关标题。可以 HTML、PDF、ePUB、在线阅读格式查看统计连续出版物；点击标题右侧“XLS”，可直接下载 Excel 表格；也可访问完整的出版物(Access the full publication)。

点击统计连续出版物(Statistical Series)标题，进入统计连续出版物/期刊详情页面，可查看如下几种信息。① 统计连续出版物基本信息，包括统计连续出版物名称、年份、摘要、语种、ISSN、DOI 等信息，以及相关统计数据库链接。② 最新统计连续出版物基本信息，包括统计连续出版物名称、出版时间、页码、摘要、语种、DOI、ISBN 等信息，以及最新统计连续出版物目录。统计连续出版物的全文有 4 种查看方式：下载保存为 HTML、PDF、ePUB 格式，以及在线阅读。分章节有 3 种查看方式：下载保存为 HTML、PDF 格式，以及在线阅读。

查看数据集。首次打开数据集时，显示默认的表格视图。使用表格顶部的选项，可修改默认数据选择。自定义(Customise)，可为每个维度选择变量并更改表格布局和显示选项；导出(Export)，可将所选择下载并保存为 MS Excel、CSV、PC-Axis 或 SDMX 文件；我的查询(My Queries)，可将当前表格视图保存为个人查询以进一步进行查询，需要先登录才能充分利用所有查询功能。其中，自定义(Customise)选项包括如下几种。① 颜色编码。颜色编码可帮助查看特定变量是否存在数据，这样不会浪费时间搜索不存在的数据。在“自定义选项”中，可看到变量名称显示为不同的颜色，不同颜色表示给定变量是否存在数据。深蓝：此变量存在数据；蓝色：此变量不存在数据，但可能存在此变量的子类别；灰色：此变量的任何级别都不存在数据。② 年份。默认显示最近 10 年。在

“自定义选项”中，有两种方法选择时间变量：选择时间范围(range)、选择时间段(period)。③ 维度。在“自定义选项”中，点击布局(Layout)选项，可移动维度(dimension)位置。④ 表格选项。如果要格式化显示表格视图，在“自定义选项”中，点击表格选项(Table options)，从小数(Decimals)、缩放(Scaling)、维度成员标签(Dimension Member Labels)、空行和列(Empty rows and columns)、层次结构(Hierarchies)、其他选项(Other Options)等，可自定义表格选项。

五、OECD Statistics

OECD iLibrary 需访问权限才能查看统计数据，OECD Statistics[3]则提供部分 OECD 数据的免费查询和下载。OECD Statistics 可以进行简单搜索，也可按主题(Data by theme)、热门查询(Popular queries)浏览数据。

(一) 简单搜索

在页面左侧搜索框，可输入检索词在主题或数据集中进行搜索。在页面右上角搜索框，可输入检索词在数据集名称、维度、变量名称中进行全文搜索。

(二) 主题浏览

OECD Statistics 可按主题浏览数据(Data by theme)，每个主题下再细分子主题，通过单击“+”或“−”号展开或折叠一个主题或子主题。一般有三级类目或四级类目，如：教育与培训(Education and Training)为一级类目，教育概览(Education at a Glance)为二级类目，教师和学习环境(Teachers and the learning environment)为三级类目，学生义务教育的教学时间(Students' instruction time in compulsory education)为四级类目，义务普通教育的教学时间

(Instruction time in compulsory general education)为数据集。以下为23个主题：

一般统计(General Statistics)

农业和渔业(Agriculture and Fisheries)

人口学和人口(Demography and Population)

发展(Development)

经济预测(Economic Projections)

教育与培训(Education and Training)

环境(Environment)

金融(Finance)

全球化(Globalisation)

健康(Health)

工业与服务业(Industry and Services)

信息和通信技术(Information and Communication Technology)

国际贸易与国际收支(International Trade and Balance of Payments)

劳动力(Labour)

国民账户(National Accounts)

月度经济指标(Monthly Economic Indicators)

生产力(Productivity)

价格和购买力平价(Prices and Purchasing Power Parities)

公共部门、税收和市场监管(Public Sector, Taxation and Market Regulation)

地区和城市(Regions and Cities)

科学、技术和专利(Science, Technology and Patents)

社会保障与福利(Social Protection and Well-being)

运输(Transport)

（三）热门查询

OECD Statistics 可按热门查询（Popular queries）浏览数据，如经济展望（Economic Outlook），可查看 1961 年至今的年度数据、季度数据。以下为热门查询。

TiVA 2021：主要指标（TiVA 2021：Principal Indicators）

经济展望（Economic Outlook）

国内生产总值（年度），即 Gross domestic product (annual)

国内生产总值（季度），即 Gross domestic product (quarterly)

综合领先指标（Composite Leading Indicators）

居民消费价格指数-通货膨胀（Consumer price indices-inflation）

健康状况（Health Status）

劳动力市场统计（Labour Market Statistics）

每月货币和金融统计 MEI（Monthly Monetary and Financial Statistics，MEI）

农业展望（Agricultural Outlook）

按行业和最终用途分列的双边贸易 ISIC4（Bilateral Trade by Industry and End-use，ISIC4）

热门查询的最后，是从 A 到 Z 排列的统计数据（Statistics from A to Z），点击即链接至 OECD Data[4]，可搜索 OECD 最新数据，包括图表（charts）、地图（maps）、表格（tables）和相关出版物（related publications），也可按主题（topic）、国家（country）浏览。

第三节　中国公开数据网站

本节重点讲解国家统计局、北京统计局、上海统计局的公开数据，以及政府机构发布的各类统计数据。

一、国家统计局

国家统计局官网又名中国统计信息网[5]，其统计数据权威、可靠，数据及时公开，全部免费。国家统计局官网发布的统计数据相关内容主要包括：统计年鉴、统计公报、普查数据、数据查询、最新数据等。

（一）统计年鉴

《中国统计年鉴》是一部全面反映我国经济和社会发展情况的资料性年鉴，系统收录了全国和各省、自治区、直辖市上年经济、社会各方面的统计数据，以及多个重要历史年份和近年全国主要统计数据。年鉴篇章包括：综合，人口，国民经济核算，就业和工资，价格，人民生活，财政，资源和环境，能源，固定资产投资，对外经济贸易，农业，工业，建筑业，批发和零售业，运输、邮电和软件业，住宿、餐饮业和旅游，金融业，房地产，科学技术，教育，卫生和社会服务，文化和体育，公共管理、社会保障和社会组织，城市、农村和区域发展，香港特别行政区主要社会经济指标，澳门特别行政区主要社会经济指标，台湾省主要社会经济指标，以及附录部分，含国际主要社会经济指标。各篇章前设有简要说明，篇末附有主要统计指标解释。《中国统计年鉴》在每年 9 月出版，国家统计局官网提供在线查看 1999 年至今《中国统计年鉴》的全文，2015 年开始有中英文两个版本。

《国际统计年鉴》是一部综合性国际经济、社会统计资料年鉴，收录了世界 200 多个国家和地区的统计数据，对其中的 40 多个主要国家和地区的经济、社会发展指标及国际组织发布的主要综合评价指标进行了更为详细的收集。年鉴分为 17 个部分：中国在世界的地位，自然资源和环境，国民经济核算，人口，就业人员和劳动报酬，投资环境，能源，财政和金融，价格指数，居民收支和贫困，农业，工业和建筑业，运输和通讯（信），对外贸易和旅游，国际收支和外债，教育、科技、文化和卫生，经济社会综合评价指标。国家统计局官网提供在线查看 1995 年至今《国际统计年鉴》的全文，浏览的条目可以 XLS 格式下载。

《金砖国家联合统计手册》收录了巴西、中国、印度、俄罗斯和南非等金砖五国的社会经济发展数据，分别从不同角度展示各国的发展和现状。年鉴包括国家概况、人口、国民经济核算、价格指数、居民生活水平、工业、能源、农业、交通运输、信息社会、财政金融、对外经济关系、旅游等详细数据。国家统计局官网提供在线查看 2011 年至今《金砖国家联合统计手册》的全文，可分章节免费下载，2020 年版、2021 年版可全文免费下载。

（二）统计公报

《中华人民共和国国民经济和社会发展统计公报》每年 2 月下旬发布，包含上年度国民经济、农业、工业、投资、贸易、对外经济、财政、金融、交通、邮电和旅游、教育、科技和文化、卫生和社会服务、人口、人民生活和社会保障、资源、环境和安全生产等内容。国家统计局官网提供在线浏览统计公报的全文，统计公报的分类栏目为：年度统计公报（1978 年至今）、经济普查公报、人口普查公报、农业普查公报、R&D 普查公报、其他统计公报、基本单位普查公报、工业普查公报、三产普查公报。

（三）普查数据

国家统计局官网提供在线浏览普查数据的全文，普查数据的分类栏目为：经济普查、人口普查、农业普查、R&D 资源清查、工业普查、三产普查、基本单位普查。

➢ Tips

国家统计局统一规定，人口普查每10年开展一次，尾数逢0的年份开展人口普查；经济普查每5年开展一次，尾数逢3和逢8的年份开展经济普查；农业普查每10年开展一次，尾数逢6的年份开展农业普查。

（四）数据查询

数据查询，也叫“查数”。查询的统计热词包括GDP、CPI、总人口、社会消费品零售总额、粮食产量、PMI、PPI等。国家统计局官网的数据查询的检索方法分为基本查询、高级查询。基本查询即一框式查询，高级查询即在结果中筛选。可查询数据包括：月度数据、季度数据、年度数据、普查数据、地区数据、部门数据、国际数据，并提供数据地图、经济图表等可视化产品。

检索案例：历年高校学生数

查询步骤：首页—统计数据—数据查询—年度数据—指标—选择“教育”—点击“高等教育学校（机构）学生数”，可查看博士生、硕士生、本科生、专科生的招生数、在校学生数、毕业生数、学位数等。默认显示最近5年，可选最近20年间的时间段；可选择报表、柱形图、条形图、饼图等显示方式。

（五）最新数据

主要可从国家统计局官网的“信息发布日程”和“近期发布预告”来了解统计数据发布时间。“信息发布日程”栏目，在每年年底发布第二年的“国家统计局主要统计信息发布日程表”，可借此了解第二年全年的统计信息发布时间。“近期发布预告”栏目，提前一个月预告近期的统计信息发布时间。关注这两个栏目，可第一时间获取最新的统计数据。

（六）版权说明

国家统计局官网的版权说明指出：“本网所有内容，未经注明，版权一律归国家统计局网站（中国统计信息网）所有。”而且，“转载或引用本网内容必须是以新闻性或资料性公共免费信息为使用目的的合理、善意引用，不得对本网内容原意进行曲解、修改”。

（七）统计法规

除了统计数据，在国家统计局官网还可以查看统计相关的法规，包括：统计法律、统计行政法规、统计规章、统计规范性文件、统计地方性法规、相关法律法规。如《中华人民共和国统计法》与《中华人民共和国统计法实施条例》等。

（八）网站链接

国家统计局官网的网站链接包括：地方统计网站、地方政府网站、政府机构网站、国外统计网站、国际组织网站、相关网站。其中，① 地方统计网站，列出了 31 个省市自治区（中国港澳台地区暂未列入）的统计网站。② 国外统计网站，列出了世界各国的统计网站。③ 国际组织网站，包括联合国系统，如联合国统计司（UNSD）、世界贸易组织（WTO）、联合国人口基金（UNFPA）、亚洲及太平洋经济社会委员会（ESCAP）、国际货币基金组织（IMF）及主要全球指标（PGI）、世界知识产权组织（WIPO）；其他国际组织，如经合组织（OECD）、欧盟（EU）及欧洲统计局（EUROSTAT）、欧佩克（OPEC）等。国外网站的信息来源为联合国统计司网站。

二、北京统计局

北京市统计局、国家统计局北京调查总队的官网[6]（以下简称“北京统计局官网”）发布的统计数据权威、可靠，数据及时公开，全部免费。北京统计局官网发布的统计数据相关内容主要包括：统计年鉴、统计公报、普查数据、北京市宏观数据库、数据查询、最新数据等。

（一）统计年鉴

《北京统计年鉴》是一部按年连续出版的大型统计资料年鉴，通过大量的统计数据从多领域、多行业反映北京市经济和社会发展情况，包括综合，国民经济核算，人口与就业，价格指数，人民生活，财政与税收，能源、资源和环境，城市公用事业，固定资产投资和房地产开发，对外经济贸易，农业及农村经济，工业，建筑业，第三产业，交通运输邮电业，批发和零售业，住宿和餐饮业，旅游业，金融业，科技，教育，卫生及社会服务，文化和体育，公共管理，社会保障和社会组织，开发区等章节。每一章节由简要说明、统计表和主要统计指标解释3部分组成。年鉴由北京市统计局和国家统计局北京调查总队编写。北京统计局官网提供在线查看2005年至今《北京统计年鉴》的全文，浏览的条目可以XLS格式下载。

《北京区域统计年鉴》是一部全面、系统反映北京市各区经济社会发展状况的年鉴，同时收录了四大直辖市、全国主要经济区域的经济社会主要指标数据，包括北京概览、分区历史数据、北京各区概览、开发区、高端产业功能区、四大直辖市、全国主要经济区域、北京与全国对比等详细数据。北京统计局官网提供在线查看2008年至今《北京区域统计年鉴》的全文，浏览的条目可以XLS格式下载。

（二）统计公报

北京统计局官网提供在线浏览或下载北京市统计公报的全文，统计公报的分类栏目为：年度公报（1999年至今）、经普公报、农普公报、人普公报、生态公报、其他公报。

年度公报通常在每年年初发布，公布上一年北京市国民经济和社会发展的初步统计数据。

（三）普查数据

北京统计局官网提供在线浏览或下载几种北京市普查数据的全

文，普查数据的分类栏目为：人口普查、经济普查、农业普查。

（四）北京市宏观数据库

北京市宏观经济与社会发展基础数据库（简称“北京市宏观数据库”），收录了北京市的国民经济各行业和社会发展各领域的主要数据，其中部分指标追溯了70多年的数据。北京市宏观数据库的收录内容包括历史数据、进度数据、专题数据、文字资料、电子出版物等。数据导航包括：时间频度导航、专题导航、地域导航、普查和大型调查数据导航，数据查询包括：关键词查询、按表查询、指标查询、指标时间地域查询等。

（五）数据查询

北京统计局官网没有提供专门的数据查询的功能，但可利用网站上方的搜索框进行搜索，搜索方法分为基本搜索、高级搜索。基本搜索即一框式搜索，搜索范围可限定“统计数据”，可选择搜标题、搜全文；高级搜索可使用逻辑与、逻辑或、逻辑非，进行搜索，可对文档格式、时间范围、排序方式、搜索位置进行限定。搜索结果可按相关度排序、日期排序。统计数据也可按浏览的方式进行查看，可按照不同分类、年份或信息标题，查看进度数据、年度数据、数据解读、统计公报、统计年鉴、可视化产品等。

检索案例：历年高校学生数

查询步骤：首页—统计数据—统计公报—年度公报—在列表中点击需要年份（如2021年）的年度公报—进入该年份的年度公报，可查看研究生、本专科生的招生数、在学数、毕业生数等。查看历年的数据，则需要逐年查看年度公报。

（六）最新数据

查看北京统计局官网首页右边的“统计部门发布计划”（月季度数据发布计划、月季度信息发布计划、年度统计资料发布计划）和“其他部门发布计划”，即可提前知晓官方在什么时间发布哪些统计数据，可第一时间获取最新的统计数据。

（七）版权说明

北京统计局官网内容中凡注明“来源：北京市统计局”或“来源：北京市统计局 国家统计局北京调查总队”的所有文字、图片和音视频资料等，版权均属北京统计局官网所有。不得进行商业性的原版原式转载，也不得歪曲和篡改。下载使用，必须保留北京统计局官网注明的信息来源。

三、上海统计局

上海市统计局、国家统计局上海调查总队的官网[7]（以下简称“上海统计局官网”）发布的统计数据权威、可靠，数据及时公开，全部免费。上海统计局官网发布的统计数据主要包括：统计年鉴、统计公报、数据查询、最新数据等。

（一）统计年鉴

《上海统计年鉴》包括综合，人口，就业与工资，国民经济核算，财政收支，能源与环境，固定资产投资，对外经济贸易和旅游，价格水平，人民生活，城市建设，农业，工业，建筑业，服务业，交通运输、邮政和信息传输，批发、零售和住宿，餐饮，金融业，房地产业，科学技术，教育，卫生、社会保障和社会福利业，文化和体育，法律、公证和其他等篇目，各篇目还附有简要说明和主要统计指标解释。年鉴数据除特别说明外（如，教育统计资料由上海市教育委员会提供），是由上海市统计局和国家统计局上海调查总队通过年报调查收集。上海统计局官网提供在线查看 2004 年至今《上海统计年鉴》的全文，2006 年开始有中英文两个版本。

《上海概览》也包含统计资料。上海统计局官网提供免费下载最新年份(2020年)《上海概览》的全文,内容包括上海历史渊源、国际经济中心建设、国际金融中心建设、国际贸易中心建设、国际航运中心建设、全球科创中心建设、人文生态之城建设、国际文化大都市建设、上海2035规划等。

（二）统计公报

上海统计局官网提供在线浏览或下载多种上海市统计公报的全文：国民经济和社会发展统计公报(2001年至今)、人口普查主要数据公报、经济普查主要数据公报、农业普查主要数据公报等。

（三）数据查询

上海统计局官网没有提供专门的数据查询的功能,但可利用网站上方的搜索框进行搜索,搜索范围可限定"数据发布",可选择搜标题、搜全文,搜索结果可按智能排序、时间排序。统计数据也可按浏览的方式进行查看,点击首页"数据发布",可查看月度数据、季度数据、年度数据、数据信息、统计公报、统计年鉴。

检索案例：历年高校学生数

查询步骤：首页—分析报告—统计公报—点击需要年份(如2020年)的年度公报—进入该年份的年度公报,可查看研究生、本专科生的招生数、在学数、毕业生数等。查看历年的数据,则需要逐年查看年度公报。

（四）最新数据

点击上海统计局官网首页"政务大厅"的"发布计划",查看当年度统计数据信息发布计划,即可第一时间获取最新的统计数据。

（五）版权说明

上海统计局官网发布的内容,版权为上海市统计局、国家统计局上海调查总队所有。不得进行商业性的原版原式转载,也不得歪曲和篡改。下载使用，必须注明信息来源为上海市统计局网站。

（六）统计分析报告

除了统计数据，在上海统计局官网还可以查看2002年至今的各类统计分析报告。除了在线阅读文字版，有的分析报告还提供全文下载，或无障碍语音播报。

（七）统计法规

在上海统计局官网还可以查看统计相关的法律法规、政策解读、指标解释、国家标准、地方标准等。其中，法律法规包括：文件和政令、法律、法规、规章，如《中华人民共和国统计法》与《中华人民共和国统计法实施条例》，以及《上海市统计条例》等。

四、各类统计数据

中国政府网，即中央人民政府门户网站[8]，是中国国务院和国务院各部门，以及各省、自治区、直辖市人民政府，在国际互联网上发布政府信息和提供在线服务的综合平台。中国政府网的“数据”专栏，发布来源于国家统计局的数据，包括：GDP、CPI、PPI、总人口、粮食产量、工业生产增长速度、社会消费品零售总额、固定资产投资，并提供国家统计局统计公报的链接。同时，还发布来源于各部/局的各类统计数据，并提供各部/局数据的链接。各类数据包括（以下按分类排列，括号内为机构名称）：

就业和社会保障（人力资源和社会保障部、国家医疗保障局）

财政（财政部、国家税务总局）

资源和环境（自然资源部、生态环境部、水利部、中国气象局、国家林草局）

能源（国家能源局）

对外经济贸易（商务部、海关总署）

运输(公安部、交通运输部、中国民用航空局)

邮电(工业和信息化部、国家邮政局)

金融(中国人民银行、中国银行保险监督管理委员会、中国证券监督管理委员会、国家外汇管理局)

科技(科学技术部、国家知识产权局)

教育(教育部)

卫生和社会服务(民政部、国家卫生健康委员会、应急管理部、国家中医药管理局)

文化旅游和体育(文化和旅游部、国家广播电视总局、国家体育总局)

公共管理(司法部、国家市场监督管理总局、国家药品监督管理局)

第四节　国际组织公开数据网站

本节重点讲解世界主要国际组织和经济组织官网发布的各行业统计数据。要查世界各国的统计数据,可直接查询各国的国家统计局官网。在国际组织统计数据的来源中,也可找到各国的国家统计局官网。

一、UN Statistics

联合国统计司(UN Statistics)官网[9]发布的统计数据权威、可靠,数据及时公开,全部免费。联合国统计司官网发布的统计数据相关内容主要包括:各类统计年鉴、《统计月报》、《世界统计袖珍本》、数据查询等。

（一）《统计年鉴》

《统计年鉴》(*Statistical Yearbook*)，全面汇编关于世界、区域和各国家各级社会、经济和环境状况及活动的国际现有统计数据。《统计年鉴》为联合国系统各机构以及其他国际组织，各国政府和非政府组织，国家统计、经济和社会政策机构，科学和教育机构，图书馆和公众提供信息，包括人口和人口统计、国际商品贸易、国民账户、工业商品生产、能源、社会统计和指标、性别统计和人类住区等主题。《统计年鉴》已出版 70 多年，联合国统计司官网提供免费下载 1948 年至今的《统计年鉴》PDF 全文。《国际联盟统计年鉴（1926—1944）》(*Statistical Yearbooks of the League of Nations, 1926 -1944*)，可在美国西北大学图书馆（Northwestern University Library）的网站免费获得扫描的 PDF 全文。

（二）《统计月报》

《统计月报》(*Monthly Bulletin of Statistics*)，发布世界 200 多个国家和地区当前经济和社会统计数据。包含 55 个表格、100 多个指标，以及各种主题的月度、季度和年度数据，说明重要的经济趋势和发展，包括人口、工业生产指数、价格指数、就业和收入、能源、制造业、运输、建筑业、国际商品贸易、金融和国民账户等主题。《统计月报》已出版 80 多年，联合国统计司官网提供免费下载 2009 年至今的《统计月报》PDF 全文。当月《统计月报》印刷版中公布的数据在下个月的第 8 个工作日之前更新在线版。免费下载的数据，可保存为 CSV、XML 等格式。

（三）《世界统计袖珍本》

《世界统计袖珍本》(*World Statistics Pocketbook*)，是主要经济、社会和环境指标的年度汇编，每年汇编 50 多个关键统计指标，以一页纸简述的形式介绍 30 个世界地理区域和 200 多个国家或地区。

内容分为5个部分：一般信息、经济指标、主要贸易伙伴、社会指标，以及环境和基础设施指标。指标涵盖以下专题：通信、犯罪、发展援助、教育、能源、环境、金融、性别、卫生、国际旅游、国际贸易、劳动力市场、国民账户、人口和移徙、价格和生产指数，以及科学和技术。联合国统计司官网提供免费下载2006年至今的《世界统计袖珍本》PDF全文，2017年至今有中文版本。

（四）数据查询

在联合国统计司官网的“DATA”专栏，点击“UN Data”，链接至联合国数据（UNdata）网站[10]。联合国数据（UNdata）网站，为全球用户提供免费的全球统计数据。数据查询，包括一框式搜索、主题浏览、国家/地区浏览3种方式。用户可以下载由联合国统计司和其他国际机构编制的各种统计资源，可下载保存为PDF、CSV格式。统称为“数据智能”的32个统计数据库包含6000多万个数据记录，涵盖的统计主题主要包括：农业、犯罪、通信、发展援助、教育、能源、环境、金融、性别、卫生、劳动力市场、制造业、国民账户、人口和移民、科学和技术、旅游、运输和贸易。

（五）版权说明

联合国数据（UNdata）网站提供的所有数据和元数据都是免费的，可以复制和分享，前提是作为参考引用。详细的使用条款可在联合国数据（UNdata）网站查看。

二、UNESCO Statistics

联合国教科文组织统计研究所（UNESCO Institute for Statistics，UIS）官网[11]（以下简称“UIS官网”），是关于教育、科学、文化和传播的国际可比数据的官方和可信来源。作为联合国教科文组织的官方统计机构，UIS建立了丰富的统计数据库，其统计数据权威、可靠，数据及时公开，UIS 官网提供免费获取 1970 年至今的全部数据。

UIS 官网可以进行简单搜索，也可按主题(Data by theme)、热门查询(Popular queries)浏览数据。

(一) 简单搜索

在页面左侧搜索框，可输入检索词在主题或数据集中进行搜索。在页面右上角搜索框，可输入检索词在数据集名称、维度、变量名称中进行全文搜索。

(二) 主题浏览

UIS 官网可按主题浏览数据(Data by theme)，分为 5 个主题：教育(Education)，科学、技术与创新(Science, technology and innovation)，文化(Culture)，通信和信息(Communication and information)，人口和社会经济(Demographic and socio-economic)。每个主题下再细分子主题，通过单击"＋"或"－"号展开或折叠一个主题或子主题。一般有三级类目或四级类目，如：教育(Education)为一级类目，可持续发展目标(Sustainable Development Goals)为二级类目，2030 年教育行动框架(Education 2030 Framework for Action)为三级类目，政府教育支出占 GDP 的百分比(Government expenditure on education as a percentage of GDP)为四级类目，政府教育支出占 GDP 的百分比(Government expenditure on education as a percentage of GDP)为数据集，点击后可查看 1970 年至今的数据。

(三) 热门查询

UIS 官网可按热门查询(Popular queries)浏览数据。

(四) 查看数据集

数据集按主题在树视图中组织，并使用简单的三维格式(指标、国家/地区、年份)呈现。首次打开数据集时,显示默认的表格视图。使用表格顶部的选项,可修改默认数据选择。自定义(Customise),可为每个维度(指标、国家/地区、时间)选择变量并更改表格布局和显示选项,默认显示最近 7 年;导出(Export),可将所选择的数据集下载并保存为 XLS、CSV、PC-Axis 或 SDMX 文件;绘制图表(Draw chart),可动态绘制显示的数据,使用当前数据选择创建地图、折线图、条形图和散点图。

(五) 版权说明

UIS 官网的所有内容均受版权保护。UIS 官网提供的信息可用于个人或公共非商业用途,并且可以任何方式复制,无须收费或进一步许可,除非另有说明。所有商业用途和翻译权请求均应提交至:uis. publications@unesco. org。用户必须确保复制内容的准确性,以及确认 UIS 是数据、出版物或其他信息的来源。用户不得声明或暗示 UIS 已参与、批准、认可或以其他方式支持其使用或复制数据集,并且不得声称与 UIS 有任何从属关系。详细的使用条款与细则可在 UIS 官网查看。

三、World Bank Open Data

世界银行公开数据(World Bank Open Data)[12],提供免费并可公开获取的世界各国的发展数据,其统计数据权威、可靠。网站首页和部分页面,可以中文显示,方便中国用户查看。

(一) 数据查询

数据查询,包括一框式搜索、国家浏览、指标浏览 3 种方式。① 首页、数据目录、微数据、数据银行等,都提供一框式搜索。② 国家浏览,可按字顺浏览,也可按地区(Region)、收入水平(Income levels)、借贷分组(Lending Groups)、人口红利分组(Demographic

Dividend Groups)、小国(Small States)、其他国家分组(Other country groups)等方式进行浏览。③ 指标浏览，指标分为20个主题：健康、公共部门、农业与农村发展、城市发展、基础设施、外债、性别、援助效率、教育、气候变化、环境、社会保护与劳动力、社会发展、私营部门、科学技术、经济与增长、能源与矿产、贫困、贸易、金融部门。

（二）数据资源

世界银行公开数据，主要包括数据目录、数据银行、微数据、可持续发展目标(SDG)地图集、国际债务统计、国际比较项目、世界发展指标(WDI)、融资、项目、开放数据工具包(OGD)、生活水平测评研究(LSMS)、全球消费数据库。免费下载的数据，可保存为CSV、XML、XLS等格式。

1. 数据目录：5000多个世界银行数据集，包括来自世界银行微观数据、金融和能源数据平台的数据，以及来自开放数据目录的数据集等。

2. 数据银行：一个包含各种主题的时间序列数据集合的分析和可视化工具。用户可以创建自己的查询，生成表格、图表和地图，并保存、嵌入和分享。

3. 微数据：近4000个世界银行和其他国际、区域和国家组织的数据集。提供对家庭、商业机构或其他机构进行抽样调查获取的数据。

4. 可持续发展目标(SDG)地图集：地图集提供有关可持续发展目标的交互式叙事和数据可视化，介绍如何衡量某些可持续发展目标的概念，使用户深入了解可持续发展目标的进展情况。

5. 国际债务统计：120个发展中国家详尽的年度外债存量及流量综合统计数据。

6. 国际比较项目：一项全球统计倡议，旨在收集比较价格数据并估算世界经济的购买力平价(PPP)、价格水平、经济数据与方法。提供各国国内生产总值和支出总量的可比国际价格和数量计量。

7. 世界发展指标(WDI)：世界银行通过官方认可的国际机构汇编的一系列主要发展指标。包含217个经济体和40多个国家集团的1400个时间序列指标，其中很多指标的数据可以追溯到50多年前。

8. 融资：有关世界银行集团财务状况的原始数据，包括贷款和信贷、财务报告、股东权益、其他数据集、采购、项目、预算、所有数据集等。

9. 项目：从1947年至今有关世界银行所有贷款项目的基本信息，贷款项目内容包括普及教育、公路建设、优质医疗服务、改善治理和包容性经济增长等。

10. 开放数据工具包(OGD)：帮助了解开放数据以及如何加快规划和实施一个开放数据项目。

11. 生活水平测评研究(LSMS)：支持各国进行多主题的住户调研，提高微观数据的质量，以更好地为制定发展政策提供信息。

12. 全球消费数据库：有关发展中国家居民消费模式的一站式数据来源。

(三) 版权说明

用户可以免费复制、传播、改编、展示数据，必须遵守以下条款：表明数据署名权属于世界银行及其内容提供者。用户不得公开表示或暗示世界银行正参与或已支持、批准或认可其使用或复制数据集。世界银行对数据不作保证而且用户同意世界银行对其使用数据不负责任。更进一步的使用条款可在世界银行官网[13]查看，包括数据集使用条款、限制使用的数据(使用条款)、世界银行网站使用条款。

答疑解惑

Q：我想查近几年美国城市的一些数据，如人口、就业、新经济发展、城市发展、生态建设等。哪里可查？

A：这个提问是辗转多人之后才问到笔者的。提问者是一位访学回国的M老师，他以为在中国无法查找国外的数据，就拜托在国外的朋友帮他查数据。实际上，各国的国家统计局网站或政府公开数据网站，几乎都是公开、免费的。在美国政府公开数据官网[14]，可查到美国城市的统计数据，查询步骤：首页—地方政府(Local Government)—市政府(City Government)。

Q：我想查近几年的旅游数据，最好能查到电子版的。我要去哪里查？

A：这个问题的关键是，选择信息源。第一步，查国家统计局官网。查询步骤：首页—统计数据—数据查询—年度数据—指标—旅游业，可查看旅游业发展情况、国内旅游情况、国际旅游(外汇)收入及构成、按性别和年龄与事由分外国入境游客、按国别分外国入境游客等。默认显示最近5年，可选最近20年间的时间段。第二步，查文化和旅游部官网。想查更详细的旅游数据，查询步骤：首页—政务公开—政府信息公开目录—主题分类—统计信息，通过年度统计公报等，可查看入境外国游客数、来华旅游入境人数、人均花费、总花费、国内游总人次数、出游率等。第三步，查知网。因为知网收录的文献类型包括了年鉴，于是在知网选择出版物检索，查到了《中国文化文物和旅游统计年鉴》。可是，点击具体条目发现“贵单位没有订购此产品”。第四步，查知网统计库。知网统计库，即中国经济社会大数据研究平台，该数据库目前没有放在知网的总平台上，而是一个单独的链接，上海图书馆等都有购买。在该数据库，查到了《中国文化文物和旅游统计年鉴》，可查询更系统的旅游数据，可查看1997年至今的全文。

参考文献

[1] 中国经济社会大数据研究平台[EB/OL]. [2022-06-30]. https://data.cnki.net/.

[2] OECD iLibrary [EB/OL]. [2022-06-30]. https://www.oecd-ilibrary.org/.

[3] OECD Statistics [EB/OL]. [2022-06-30]. https://stats.oecd.org/.

[4] OECD Data [EB/OL]. [2022-06-30]. https://data.oecd.org/.

[5] 国家统计局[EB/OL]. [2022-06-30]. http://www.stats.gov.cn/.

[6] 北京统计局[EB/OL]. [2022-06-30]. http://tjj.beijing.gov.cn/.

[7] 上海统计局 [EB/OL]. [2022-06-30]. http://tjj.sh.gov.cn/.

[8] 中国政府网 | 数据 [EB/OL]. [2022-06-30]. http://www.gov.cn/shuju/.

[9] UN Statistics. United Nations Statistics Division [EB/OL]. [2022-06-30]. https://unstats.un.org/.

[10] UN data [EB/OL]. [2022-06-30]. http://data.un.org/.

[11] UNESCO statistics [EB/OL]. [2022-06-30]. http://data.uis.unesco.org/.

[12] World Bank Open Data [EB/OL]. [2022-06-30]. http://data.worldbank.org/.

[13] World Bank [EB/OL]. [2022-06-30]. https://www.worldbank.org/.

[14] U.S. Government's Open Data [EB/OL]. [2022-06-30]. https://data.gov/.

第十二章 移动图书馆和数据库 App

天天沉迷于刷手机无法自拔？殊不知手机也可以用来学习！当电脑不在身边，仍然忍不住想学习的时候，拿出手机，打开学习类的App，只需一秒，轻松实现从打发时间（kill time）的吃瓜群众切换到节省时间（save time）的学霸模式。

本章重点讲解移动端的国家图书馆、上海图书馆、高校图书馆，以及知网、万方、维普等常用数据库 App，让你发现触手可及的学术锦囊，帮助你随时随地，想学就学！

第一节 移动图书馆

一提到图书馆，也许你首先想到的是实体图书馆，或者习惯用电脑访问图书馆网站，也就是通过互联网利用图书馆。身处移动互联网时代，手机不离身的你，其实还可以用手机、平板电脑等移动设备访问图书馆。本节的重点是以国家图书馆、上海图书馆、高校图书馆为例，讲解如何通过移动互联网充分利用图书馆的资源和服务。

一、国家图书馆

请先思考一下,移动端有几种方式访问国家图书馆?

(一) 国家图书馆 App

国家图书馆 App 提供的功能,主要包括推送资讯、服务、资源,如读者指南、常见问题等;手机扫码借书(线下)、查看借阅信息;OPAC 检索、电子资源检索,支持语音输入功能。图书、听书、视频、公开课、连环画等栏目,登录后可分类查看,包括 10 万多册图书,400 多种期刊,上千种有声书、视频、公开课以及数据库资源。下载后可在书架中统一管理,支持离线阅读。

如果你已是国家图书馆的读者卡用户,可直接登录国家图书馆 App;如果不是,则可进行新用户的网上注册,可选择实名认证注册、手机号快速注册(非实名)。

(二) 国家图书馆移动网站

国家图书馆官网首页右上角有一个二维码,用手机扫码,不需要下载 App,即可在手机端访问国家图书馆移动网站:“掌上国图”。“掌上国图”与国家图书馆 App 的功能相近,主要包括推送资讯、服务、资源,如信息资讯、读者指南、专题展览等。其中,OPAC 检索、文津经典诵读、国图公开课、库克音乐、世界文明史(连环画)等无须登录,全部免费,预约/续借、移动阅读平台、中国社会科学文库、科学文库等则是登录后免费使用。国家图书馆的读者卡用户,可直接登录“掌上国图”,也可在“掌上国图”进行新用户的网上注册,可选择实名认证注册、非实名注册。

(三) 国家图书馆微信公众号

国家图书馆的微信公众号,包括订阅号和服务号。用户可以通过自定义菜单主动获取信息,主要包括资讯、资源、服务,如开馆指南、常见问题等。可免费进行 OPAC 检索，在线学习国图公开课。登录后可预约/续借，免费移动阅读。国家图书馆微信公众号还提供二维码读者卡等。

“移动阅读”栏目链接至国家图书馆“移动阅读平台”，收录类型包括图书、期刊、音频（听书）、视频、文津经典诵读、图片等，共有电子图书 10 万多册，有声书上千种，期刊 400 多种。读者卡用户可直接登录，免费阅读；其他用户可选择第三方账号（QQ、微博、手机号）登录，免费阅读。

“网络书香　阅见美好”栏目，提供微信用户一键登录，可免费移动阅读。子栏目包括电子书（热门推荐、强国之路、传统文化、人文社科、健康生活、文旅撷英、青少资源、科技自然）、有声书（经典名著、精品文学、人文社科、少儿读物）和视频（文学品鉴、传统文化、艺术赏析）。

（四）国家图书馆微博账号

国家图书馆微博账号，已有 80 多万粉丝。通过自定义菜单，用户可获取最新资讯、读者指南，免费进行 OPAC 检索，在线学习国图公开课。登录后可预约/续借，免费移动阅读。

（五）国家图书馆抖音账号

国家图书馆抖音账号，已有 10 多万粉丝，视频栏目包括国图公开课、读书推荐、中华传统文化百部经典等视频合集。

二、上海图书馆

中国移动互联网的应用程序中，用户数超过 12 亿[1]的是微信这个超级 App。上海图书馆等图书馆，早年都开发过 App，但开发 App 需要大量的人力、技术和经费，而微信平台用户多，微信公众号功能强大，如微信公众号的自定义菜单，可以最多包括 3 个一级菜单、15

个二级菜单，微信公众号的功能可以与一个 App 相当。因此，上海图书馆等不再开发、维护 App，而是专注于深耕微信等平台。

（一）上海图书馆移动网站

上海图书馆官网采用自适应页面，因此其移动网站与电脑端网站的内容是一样的，只是页面布局根据使用设备不同而略有变化。上海图书馆的书目检索、数据库远程访问分别详见第二章、第四章。

（二）上海图书馆微信公众号

微信公众号“上海图书馆”，主要功能包括：书目检索、图书续借、微阅读、手机借书、网上实名注册认证、查询活动/展览信息、参考咨询、二维码读者证、数据库远程访问等。其中“网络书香　阅见美好”栏目，是国家图书馆牵头的共建平台。

上海图书馆旗下还有多个微信公众号，不同公众号提供的服务和资源侧重点不同。① 上海图书馆信使，开通时间最早，主要侧重提供参考咨询服务，包括上海图书馆全攻略，教你玩转图书馆，包含找书、找杂志、找论文、找活动、找知识、找答案、找伴读，以及免费电子书推荐、馆员评书、寻访上海文化、论文报告资料查找技巧等。② 要文献找上图，主要侧重提供上海图书馆的专业服务，包括文献搜索、资源导航、学科服务、数据库远程访问、资源个性化推荐等。③ 讲座图书馆，主要侧重提供上图讲座活动信息、讲座预约、讲座音视频在线播放、微讲座视频等。上图讲座已创办几十年，主讲人是各行各业的专家学者，其中有大量免费的公益讲座。④ 全国报刊索引，帮助用户了解资源特色与相关学术信息。

（三）上海图书馆微博账号

上海图书馆旗下还有多个微博账号，影响力较大的主要有：上海图书馆信使，已有近 20 万粉丝；上图文献提供，已有 1 万多粉丝。微博账号主要发布最新信息、视频等。

（四）上海图书馆支付宝小程序

在支付宝搜索“上海图书馆”，可搜到“上海图书馆”小程序。上海图书馆是全国第一家入驻支付宝“市民服务”的图书馆，提供“线上一键轻松查”。主要功能包括：电子图书/馆藏图书查询、续借、扫我、附近（附近图书馆）、微阅读（每周推荐、图书分类）。其中，每周推荐，包括“致敬 1922 文学奇迹年”阅读季专题等。使用读者卡登录“上海图书馆”小程序后，可进行续借、扫我、免费微阅读。网上注册仅限上海地区，需实名认证。

进驻支付宝的图书馆，还有浙江图书馆等。上海、杭州等城市的新技术应用、创新都走在全国前列，大家可以在支付宝搜一搜所在城市是否有图书馆服务。

（五）上海图书馆今日头条账号

今日头条“上海图书馆”账号，提供上海图书馆全攻略，包括免费电子书推荐、馆员评书、论文报告资料查找技巧、教你玩转图书馆等。分为文章、视频、微头条、小视频等。

（六）上海图书馆音视频平台的账号

上海图书馆已进驻阿基米德 FM、喜马拉雅两个音频平台，以及哔哩哔哩（简称“B 站”）、抖音两个视频平台。① 阿基米德 FM“上海图书馆”账号，突出“让声音传递阅读的力量”。节目分为听故事、音像馆两个栏目，音频制作主要来源于合作建设、读者参与。其中，“听故事”栏目，与上海人民广播电台合作；音像馆，分为往期节目、声音、视频、专辑、图文直播、往期播菜、专题等，也可按时间浏览。音像馆中的专辑，如上海图书馆阅读季：致敬 1922 文学奇迹年诗歌季系列活动“阅读点心灯 为你读诗”，与上海演员剧团、侧耳团队等合作。上海图书馆还择优分享读者投稿的朗读音频。② 喜马拉雅“上图讲座—名人演讲集”账号，已有近 5 万“粉丝”，提供文化名人、专家学者讲座音频。③ B 站“上海图书馆”账号，已有 4 万多“粉丝”，视频栏目包括：三星堆的过去与未来、艺术的故事、非遗大课堂、2021 特级教师开课啦、语文阅读与写作、馆员荐书等专栏。④ 抖音“上海图书馆”账号，已有近 4 万“粉丝”，视频栏目包括：“艺”起前行（伟大的诗歌如何改变世界）——致敬 1922 文学奇迹年诗歌季系列活动等视频合集。

三、高校图书馆

在移动端访问高校图书馆，常见方式主要有：利用图书馆移动网站、第三方平台（微信、微博、B 站、抖音）的图书馆账号，以及高校自身的企业微信、微信小程序中的图书馆模块等。

在移动端可使用的高校图书馆免费资源，主要有微信公众号、B 站账号等发布的信息素养微课，以及通过校外漫游可免费使用的图书馆购买的数据库 App。

在移动端可利用的高校图书馆服务，主要有：无须登录，获取公告信息、在线咨询；登录后，预约/续借、研修室预约、自助文印，以及使用二维码读者证等。

四、移动图书馆的比较

“移动图书馆”并不是指某一个具体的图书馆，而是指用户在移动端利用图书馆，包括利用图书馆 App、图书馆移动网站，以及第三方平台（微信、微博、B 站、抖音等）的图书馆账号。以国家图书馆、上海图书馆、高校图书馆为例（见表 12 - 1），尤其是上海图书馆，哪个 App 用户量大，上海图书馆就会进驻哪个 App，将图书馆资源和服务与第三方平台整合，真正践行“用户在哪里，图书馆就在哪里”的服务理念，让用户感受到身边就有图书馆。

表 12-1　移动图书馆的比较

	国家图书馆	上海图书馆	高校图书馆
移动端访问	App 移动网站 微信公众号 微博账号 抖音账号	移动网站 微信公众号 微博账号 支付宝小程序 今日头条账号 阿基米德 FM 账号 喜马拉雅账号 B站账号 抖音账号	移动网站 微信公众号 微博账号 B站账号 抖音账号 企业微信—图书馆模块 微信小程序—图书馆模块
资源	文津经典诵读移动阅读平台 国图公开课 电子书 期刊 视频 音频 连环画	微阅读 音频 视频	信息素养微课 数据库 App 校外漫游
服务	公告信息 在线咨询 OPAC 检索 绑定读者卡 预约/续借 借阅信息 手机扫码借书 新用户网上注册	公告信息 在线咨询 书目查询 讲座预约 绑定读者卡 续借、逾期提醒 手机借书 二维码读者证 网上实名注册认证	公告信息 在线咨询 预约/续借 研修室预约 自助文印 二维码读者证

从表 12-1 中可见，原以为只是用来打发时间的休闲娱乐 App，其实是可以用来节省时间、随时随地学习的。要把握移动图书馆具有即时、快捷、个性、互动等特点，充分利用移动图书馆的图文、音频、

视频、直播等方式，了解图书馆在不同平台的服务定位，善于在移动端利用图书馆。

第二节　数据库 App

通过第五章的学习，我们已经知晓了如何充分使用知网、万方、维普这 3 个常用数据库。那么你是否也在手机上使用过这 3 个数据库？本节重点讲解知网、万方、维普 3 个数据库的 App，以及如何用 App 免费阅读和下载全文，并对 3 个 App 进行比较。

一、知网 App

如何找到知网官方 App？

在应用商店，搜索“知网”，排在第一位的 App 是“手机知网”，似乎这理所当然就是知网官方 App，但真是这样吗？其实，知网官方 App，不是“手机知网”，而是“全球学术快报”，也就是说知网官方 App 的名称里并没有“知网”两个字。

如何确认知网官方 App？

主要有两种确认方式。方式一，在应用商店查看全球学术快报 App 的简介，第一句就明确介绍是“中国知网官方 APP”。方式二，在电脑端打开知网，页面左上角显示“手机版”，点击后链接至“全球学术快报”页面，扫码即可下载 App。

（一）收录范围

全球学术快报 App 可检索的文献类型包括：期刊论文、博士论文、硕士论文、会议论文、报纸、年鉴、专利、标准、成果、工具书等。全球学术快报 App 与知网网页版的收录范围一样，如收录国内学术期刊8500多种，期刊论文近6000万篇；博士论文40多万篇，硕士论文490多万篇等。App每日更新文献量超过5万篇[2]。

（二）检索方法

① 浏览。可浏览全部期刊、网络首发期刊、按字顺浏览期刊。② 快速检索。在搜索框中输入检索词进行快速检索，系统还提供检索历史记录与近期热词，并提供"检索词联想"，自动补全检索内容。在检索结果页，可点击右上角按钮▼，切换至"在结果中检索"，进一步缩小检索范围。③ 高级检索。有多个搜索框，搜索框之间的逻辑关系有逻辑与、逻辑或、逻辑非，分别表示为：并且、或、不含，可限定发表时间。快速检索、高级检索都包括检索字段：主题、篇名、关键词、全文、作者、单位、摘要、中图分类号、文献来源等。检索结果可按发表时间、相关度、被引、下载排序，可按主题、研究层次、作者、机构、基金等进行筛选。

（三）机构关联与漫游

全球学术快报App提供机构关联与漫游服务，使用步骤如下。

步骤一，注册登录。在全球学术快报App，通过手机发送验证码的方式进行快速注册，也可通过邮箱、第三方账号注册并登录。一个账号可多设备登录，云同步下载的论文。

步骤二，机构关联。登录后，点击：我的—立即关联，选择"使用机构账号下载"。机构关联后，即可免费下载图书馆购买的知网论文。有5种关联方式：位置关联、扫码关联、IP关联、校外关联、机构账号关联，最简单方便的是位置关联。① 位置关联。如果用户在学校/机构地理范围内，App自动识别用户位置机构信息，认证关联。② 扫码关联。用App扫描学校/机构方提供的关联二维码，即可关联。③ IP关联。如果你可以连上校园网，即在学校/机构IP范围内接入学校/机构Wi-Fi，App自动检测获取机构IP后，进行关联。④ 校外关联。如果用户所在图书馆已开通高校/机构外部访问功能，可通过知网高校/机构外部访问系统，进行认证，登录后即可关联。⑤ 机构账号关联。输入机构账号密码即可关联。不建议使用机构账号，因为机构方一般不会轻易将账号密码提供给个人用户。

步骤三，校内登录，校外漫游。使用全球学术快报 App，可不受地域限制，校内登录后，校外漫游使用，漫游之后不需要 VPN 登录，随时随地下载全文。校内位置关联后校外漫游：第一次关联，可漫游 15 天；第一次关联后，用户打开 App 自动登录后，则自动关联并累计漫游时长，每次关联自动累计 7 天，累计上限一般漫游 60 天，在特殊时期则自动延长漫游时长（如 2022 年暑假漫游 102 天）。注意：开学期间，校内关联多次，累计校外漫游可达两个月；寒暑假期间，校内关联一次，校外漫游可覆盖整个寒暑假。对于已关联成功并正在使用全球学术快报 App 的用户，系统会自动延长漫游时长。

（四）特色功能

① Wi-Fi 传文。打开 Wi-Fi 传书页面，在电脑端浏览器地址栏输入 Wi-Fi 传书地址，拖拽需要“传书”的文献/文件，即可完成传书。② 分享。可分享至微信、朋友圈、微博、QQ 等第三方平台。另有添加书签、全文搜索、截图等功能。③ 全球学术快报还有同名的微信公众号和小程序。

（五）阅读和下载全文

① 机构关联后可免费在线阅读和下载全文（PDF、CAJ、EPUB 等格式）。手机、电脑等多设备云同步。② 快速查看当前文献的目录信息。③ 标注文本，长按需标记的文本段落，通过拖动段落头尾的圆形标记改变文本的选择范围，对选中的文本进行高亮、下画线、删除线、遮罩区、复制、朗读等操作。④ 语音朗读，可选择从看文献

转变到听文献，可设置从首页开始还是从当前页开始阅读。

二、万方数据 App

在应用商店，搜索“万方”，排在第一位的 App 是“万方数据”，查看开发者，确认是万方官方 App。在电脑端打开万方，页面右下角显示“手机版”，点击后链接至“万方数据 APP”页面，扫码即可下载 App。

(一) 收录范围

万方数据 App 可检索的文献类型包括：期刊论文、学位论文、会议论文、专利、标准、法规等。万方数据 App 与万方数据网页版的收录范围一样，收录 8000 多种国内学术期刊，期刊论文 5000 多万篇，年增 300 万篇；硕博士学位论文 700 多万篇[3]。

(二) 检索方法

① 浏览。在首页点击期刊导航，可浏览本周更新期刊、全部期刊、期刊分类等。其中，浏览全部期刊、期刊分类，浏览结果可按影响因子、创刊时间、被引次数排序，可在结果中检索。② 快速检索。可在搜索框中输入检索词进行快速检索，系统还提供检索历史记录与热搜词，还可在结果中检索。③ 高级检索。有多个搜索框，搜索框之间的逻辑关系有逻辑与、逻辑或、逻辑非，分别表示为：与、或、非，可限定发表时间。高级检索的检索字段包括：主题、题名或关键词、题名、作者单位、关键词、摘要、作者、第一作者、刊名、基金等。检索结果可按相关度、发表时间、被引排序，可按资源类型、学科分类、语种、来源数据库、作者、机构、年份等进行筛选，可选择仅看有全文、仅看 OA 资源。

(三) 机构关联与漫游

万方数据 App 提供机构关联与漫游服务，使用步骤如下。

步骤一，注册登录。在电脑端访问万方数据库，先在学校/机构 IP 范围内登录机构账号，再通过手机发送验证码的方式在万方数据库进行快速注册，也可通过邮箱、第三方账号注册并登录。

步骤二，机构关联。有 3 种关联方式：机构账号关联、扫码关联、校外关联。① 机构账号关联。紧接步骤一，打开万方数据 App，点击：我的—个人中心—登录/注册—登录与电脑端一致的个人账号，选择要绑定的机构账号确认关联。② 扫码关联。如果用户在机构 IP 范围内，可用 App 扫描万方数据库首页“绑定机构”二维码，完成账号关联。③ 校外关联。通过 CARSI 统一认证访问或 VPN 高校/机构外部访问系统，进行认证，登录后扫码即可关联。

步骤三，校内登录，校外漫游。使用万方数据 App，可不受地域限制，校内登录后，校外漫游使用，随时随地下载全文。账号绑定期限默认 2 个月，到期后自动解绑，可重复绑定。

（四）特色功能

① 分享。可分享至微信、朋友圈、微博、QQ 等第三方平台。② 万方官方微信公众号为：万方数据知识服务平台。其与万方数据 App、万方数据库可实现云同步。

（五）阅读和下载全文

机构关联后可免费在线阅读和下载 PDF 全文。手机、电脑等多设备云同步。

三、维普中文期刊助手 App

在应用商店，搜索“维普”，排在第一位的 App 是“维普中文期刊助手”，查看开发者，确认是维普官方 App。在电脑端打开维普期刊库，页面上方显示“下载 APP”，点击后链接至“维普中文期刊助手”页面，扫码即可下载 App。

（一）收录范围

维普中文期刊助手 App 与维普期刊网页版的收录范围一样，累计收录国内学术期刊15000多种，现刊9000多种，期刊论文7200多万篇[4]。

（二）检索方法

① 浏览。在首页点击“期刊”专栏，可浏览全部期刊，点击“期刊”专栏页面右上角图标，可添加学科关注，添加后在“期刊”专栏页面，可浏览所关注学科期刊。点击某一期刊，可查看期刊详情，以及选择年、期，查看期刊目录。点击目录中的篇名，可下载全文或邮件传递。② 快速检索。在搜索框中输入检索词进行快速检索。快速检索的结果按发表时间排序。③ 高级检索。有多个搜索框，搜索框之间可进行逻辑与、逻辑或、逻辑非的运算，分别表示为：与、或、非，还可对时间范围、期刊范围、学科等进行限定。高级检索的结果按相关度排序。快速检索、高级检索都包括的检索字段：任意字段、题名或关键词、题名、关键词、文摘、作者、第一作者、机构、刊名、分类号、参考文献、作者简介、基金资助等。

（三）机构关联与漫游

维普中文期刊助手App提供机构关联与漫游服务，使用步骤如下。

步骤一，注册登录。在维普中文期刊助手App通过手机发送验证码的方式进行快速注册，也可通过邮箱注册并登录。

步骤二，机构关联。登录后，点击：我的—机构授权，有4种关联方式：位置关联、IP关联、扫码关联、校外关联。① 位置关联。如果用户在学校/机构地理范围内，可通过位置进行关联。② IP关联。如果用户可连接校园网，即接入学校/机构IP范围内的学校/机构Wi-Fi，通过IP定位即可关联。③ 扫码关联。如果用户在机构IP范围内，用App扫描维普期刊库首页“机构账号”授权二维码，即可关联。④ 校外关联。通过CARSI统一认证访问或VPN高校/机构外部访问系统，进行认证，登录后扫码即可关联。

步骤三，校内登录，校外漫游。使用维普中文期刊助手 App，可不受地域限制，校内登录后，校外漫游使用，随时随地下载全文。账号绑定默认有效期为 180 天，到期后自动解除，可重新绑定。

（四）特色功能

① App 反向授权电脑登录。通过已完成关联授权的 App，可反向授权电脑登录，并通过 App、电脑免费获取维普期刊论文。在电脑端打开维普期刊数据库，右上角点击登录并选择“扫码登录”，用已完成关联授权的 App 扫描以上二维码，完成对电脑的授权，即可获得免费下载权限。② 维普官方微信公众号为：维普信使。

（五）阅读和下载全文

机构关联后可免费在线阅读和下载 PDF 全文。手机、电脑等多设备云同步。

四、数据库 App 的比较

对于知网、万方、维普 3 个数据库的 App，本节主要从收录范围、检索方法、机构关联与漫游、特色功能、阅读与下载全文这几个方面进行比较。

（一）收录范围

3 个 App 都收录了期刊论文，全球学术快报 App、万方数据 App 还收录了学位论文等多种文献类型（见表 12－2）。

表 12－2　收录范围比较

	全球学术快报 App	万方数据 App	维普中文期刊助手 App
文献类型	期刊论文、博士论文、硕士论文、会议论文、报纸、年鉴、专利、标准、成果、工具书等	期刊论文、学位论文、会议论文、专利、标准、法规等	期刊论文

续 表

	全球学术快报 App	万方数据 App	维普中文期刊助手 App
期刊论文	国内学术期刊 8500 多种，期刊论文近 6000 万篇	国内学术期刊 8000 多种，期刊论文 5000 多万篇，年增 300 万篇	累计收录国内学术期刊 15000 多种，现刊 9000 多种，期刊论文 7200 多万篇
学位论文	博士论文 40 多万篇，硕士论文 490 多万篇	硕博士学位论文 700 多万篇	无

（二）检索方法

3 个 App 都提供期刊的浏览，以及快速检索、高级检索。万方数据 App 有检索结果内检索，全球学术快报 App、万方数据 App 都提供检索结果按发表时间、相关度、被引排序，以及检索结果筛选（见表 12－3）。

表 12－3　检索方法比较

	全球学术快报 App	万方数据 App	维普中文期刊助手 App
浏览	可浏览全部期刊、网络首发期刊，按字顺浏览期刊	可浏览本周更新期刊、全部期刊、期刊分类	可浏览全部期刊、所关注学科期刊
快速检索	提供检索历史记录与近期热词，并提供“检索词联想”自动补全检索内容。提供在结果中检索	提供检索历史记录与热搜词 提供在结果中检索	提供检索历史记录
高级检索	提供布尔逻辑运算：并且、或、不含 可限定发表时间	提供布尔逻辑运算：与、或、非 可限定发表时间	提供布尔逻辑运算：与、或、非 可限定时间范围、期刊范围、学科

续 表

	全球学术快报 App	万方数据 App	维普中文期刊助手 App
检索字段	主题、篇名、关键词、全文、作者、单位、摘要、中图分类号、文献来源	主题、题名或关键词、题名、作者单位、关键词、摘要、作者、第一作者、刊名、基金等	任意字段、题名或关键词、题名、关键词、文摘、作者、第一作者、机构、刊名、分类号、参考文献、作者简介、基金资助
结果排序	按发表时间、相关度、被引、下载排序	按相关度、发表时间、被引排序	快速检索的结果按发表时间排序，高级检索的结果按相关度排序
结果筛选	按主题、研究层次、作者、机构、基金等筛选	按资源类型、学科分类、语种、来源数据库、作者、机构、年份等筛选	无

（三）机构关联与漫游

3 个 App 在注册登录、机构关联后，都可校外漫游。其中，全球学术快报 App 的位置关联，以及万方数据 App、维普中文期刊助手 App 的扫码关联，都很便捷(见表 12－4)。

表 12－4 机构关联与漫游比较

	全球学术快报 App	万方数据 App	维普中文期刊助手 App
注册/登录	手机、邮箱、第三方账号	手机、邮箱、第三方账号	手机、邮箱

续 表

	全球学术快报 App	万方数据 App	维普中文期刊助手 App
关联方式	位置关联、IP 关联、扫码关联、校外关联、机构账号关联	机构账号关联、扫码关联、校外关联	位置关联、IP 关联、扫码关联、校外关联
漫游时长	60 天或整个寒暑假	2 个月	180 天

即使不在图书馆，也可以利用图书馆电子资源，在电脑端可以通过 CARSI 或 VPN 登录，在手机端可以校外漫游。3 个 App 校外漫游的时长分别为“60 天或整个寒暑假”、2 个月、180 天。

（四）特色功能

全球学术快报 App、万方数据 App 都可以分享至微信、朋友圈、微博、QQ 等。全球学术快报 App 还提供 Wi-Fi 传文。维普中文期刊助手 App，不仅可以手机校外漫游，而且可以通过 App 反向授权电脑登录，电脑完成授权后，即可获得免费下载权限（见表 12－5）。

表 12－5　特色功能等比较

	全球学术快报 App	万方数据 App	维普中文期刊助手 App
特色功能	Wi-Fi 传文 分享至微信、朋友圈、微博、QQ 等	分享至微信、朋友圈、QQ、微博等	App 反向授权电脑登录
微信公众号	全球学术快报	万方数据知识服务平台	维普信使
微信小程序	全球学术快报	无	无

（五）阅读与下载全文

全球学术快报 App 的全文提供语音朗读功能。注意：因为学科设置和经费等因素，每个图书馆都不一定购买一个数据库的所有全文。免费全文是指你所在图书馆已购买的知网、万方、维普的文献全文（见表 12－6）。

表 12－6　“阅读/下载”等比较

	全球学术快报 App	万方数据 App	维普中文期刊助手 App
阅读/下载	机构关联后免费	机构关联后免费	机构关联后免费
云同步	多设备云同步	多设备云同步	多设备云同步
朗读	语音朗读	无	无

最后，附上笔者在某次直播讲座时遇到的一个有趣提问及回复。

Q：您所讲的移动图书馆、数据库 App，与网上出售的几千元的电子移动图书馆，有什么区别？

A：本章讲述的所有资源都是免费的，而且是正规且合法的，所以没有必要再去花几千元。如果你实在想花这个钱，建议捐给图书馆，用来购买更多的资源。

➢ Tips

移动端利用图书馆、数据库 App，一定要注意手机信息安全。手机等移动设备的普及，在带来方便的同时，也存在不少信息安全隐患，如时不时发生的手机用户的个人信息泄露事件。特别提醒大家注意有关 App 注册登录时的信息安全：不同 App，要使用不同账号密码。不同 App 如果使用相同的账号密码，一旦密码被破解，就可能遭到撞库攻击，导致姓名、手机号、邮箱、密码等个人隐私泄露，甚至因此遭遇诈骗等。

参考文献

[1] 腾讯公布二零二二年第二季及中期业绩[EB/OL]. [2022 - 08 - 20]. https://static. www. tencent. com/uploads/2022/08/17/edc989fb139819b8e6c024abde716ca0. pdf.

[2] 全球学术快报 3.0 [EB/OL]. [2022 - 06 - 30]. https://m. cnki. net/mcnkidown/.

[3] 万方数据 APP [EB/OL]. [2022 - 06 - 30]. https://www. wanfangdata. com. cn/app/app. html.

[4] 维普资讯中文期刊手机助手 [EB/OL]. [2022 - 06 - 30]. http://qikan. cqvip. com/Qikan/WebControl/AppIntroduce.

学术规范篇

第十三章
学术规范与学术不端

本章重点讲解《著作权法》的意义、保护范围、保护期限，以及《著作权法》规定的合理使用情形；依据国家颁布的《著作权法》以及相关政策文件，了解应该如何遵循学术规范；通过学术不端行为案例分析，指出学术不端行为带来的严重后果，警示学术研究不能踩“红线”。

第一节　版权保护和著作权法

著作权法是知识产权和文化、科学领域的重要法律。著作权法维护作者合法权益，激发创造精神，促进作品创作、使用和传播，推动科技创新和文化繁荣发展，提高全民尊重智力劳动和保护著作权的意识。

1710 年英国《安妮法令》(Statute of Anne)颁布，确立了现代版权保护和立法的精神和价值[1]，承认作品是作者人格权的延伸，作者对自己的作品拥有支配权，享有允许或不允许他人使用自己作品的专有权，即精神权利；作者也享有从使用者那里获取报酬的权利，即经济权利。精神权利(专有权)和经济权利(获酬权)相互依存，互为补充，缺一不可[2]。《伯尔尼公约》和《世界版权公约》，都以此为基石。《伯尔尼公约》，全称为《保护文学和艺术作品伯尔尼公约》(Berne Convention for the Protection of Literary and Artistic Works)，是第一个国际版权公约[3]，1886 年 9 月 9 日制定于瑞士伯尔尼。至今《伯尔尼公约》成员国已有 160 多个国家。《世界版权公约》(Universal Copyright Convention)，1947 年由 UNESCO 主持准备工作，1952 年在日内瓦缔结，1955 年生效，1971 年 7 月在巴黎修订[4]。

一、《著作权法》的颁布

《中华人民共和国著作权法》(简称《著作权法》)已颁布 30 多年，你了解《著作权法》吗？1990 年 9 月 7 日《中华人民共和国著作权法》颁布，自 1991 年 6 月 1 日起施行。30 年来已进行 3 次修订，即 2001 年 10 月 27 日第一次修正；2010 年 2 月 26 日第二次修正；2020 年 11 月 11 日第三次修正。最新修订的《中华人民共和国著作权法》，自 2021 年 6 月 1 日起施行[5]。

中国在正式颁布和实施《著作权法》之后，于 1992 年 10 月先后加入了《伯尔尼公约》《世界版权公约》。

二、《著作权法》的意义

《著作权法》第一条指出：

> 为保护文学、艺术和科学作品作者的著作权，以及与著作权有关的权益，鼓励有益于社会主义精神文明、物质文明建设的作品的创作和传播，促进社会主义文化和科学事业的发展与繁荣，根据宪法制定本法。

解读：《著作权法》不仅保护著作权及其相关权益，而且有利于作品的创作和传播。

三、《著作权法》的保护范围

《著作权法》第二条规定：

> 中国公民、法人或者非法人组织的作品，不论是否发表，依照本法享有著作权。

《著作权法》第三条规定：

> 本法所称的作品，是指文学、艺术和科学领域内具有独创性并能以一定形式表现的智力成果，包括：（一）文字作品；（二）口述作品；（三）音乐、戏剧、曲艺、舞蹈、杂技艺术作品；（四）美术、建筑作品；（五）摄影作品；（六）视听作品；（七）工程设计图、产品设计图、地图、示意图等图形作品和模型作品；（八）计算机软件；（九）符合作品特征的其他智力成果。

解读：作品“不论是否发表”都受到《著作权法》的保护。

四、《著作权法》的保护期限

《著作权法》第二十二条规定：

> 作者的署名权、修改权、保护作品完整权的保护期不受限制。

《著作权法》第二十三条规定：

自然人的作品，其发表权、本法第十条第一款第五项至第十七项规定的权利的保护期为作者终生及其死亡后五十年，截止于作者死亡后第五十年的12月31日；如果是合作作品，截止于最后死亡的作者死亡后第五十年的12月31日。

法人或者非法人组织的作品、著作权（署名权除外）由法人或者非法人组织享有的职务作品，其发表权的保护期为五十年，截止于作品创作完成后第五十年的12月31日；本法第十条第一款第五项至第十七项规定的权利的保护期为五十年，截止于作品首次发表后第五十年的12月31日，但作品自创作完成后五十年内未发表的，本法不再保护。

视听作品，其发表权的保护期为五十年，截止于作品创作完成后第五十年的12月31日；本法第十条第一款第五项至第十七项规定的权利的保护期为五十年，截止于作品首次发表后第五十年的12月31日，但作品自创作完成后五十年内未发表的，本法不再保护。

解读：《著作权法》对发表权等的保护期限一般为50年。

五、《著作权法》规定的合理使用

《著作权法》第二十四条以列举的形式规定了合理使用的情形：

第二十四条 在下列情况下使用作品，可以不经著作权人许可，不向其支付报酬，但应当指明作者姓名或者名称、作品名称，并且不得影响该作品的正常使用，也不得不合理地损害著作权人的合法权益：

（一）为个人学习、研究或者欣赏，使用他人已经发表的作品；

（二）为介绍、评论某一作品或者说明某一问题，在作品中适当引用他人已经发表的作品；

（三）为报道新闻，在报纸、期刊、广播电台、电视台等媒体中不可避免地再现或者引用已经发表的作品；

（四）报纸、期刊、广播电台、电视台等媒体刊登或者播放其他报纸、期刊、广播电台、电视台等媒体已经发表的关于政治、经济、宗教问题的时事性文章，但著作权人声明不许刊登、播放的除外；

（五）报纸、期刊、广播电台、电视台等媒体刊登或者播放在公众集会上发表的讲话，但作者声明不许刊登、播放的除外；

（六）为学校课堂教学或者科学研究，翻译、改编、汇编、播放或者少量复制已经发表的作品，供教学或者科研人员使用，但不得出版发行；

（七）国家机关为执行公务在合理范围内使用已经发表的作品；

（八）图书馆、档案馆、纪念馆、博物馆、美术馆、文化馆等为陈列或者保存版本的需要，复制本馆收藏的作品；

（九）免费表演已经发表的作品，该表演未向公众收取费用，也未向表演者支付报酬，且不以营利为目的；

（十）对设置或者陈列在公共场所的艺术作品进行临摹、绘画、摄影、录像；

（十一）将中国公民、法人或者非法人组织已经发表的以国家通用语言文字创作的作品翻译成少数民族语言文字作品在国内出版发行；

（十二）以阅读障碍者能够感知的无障碍方式向其提供已经发表的作品；

（十三）法律、行政法规规定的其他情形。

前款规定适用于对与著作权有关的权利的限制。

解读：《著作权法》中合理使用的"三步检验法"（即只能在某些特殊情况下使用，不得影响作品的正常使用，也不得不合理地损害著作权人的合法权益）是"合理使用"的原则和总括性规定。《著作权法》除列举"合理使用"的情形外，另外增加了"兜底条款"，即"法律、行政法规规定的其他情形"，这种半开放式的立法设计，大大增加了《著作权法》的灵活性、适应性。

第二节　学术规范及其相关法律法规、条例

一、学术规范与学术不端

（一）学术规范

学术规范是从事学术活动的行为规范，是一种自觉的制约机制。是根据学术发展规律制定的有关学术活动的基本准则，反映了学术活动长期积累的经验，学术研究人员应自觉遵守[6-8]。

学术规范是为了防范学术研究中可能出现的失误与偏差，为学术研究创造一个公平、公正、有序的环境，保障和推动学术研究持续、文明、健康发展。

学术规范包括 3 个方面。① 内容方面的规范，包括科学研究的

方法、自身的理论框架和概念范畴体系。不同的学科有不同的规范。② 价值方面的规范，即约定俗成并得到学术界认同和共同遵守的观念道德和价值取向，其中心内容是学术道德或学术伦理，也是学术研究人员应当遵守的行为规范。③ 技术操作方面的规范，包括各种符号的使用、成果的署名、注释的引用等。这些通过可操作的制度进行规定。

学术规范基本要求包括如下几点。① 尊重他人劳动成果和知识产权，引证他人研究成果须实事求是。② 遵守相关专业领域的基本写作、引文和注释规范（详见第十四章）。③ 成果发表时据实署名，合作成果发表时应征得合作者的同意。④ 严格遵守有关保密规定。⑤ 学术界公认的其他学术规范。

（二）学术不端

学术不端行为是指“在科学研究及相关活动中发生的违反公认的学术准则、违背学术诚信的行为”[9]。

《国务院办公厅关于优化学术环境的指导意见》强调不准在科学研究中弄虚作假，严禁以下学术不端行为[10]：

> 严禁计算、试验等数据资料造假；
>
> 不准以任何形式抄袭盗用他人的论文等科研成果；
>
> 不准为追求论文发表数量和引用量粗制滥造、投机取巧；
>
> 不准利用中介机构或其他第三方代写或变相代写论文，或通过金钱交易在国内外刊物上发表论文；
>
> 不准违反有关规定，在论文、科研项目、奖励、人才评价等学术评审中拉关系、送人情，亵渎学术尊严。

教育部《高等学校预防与处理学术不端行为办法》认定的学术不端行为[9]：

（一）剽窃、抄袭、侵占他人学术成果；

（二）篡改他人研究成果；

（三）伪造科研数据、资料、文献、注释，或者捏造事实、编造虚假研究成果；

（四）未参加研究或创作而在研究成果、学术论文上署名，未经他人许可而不当使用他人署名，虚构合作者共同署名，或者多人共同完成研究而在成果中未注明他人工作、贡献；

（五）在申报课题、成果、奖励和职务评审评定、申请学位等过程中提供虚假学术信息；

（六）买卖论文、由他人代写或者为他人代写论文；

（七）其他根据高等学校或者有关学术组织、相关科研管理机构制定的规则，属于学术不端的行为。

国家自然科学基金委员会《国家自然科学基金项目科研不端行为调查处理办法》认定的学术不端行为[11]：

（一）抄袭、剽窃、侵占；

（二）伪造、篡改；

（三）买卖、代写；

（四）提供虚假信息、隐瞒相关信息以及提供信息不准确；

（五）通过贿赂或者利益交换等不正当方式获取科学基金项目；

（六）违反科研成果的发表规范、署名规范、引用规范；

（七）违反评审行为规范；

（八）违反科研伦理规范；

（九）其他科研不端行为。

国家新闻出版署颁布的CY/T 174—2019《学术出版规范 期刊学术不端行为界定》是我国首个针对学术不端行为的行业标准，该标准将论文作者学术不端行为划分为八大类型[12]：

① 剽窃（观点、数据、图片和音视频、研究/实验方法、文字表述、整体、他人未发表成果等7个剽窃类型）；② 伪造（6种表现形式）；③ 篡改（5种表现形式）；④ 不当署名（5种表现形式）；⑤ 一稿多投（6种表现形式）；⑥ 重复发表（6种表现形式）；⑦ 违背研究伦理（5种表现形式）；⑧ 12种其他学术不端行为。

二、学术规范相关法律法规、条例

《中华人民共和国高等教育法》（1998年颁布，2018年第二次修正）[13]、《中华人民共和国学位条例》（1980年颁布，2004年修正）[14]、《中华人民共和国学位法草案（征求意见稿）》（2021年）[15]、《中华人民共和国科学技术进步法》（2021年）[16]等法律法规，是学术规范相关的纲领性文件。

国务院、教育部、科技部等还颁布了一系列学术规范指南、学术不端行为处理办法：《高等学校哲学社会科学研究学术规范》（2004年）[17]、《高校人文社会科学学术规范指南》（2009年）[6]、《高等学校科学技术学术规范指南》（2010年颁布，2017年第二版）[7-8]、《国家科技计划实施中科研不端行为处理办法（试行）》（2006年）[18]、《教育部关于严肃处理高等学校学术不端行为的通知》（2009年）[19]、《国务院学位委员会关于在学位授予工作中加强学术道德和学术规范建设的意见》（2010年）[20]、《学位论文作假行为处理办法》（2012年）[21]、《发表学术论文"五不准"》（2015年）[22]、《国务院办公厅关于优化学术环境的指导意见》（2015年）[10]、《高等学校预防与处理学术不端行为办法》（2016年）[9]、《关于进一步加强科研诚信建设的若干意见》（2018

年)[23]、《关于进一步严格规范学位与研究生教育质量管理的若干意见》(2020年)[24]、《国家自然科学基金项目科研不端行为调查处理办法》(2020年)[11]。

三、学术规范的教育与处理学术不端行为

(一) 学术规范的教育

① 树立学术规范意识，"在科研活动中应当遵循实事求是的科学精神和严谨认真的治学态度，恪守学术诚信，遵循学术准则，尊重和保护他人知识产权等合法权益"。② 开展学术规范和学术诚信教育，"将学术规范和学术诚信教育，作为教师培训和学生教育的必要内容，以多种形式开展教育、培训"。③ 学术诚信考核，"建立教学科研人员学术诚信记录，在年度考核、职称评定、岗位聘用、课题立项、人才计划、评优奖励中强化学术诚信考核"。[9]

(二) 学术不端行为的处理办法

《国务院办公厅关于优化学术环境的指导意见》指出[10]："加大对学术不端行为的查处力度，将严重学术不端行为向社会公布，并在项目申报、职位晋升、奖励评定等方面采取限制措施。"

教育部《高等学校预防与处理学术不端行为办法》(2016年)规定了对学术不端行为责任人的处理[9]：

> (一) 通报批评；
>
> (二) 终止或者撤销相关的科研项目，并在一定期限内取消申请资格；
>
> (三) 撤销学术奖励或者荣誉称号；
>
> (四) 辞退或解聘；
>
> (五) 法律、法规及规章规定的其他处理措施。

同时，可以依照有关规定，给予警告、记过、降低岗位等级或者撤职、开除等处分。

学术不端行为责任人获得有关部门、机构设立的科研项目、学术奖励或者荣誉称号等利益的，学校应当同时向有关主管部门提出处理建议。

学生有学术不端行为的，还应当按照学生管理的相关规定，给予相应的学籍处分。

学术不端行为与获得学位有直接关联的，由学位授予单位作暂缓授予学位、不授予学位或者依法撤销学位等处理。

四、学术不端行为与学位撤销

教育部针对高校教育中的学术规范出台了一系列政策文件，如《国务院学位委员会关于在学位授予工作中加强学术道德和学术规范建设的意见》(2010 年)[20]、《学位论文作假行为处理办法》(2012 年)[21]、《关于加快新时代研究生教育改革发展的意见》(2020 年)[25]、《关于进一步严格规范学位与研究生教育质量管理的若干意见》(2020 年)[24]等，明确对学术不端行为坚持“零容忍”，特别提出“将学位论文作假行为作为信用记录，纳入全国信用信息共享平台”[25]。

最新发布的《中华人民共和国学位法草案(征求意见稿)》(2021 年)第三十三条规定[15]：

【学术不端处理】学位申请人在学位授予单位学习期间以及学位申请、同行评阅、答辩过程中存在学术不端、作伪造假等行为的，学位评定委员会可以作出不授予其学位的决定。

已经获得学位者，在获得该学位过程中有下列情形之一的，经学位评定委员会审议决定，由学位授予单位撤销学位，收回或者宣布学位证书无效：

（一）学位论文或者实践成果存在严重剽窃、伪造、抄袭、数据造假等学术不端行为的，质量不符合标准的；

（二）以冒名顶替、徇私舞弊等非法手段取得入学资格或者毕业证书的；

（三）在学习期间存在不应当授予学位的其他违法违规行为的。

学位授予单位在作出不授予学位或者撤销学位的决定前，应当听取学位申请人或者学位获得者的陈述和申辩。

警示：即使学术不端行为不是直接发生在学位论文中，如果有“在学习期间存在不应当授予学位的其他违法违规行为的”，都将被“撤销学位，收回或者宣布学位证书无效”[15]。

第三节　学术不端行为案例分析

学术不端行为屡禁不止，以中国裁判文书网为例，搜索：抄袭、剽窃，结果分别达到13000多篇、8000多篇文书，主要涉及著作权、复制权等。通过以下几个学术不端行为案例，帮助你了解什么是学术不端行为及其危害，加以警示。

案例一　北京大学于某茹因抄袭国外论文，被《国际新闻界》撤稿[26-27]

人物：北京大学2013年博士毕业生于某茹

学术不端行为：抄袭

调查经过：核心期刊《国际新闻界》通过认真调查和核实，专门寻找外文原版书，并聘请外语专家进行核对，于 2014 年 8 月 17 日发布公告，认定于某茹的行为已构成严重抄袭。经编辑部仔细对比，于某茹发表在《国际新闻界》2013 年第 7 期的论文《1775 年法国大众新闻业的"投石党运动"》，大段翻译原作者 Nina R. Gelbart 发表于 *Eighteenth-Century Studies* 1984 年第 4 期的论文"'Frondeur' Journalism in the 1770s: Theater Criticism and Radical Politics in the Prerevolutionary French Press"，甚至直接采用原作者 Gelbart 引用的文献作为注释。公告附上了被抄袭原文、抄袭论文的全文，并用黄色标注了于某茹具体抄袭的内容，供读者甄别。除了摘要和结语部分，于某茹几乎全文"翻译"了 Gelbart 的论文，多个段落甚至一字未改，原文照译。

处理结果：《国际新闻界》决定，① 将于某茹论文抄袭情况公告于该刊网站，并通报相关单位；② 联系相关文献收录机构，删除于某茹该文的电子版；③ 五年内拒绝于某茹的投稿。

影响：于某茹先后获得北京师范大学硕士学位、北京大学博士学位，再进入中国社科院世界史所博士后流动站，其严重抄袭行为极大损害了这 3 个机构及其相关导师的学术声誉。

后续：有媒体呼吁，北京师范大学历史学院、北京大学历史学系和中国社科院世界史所博士后流动站也应彻查于某茹在校(站)期间所有发表的文章，研判是否存在其他抄袭的情形。北京大学于 2015 年 1 月发布撤销于某茹博士学位的决定的经过，请参看"中国裁判文书网"。

警示：看上去是完美"作案"，被抄袭的论文发表于 1984 年，不属于中国学者比较熟悉的外国经典论文，也没有被收录于数据库，一般人不易发现。此外，史学论文投稿新闻学期刊，属学术跨界，隔行如隔山，其同行也不易发现。但原封不动翻译抄袭，属于学术不端行为。

案例二 东北大学徐某因博士论文存在严重抄袭，被撤销博士学位[28]

人物：东北大学 2008 年博士毕业生徐某

学术不端行为：抄袭

调查经过：徐某于 2008 年 7 月 27 日获得东北大学博士学位。2016 年 12 月多家网络媒体公开报道其博士学位论文涉嫌学术不端行为，东北大学学术委员会于 2017 年 1 月 19 日向徐某邮寄《告知书》，对其涉嫌博士学位论文抄袭行为展开调查，并于 2018 年 4 月 18 日发布关于撤销其博士学位的决定，认定其博士学位论文《企业动态联盟的风险管理机制研究》存在严重抄袭，即认定博士论文中大量未经标注引用，而直接使用他人在先已获得学位的学位论文（4 篇硕士学位论文）以及他人已发表的学术论文的部分内容，依据《中华人民共和国学位条例》第八条、第十七条及《学位论文作假行为处理办法》第七条规定，决定撤销徐某博士学位，并注销其学位证书。

博士论文与课题的关联：国家自然科学基金项目《企业动态联盟的风险管理机制和风险防范体系研究》（编号 70172042）是张某山教授主持的课题，徐某是除了该教授外，最为重要的课题参加人，包括其指导了上述被抄袭的 4 篇硕士学位论文。专著《企业动态联盟风险的管理机制和防范体系》（2006 年）集成了国家自然科学基金项目《企业动态联盟的风险管理机制和风险防范体系研究》的研究成果，张某山教授是该专著的第一作者，徐某是作者之一。徐某博士论文引用其参与课题形成的科研成果，不符合其在博士论文中的独创性声明，从而构成抄袭。徐某作为专著《企业动态联盟风险的管理机制和防范体系》的作者之一，在其博士论文中引用该专著的内容不违反法律规定，不构成抄袭。

处理结果：① 撤销博士学位；② 注销学位证书。

警示：依据《著作权法》对著作权保护的相关规定及公众对“抄袭”的普遍认知，对于在先公开发表的文字作品中的文字，若未标注引用而直接使用，属于“抄袭”。

案例三　最严苛处罚——日本筑波大学毕业生 Takuma Hara 因引用不规范，被撤销博士学位[29]

人物：日本筑波大学（University of Tsukuba）博士毕业生 Takuma Hara

学术不端行为：一张图片和 7 行文字未标注引用来源

调查经过：Takuma Hara 于 2019 年 3 月获得筑波大学医学博士学位。筑波大学于 2020 年 4 月收到对 Takuma Hara 博士论文学术不端的指控。学校根据《筑波大学学位条例》展开调查，并约谈 Takuma Hara，认定博士论文中有一张图片和 7 行文字未标注引用来源。一张图片：一张显微镜图片，来自网络。7 行文字：在博士论文的第 6 页，经查，Takuma Hara 从 2006 年发表在期刊 *Progress in Neuro-Oncology* 上的一篇论文“Clinicopathological features of craniopharyngioma and the endoscopic endonasal surgery”中抄了 7 行文字。筑波大学学术调查委员会认为 Takuma Hara 忽视了一个研究者应该注意的基本谨慎义务，没有注明文字和图片的引用来源。校方也认为该行为的恶意程度很低，学术和社会影响很小，但学校为确保学术研究的公平性，故采取严格措施，以履行大学的社会责任。

处罚结果：① 撤销博士学位；② 收回毕业证书。

措施：筑波大学计划加强学术伦理教育，加强教师的论文指导和论文评审的校外专家参与，努力防止再次发生此类事件。

警示：遵守引用规范，避免学术不端行为。

案例四 断送学术生涯——2009 年麻省理工学院 Luk Van Parijs 因伪造数据，受到重罚[30]

人物：美国麻省理工学院(MIT)免疫学家 Luk Van Parijs

学术不端行为：伪造数据、伪造图片

调查经过：免疫学家 Luk Van Parijs 于 2004 年首次被指控存在学术不端行为，麻省理工学院(MIT)关闭了 Van Parijs 的实验室，终止了相关资助并停止其提交论文。Van Parijs 于 2005 年承认"在一篇论文和几份未发表的手稿和资助申请中伪造数据"并被 MIT 解雇。美国学术诚信办公室(ORI)对 Van Parijs 工作了 8 年的麻省理工学院(MIT)、加州理工学院(Caltech)、哈佛大学医学院布莱根妇女医院(Brigham and Women's Hospital)等 3 个机构进行调查。Van Parijs 的博士后导师——诺贝尔奖得主、加州理工学院校长 David Baltimore 主动要求被调查。调查结果表明 Van Parijs 在博士、博士后、工作期间所在的这 3 个机构中，都有论文存在造假。2009 年 1 月 Van Parijs 被认定有 11 项学术不端行为，在 7 篇已发表论文、5 份拨款申请、3 份未发表手稿中加入造假数据。Van Parijs 伪造数据和图片，包括显示各种细胞蛋白质表达的流式细胞仪图；几次使用一种细胞群体的实验数据来伪造另一种细胞群体的实验结果。联邦法院禁止 Van Parijs 在 5 年内参与任何由政府资助的项目，与通常处罚 1—3 年相比，这是一项严厉的制裁。

处罚结果：① 关闭实验室；② 终止相关资助并被停止提交论文；③ 被解雇；④ 被禁止 5 年内参与任何由政府资助的项目；⑤ 撤稿，包含伪造数据、伪造图片的部分论文被撤稿。

影响：① 波及导师和同事，虽然调查结果显示没有证据表明其他人参与了 Van Parijs 的学术不端行为，但博士后导师 David Baltimore 和其他同事的声誉都受到损害；② 影响后续学术研究，虽然撤稿了 Van Parijs 包含伪造数据、图片的部分论文，但是仍有 4 篇发表在 *Immunity* 的含有伪造数据的论文未更正，其中一些论文继续被其他科学家引用，严重影响进一步的学术研究。

"牛人"简历：Luk Van Parijs，比利时人，1970 年出生，英国剑桥大学毕业。在美国哈佛大学读博 4 年间，在顶级期刊发表 6 篇第一作者论文。其中，1 篇 JEM（*Journal of experimental medicine*），2 篇 *Immunity*，3 篇 J Immunology（*The Journal of Immunology*）。在加州理工学院博士后 2 年间，在顶级期刊 *Immunity* 发表 2 篇第一作者论文。到 MIT 仅 3 年即升为副教授（但未转为 tenure），一年后事发。

警示：一个学者如果被禁止申请政府基金项目，即使是短期，也意味着学术生命被判"死刑"。学术道路没有捷径，珍惜自己的学术生命，远离学术不端。

案例五　造假被判刑——2015 年爱荷华州立大学 Dong-Pyou Han 因实验造假，被判入狱[31]

人物：美国爱荷华州立大学（Iowa State University）Dong-Pyou Han

学术不端行为：篡改实验、伪造数据

调查经过：爱荷华州立大学在 2013 年认定 Dong-Pyou Han 在 NIH 资助的 HIV 疫苗研究项目中伪造实验结果，Han 被强制辞职。Han 用人类 HIV 抗体掺入兔子血液样本，以显得疫苗使动物对这种病毒产生了免疫力。负责监督调查 NIH 基金学术不端的美国学术诚信办公室（ORI），禁止 Han 在 3 年内申请联邦资助，这是基于初步调查结果采取的最严厉处罚。2014 年，经过参议员 Charles Grassley 的呼吁和媒体广泛报道，美国联邦检察官对 Han 提出诉讼，Han 被捕并接受审判。2015 年 7 月，Han 被判处 57 个月徒刑，3 年监外监视，罚款 720 万美元。

处罚结果：① 被强制辞职；② 禁止 3 年内申请联邦资助；③ 被判入狱 57 个月，3 年监外监视；④ 罚款 720 万美元。

警示：在基金申请中伪造数据是重罪，类似案例有 2005 年佛蒙特大学（University of Vermont）研究员 Eric Poehlman 因诈骗罪被判入狱一年。学术不端行为会导致被重罚、被判入狱的严重后果。

案例六 最巨额罚款——2019 年杜克大学因对学术不端行为管理不力，被罚 1.125 亿美元[32]

人物：美国杜克大学（Duke University）Erin Potts-Kant

学术不端行为：伪造数据、篡改数据

调查经过：经杜克大学生物学家 Joseph Thomas 举报，杜克大学在 2013 年发现了可能的学术不端行为，生物学家 Erin Potts-Kant 因违规挪用大学经费 2.5 万美元（在亚马逊和沃尔玛等刷杜克大学信用卡购物并伪造收据）而被解雇。杜克大学和联邦检察官继续调查发现，Potts-Kant 在多达 60 份最终获批的基金项目申请书中伪造、篡改实验数据，涉及 2 亿美元的联邦经费资助。2019 年 3 月，杜克大学因对学术不端行为管理不力，被罚 1.125 亿美元。

处罚结果：① 杜克大学被罚 1.125 亿美元；② Erin Potts-Kant 被解雇，并且须向杜克大学支付赔偿金；③ 举报人 Joseph Thomas，依据联邦举报人法，即《虚假申报法》（FCA），获得 1.125 亿美元罚款的 30％（3375 万美元）的奖金；④ Potts-Kant 参与的 17 篇论文被撤稿。

影响：极大损害了杜克大学的声誉，让众多的大学研究人员蒙羞。杜克大学校长 Vincent Price 试图挽回形象，表示“不应减少杜克大学每天发生的改变生活和挽救生命的研究工作”。

措施：杜克大学新成立了研究完整性和卓越咨询小组（Advisory

Panel on Research Integrity and Excellence)，采取多项措施以改善研究管理的组织结构和功能，提高学术研究的质量和完整性，重点是促进研究诚信。

警示：2.5 万美元"小钱"引发 1.125 亿美元巨额罚款。"勿以恶小而为之"，学术不端红线不能踩。

参考文献

[1] 宋慧献. 安妮女王版权法令的诞生：从特权到版权[J]. 中国出版，2010(19)：71-75.

[2] 王涛. 以法制文明精神修好《著作权法》[N]. 人民日报，2016-03-08(5).

[3] 保护文学和艺术作品伯尔尼公约[EB/OL]. [2021-06-30]. https://www.wipo.int/treaties/zh/ip/berne/.

[4] 世界版权公约[EB/OL]. [2021-06-30]. https://wipolex.wipo.int/zh/treaties/details/205.

[5] 中华人民共和国著作权法[M]. 北京：法律出版社，2020.

[6] 教育部社会科学委员会学风建设委员会. 高校人文社会科学学术规范指南[M]. 北京：高等教育出版社，2009.

[7] 教育部科学技术委员会学风建设委员会. 高等学校科学技术学术规范指南[M]. 北京：中国人民大学出版社，2010.

[8] 教育部科学技术委员会学风建设委员会. 高等学校科学技术学术规范指南：第 2 版[M]. 北京：中国人民大学出版社，2017.

[9] 高等学校预防与处理学术不端行为办法[EB/OL]. (2016-06-16)[2022-06-30]. http://www.moe.gov.cn/srcsite/A02/s5911/moe_621/201607/t20160718_272156.html.

[10] 国务院办公厅关于优化学术环境的指导意见[EB/OL]. (2015-12-29)[2022-06-30]. http://www.gov.cn/zhengce/content/2016-01/13/content_10591.htm.

[11] 关于印发《国家自然科学基金项目科研不端行为调查处理办法》的通知[EB/OL]. (2020-11-03)[2022-06-30]. http://www.nsfc.gov.cn/publish/portal0/tab434/info79519.htm.

[12] 国家新闻出版署. 学术出版规范 期刊学术不端行为界定：CY/T 174—2019 [S/OL]. [2022-06-30]. https://hbba.sacinfo.org.cn/stdDetail/

106d3905ac9d1ea10368f707ccdc33a02680eb41d12c919462e74f79e0d288a1.
[13] 中华人民共和国高等教育法[EB/OL].（2018－12－29）[2022－06－30]. http://www.npc.gov.cn/npc/c30834/201901/9df07167324c4a34bf6c44700fafa753.shtml.
[14] 中华人民共和国学位条例[M].北京：法律出版社，2004.
[15] 教育部关于《中华人民共和国学位法草案（征求意见稿）》公开征求意见的公告[EB/OL].（2021－03－15）[2022－06－30]. http://www.moe.gov.cn/jyb_xwfb/s248/202103/t20210315_519843.html.
[16] 中华人民共和国科学技术进步法[M].北京：法律出版社，2021.
[17] 教育部关于印发教育部社会科学委员会《高等学校哲学社会科学研究学术规范（试行）》的通知[EB/OL].（2004－08－16）[2022－06－30]. http://www.moe.gov.cn/srcsite/A13/moe_2557/s3103/200408/t20040816_80540.html.
[18] 科学技术部令第11号《国家科技计划实施中科研不端行为处理办法（试行）》[EB/OL].（2006－11－10）[2022－06－30]. http://www.most.gov.cn/xxgk/xinxifenlei/fdzdgknr/fgzc/bmgz/200811/t20081129_65718.html.
[19] 教育部关于严肃处理高等学校学术不端行为的通知[EB/OL].（2009－03－19）[2022－06－30]. http://www.moe.gov.cn/srcsite/A13/moe_2557/s3103/200903/t20090319_80681.html.
[20] 国务院学位委员会关于在学位授予工作中加强学术道德和学术规范建设的意见[EB/OL].（2010－05－12）[2022－06－30]. http://www.moe.gov.cn/s78/A22/xwb_left/moe_839/201005/t20100512_87505.html.
[21] 学位论文作假行为处理办法[EB/OL].（2012－11－13）[2022－06－30]. http://www.moe.gov.cn/srcsite/A02/s5911/moe_621/201211/t20121113_170437.html.
[22] 中国科协 教育部 科技部 卫生计生委 中科院 工程院 自然科学基金会关于印发《发表学术论文"五不准"》的通知[EB/OL].（2015－11－23）[2022－06－30]. http://www.moe.gov.cn/jyb_xxgk/moe_1777/moe_1779/201512/t20151214_224910.html.
[23] 中共中央办公厅 国务院办公厅印发《关于进一步加强科研诚信建设的若干意见》[EB/OL].（2018－05－30）[2022－03－30]. http://www.gov.cn/zhengce/2018-05/30/content_5294886.htm.
[24] 国务院学位委员会 教育部《关于进一步严格规范学位与研究生教育质量

管理的若干意见》[EB/OL].(2020－09－28)[2022－06－30]. http://www.moe.gov.cn/srcsite/A22/moe_826/202009/t20200928_492182.html.
[25] 教育部 国家发展改革委 财政部《关于加快新时代研究生教育改革发展的意见》[EB/OL].(2020－09－21)[2022－06－30]. http://www.moe.gov.cn/srcsite/A22/s7065/202009/t20200921_489271.html.
[26] 澎湃新闻.学术期刊曝光北大博士生大篇幅抄国外论文[EB/OL].(2014－08－25)[2022－06－30]. https://www.thepaper.cn/newsDetail_forward_1263267.
[27] 中国裁判文书网.北京大学与于艳茹二审行政判决书[EB/OL].(2017－11－20)[2022－06－30]. https://wenshu.court.gov.cn/website/wenshu/181107ANFZ0BXSK4/index.html?docId=41036ed4a4f3432d9689a82b0126f818.
[28] 中国裁判文书网.徐剑与东北大学撤销博士学位纠纷二审行政判决书[EB/OL].(2019－12－11)[2022－06－30]. https://wenshu.court.gov.cn/website/wenshu/181107ANFZ0BXSK4/index.html?docId=dd1239f82ef8415e956bab2000b7cecc.
[29] 筑波大学.研究不正行為(盗用)の認定並びに博士の学位及び課程修了の取消しについて[EB/OL].(2020－03－31)[2022－06－30]. https://www.tsukuba.ac.jp/news/20210331133000.html.
[30] Reich E. Former MIT biologist penalized for falsifying data[EB/OL]. Nature,(2009－02－03)[2022－06－30]. https://doi.org/10.1038/news.2009.74.
[31] Reardon S. US vaccine researcher sentenced to prison for fraud[J]. Nature, 2015, 523: 138－139. doi: 10.1038/nature.2015.17660.
[32] Duke university settles research misconduct lawsuit for $112.5 million.[EB/OL]. Science,(2019－03－25)[2022－06－30]. https://doi.org/10.1126/science.aax4600.

第十四章 写作规范与论文投稿

本章重点讲解：依据国家各部门颁布的学术规范指南、国家标准、行业标准以及相关政策文件，在论文写作过程中应该遵循哪些引用规范、写作规范、发表规范；识别哪些是论文引用、写作、发表中的学术不端行为；教你如何甄别期刊、核心期刊真伪，如何查证期刊投稿方式、投稿网站。

第一节　引用规范与引文格式规范

本节重点讲解：依据教育部《高校人文社会科学学术规范指南》[1]、《高等学校科学技术学术规范指南》[2-3]，了解什么是引用和适当引用，以及学术引用规则；依据国家新闻出版署颁布的行业标准CY/T 174—2019《学术出版规范 期刊学术不端行为界定》[4]，如何认定引用中的学术不端行为；依据国家标准GB/T 7714—2015《信息与文献 参考文献著录规则》[5]，需要遵循哪些参考文献格式规范。

一、引用和适当引用

引用的要求是：引用的作品是已经发表的；引用的比例适当；引

用需注明出处。对于公识(common knowledge)内容，在引用时不需要注明出处。引用分为直接引用和间接引用。直接引用：所引用的部分一字不改地照录或者采用原话，引文前后加引号。间接引用：作者综合转述别人文章某一部分的意思，用自己的表达去阐述他人的观点、意见和理论。

适当引用的条件包括：① 引用目的仅限于介绍、评论某一作品或者说明某一问题；② 所引用部分不能构成引用人作品的主要部分或者实质部分；③ 不得损害被引用作品著作权人的利益；④ 应指明作者姓名、作品名称、作品来源。特别要注意的是，指明被引用作品的作者姓名、作品名称、作品来源是适当引用的关键，若没有指明作者姓名、作品名称、作品来源，则构成抄袭。

二、学术引用规则

学术引用规则主要有：① 引用应尊重原貌原意，不可断章取义、改变或歪曲；② 引用应以论证自己观点的必要性为限、适当为限；③ 引用应追溯到原创者、原始文献；④ 引用未发表作品，应征得作者同意并保障作者权益；⑤ 引用未成文的口语实录，应将整理稿交作者审核并征得同意；⑥ 学生采用导师未写成著作的思想，应集中阐释并明确说明；⑦ 引用应标明原始出处，提供与引文相关的真实、完整、准确信息；⑧ 引用网络资源应注意其动态性，注意发布时间和获取时间。

参考文献选取原则主要有：① 参考文献的选择应遵循必要性、重要性和时效性的原则；② 不引用与本人研究无关的文献；③ 不隐匿重要的参考文献；④ 不因作者或编辑部原因，故意引用某人或某个刊物的文献。

三、引用中的学术不端行为

《学术出版规范 期刊学术不端行为界定》界定了引用中的学术不端行为包括：① 在参考文献中加入实际未参考过的文献；② 将转引自其他文献的引文标注为直引，包括将引自译著的引文标注为引自原著；③ 经许可使用他人版权文献，却不加引注，或引用文献信息不完整；④ 经许可使用他人版权文献，却超过了允许使用的范围或目的。

四、参考文献格式规范

参考文献的著录规则和格式有多种，如 AMA（美国医学会）格式、APA（美国心理学会）格式、MLA（现代语言学会）格式、芝加哥（Chicago）格式、哈佛（Harvard）格式、牛津（Oxford）格式，以及中国国家标准《信息与文献 参考文献著录规则》等，投稿时要遵守中外文不同期刊的具体要求。

（一）参考文献标注法

参考文献的标注方法可以采用顺序编码制，也可以采用著者-出版年制。

顺序编码制（numeric references method），即引文采用序号标注，参考文献表按引文的序号排序。也就是说，在正文中，引用的文献按先后顺序连续编码，将序号置于方括号中，并显示为上标。参考文献表采用顺序编码制组织时，各篇文献应按正文部分标注的序号依次列出。中文论著一般采用顺序编码制。

著者-出版年制（first element and date method），即引文采用著者-出版年标注，参考文献表按著者字顺和出版年排序。也就是说，在正文中，所引用各篇文献的标注内容由著者姓氏与出版年构成，并置于括号“()”内，即：（著者姓氏，出版年）。若只标注著者姓氏会导致无法识别该人名时，可标注著者姓名。若正文中已提及著者姓名，则在其后的"()"内只著录出版年。参考文献表采用著者-出版年制组织时，按著者字顺和出版年排列。外文论著一般采用著者-出版年制。

（二）参考文献著录格式

国家标准《信息与文献 参考文献著录规则》规定了各个学科、各种类型信息资源的参考文献的著录格式，包括10个资源类型：① 普通图书；② 论文集、会议录；③ 报告；④ 学位论文；⑤ 专利文献；⑥ 标准文献；⑦ 专著中析出的文献；⑧ 期刊中析出的文献；⑨ 报纸中析出的文献；⑩ 电子资源。

常见资源类型的参考文献著录格式的示例如下。

1. 普通图书

[1] 霍金.时间简史[M].许明贤，吴忠超，译.长沙：湖南科学技术出版社，2012.

2. 论文集、会议录

[2] 中国通信学会通信电源委员会.2017年中国通信能源会议论文集[C].北京：人民邮电出版社，2017.

3. 报告

[3] 中华人民共和国文化和旅游部.2019年文化和旅游发展统计公报[R/OL].(2020-6-20)[2020-07-31]. https://www.mct.gov.cn/whzx/ggtz/202006/t20200620_872735.htm.

注意：网络资源用OL表示；日期的著录格式为：

(更新或修改日期)[引用日期].

4. 学位论文

[4] 张洋.基于BIM的建筑工程信息集成与管理研究[D].北京：

清华大学，2009.

5. 专利文献

[5] 深圳市大疆创新科技有限公司. 图像处理的方法、装置和设备：CN201680002775. X[P]. 2017-08-18.

6. 标准文献

[6] 全国信息与文献标准化技术委员会. 信息与文献 参考文献著录规则：GB/T 7714—2015[S]. 北京：中国标准出版社，2015.

7. 专著中析出的文献

[7] 董苏. 人工智能时代电影特效设计[M]//屈健. “互联网+”艺术理论评论人才培养学员论文集. 西安：西北大学出版社，2019.

8. 期刊中析出的文献

[8] 李德毅，刘常昱，杜鹢，等. 不确定性人工智能[J]. 软件学报，2004(11)：1583-1594.

9. 报纸中析出的文献

[9] 钟启泉. 核心素养的“核心”在哪里[N]. 中国教育报，2015-04-01(7).

10. 电子资源

[10] 中华人民共和国著作权法[EB/OL]. (2020-11-19)[2021-05-19]. http://www.npc.gov.cn/npc/c30834/202011/848e73f58d4e4c5b82f69d25d46048c6.shtml.

表 14-1 文献类型和标识代码[5]

参考文献类型	文献类型标识代码
普通图书	M
期刊	J

续　表

参考文献类型	文献类型标识代码
学位论文	D
会议录	C
报纸	N
汇编	G
报告	R
档案	A
专利文献	P
标准文献	S
数据库	DB
电子公告	EB
计算机程序	CP
舆图	CM
数据集	DS
其他	Z

表 14－2　电子资源载体和标识代码[5]

电子资源的载体类型	载体类型标识代码
磁带(magnetic tape)	MT
磁盘(disk)	DK
光盘(CD-ROM)	CD
联机网络(online)	OL

表 14－3　文献类型与载体类型及其标识代码

文献类型/载体类型	文献类型标识代码/载体类型标识代码
光盘图书	M/CD
电子图书	M/OL
电子期刊	J/OL
电子学位论文	D/OL
电子会议论文集	C/OL
电子报纸	N/OL
电子报告	R/OL
电子专利文献	P/OL
电子标准文献	S/OL
网络电子公告/电子资源	EB/OL

注意：电子资源 EB/OL，不包括电子图书、电子期刊、电子学位论文、电子会议论文集、电子报纸、电子报告、电子专利文献、电子标准文献等。

➢ Tips

参考文献要手动输入吗？在之前的章节已讲过如何从数据库中导出参考文献：在数据库的检索结果页，可在多种格式中选择需要的格式导出参考文献。此外，你还可以使用文献管理软件，有更多的格式可选择。总之，真的不用手动输入参考文献。

第二节　论文写作与发表规范

本节重点讲解：依据国家标准 GB/T 7713—87《科学技术报告、学位论文和学术论文的编写格式》[6]、国家新闻出版署颁布的行业标准 CY/T 173—2019《学术出版规范 关键词编写规则》[7]、国家标准 GB/T 7713.1—2006《学位论文编写规则》[8]、《著作权法》[9]，需要遵循哪些写作规范、发表规范；依据国家新闻出版署颁布的行业标准 CY/T 174—2019《学术出版规范 期刊学术不端行为界定》[4]，了解哪些是写作、发表中的学术不端行为。

一、论文写作规范

论文写作应坚持原创性和科学性，并应防止剽窃、伪造、篡改等学术不端行为。

（一）写作中的学术不端行为

《学术出版规范 期刊学术不端行为界定》界定了写作中的学术不端行为包括：① 剽窃（观点、数据、图片和音视频、研究/实验方法、文字表述、整体、他人未发表成果等 7 个剽窃类型）；② 伪造（6 种表现形式）；③ 篡改（5 种表现形式）。

《学术出版规范 期刊学术不端行为界定》对剽窃、伪造、篡改分别进行了界定。① 剽窃：采用不当手段，窃取他人的观点、数据、图像、研究方法、文字表述等并以自己名义发表的行为。② 伪造：编造或虚构数据、事实的行为。③ 篡改：故意修改数据和事实使其失去真实性的行为。

（二）写作格式规范

国家标准 GB/T 7713—87《科学技术报告、学位论文和学术论文的编写格式》[6]规定了学术论文的撰写格式与要求，国家新闻出版署颁布的行业标准 CY/T 173—2019《学术出版规范 关键词编写规则》[7]规定了学术论文的关键词的格式与要求。

期刊论文的格式、摘要、关键词的要求如下。

1. 论文格式

前置部分：题名、作者及工作单位、摘要、关键词；主体部分：前言、正文（文献综述、研究方法、结果、讨论）、结论、参考文献。

2. 摘要

摘要是对文章内容准确、概括而不加评论的简短陈述，应具有独立性和完整性。一般用第三人称，避免用我们、作者、本文、本研究等。内容主要包括研究目的、方法、结果和结论，其中重点是结果和结论。注意查看期刊的投稿要求，中文摘要一般不超过 300 字。

3. 关键词

关键词应准确并充分揭示论文主题内容，重要的可检索内容不应遗漏。应选择学科领域内公认的规范术语，一般选择 3—8 个关键词。关键词应按照反映主题的重要性排序。

国家标准 GB/T 7713.1—2006《学位论文编写规则》[8]规定了学位论文的撰写格式和要求，以利于学位论文的撰写、收集、存储、加工、检索和利用。对学位论文的学术规范与质量保证具有一定的参考作用。“同一学位论文的不同载体形式，其内容和格式应完全一致”。[8]

学位论文的格式、摘要、关键词的要求如下。

1. 论文格式

学位论文一般包括 5 个组成部分：前置部分、主体部分、参考文献、附录、结尾部分。其中,主体部分主要包括:引言(绪论)、章节、图表、公式、引文标注、注释、结论等。学位论文编排格式包括:封面、目次页、章节、页码、参考文献、附录、版面、书脊。一般来说,各高校在《学位论文编写规则》的基础上,制定学校的学位论文撰写要求、格式要求。

2. 摘要、摘要页、关键词

摘要(abstract)的定义:

> (摘要是)论文内容的简要陈述,是一篇具有独立性和完整性的短文。一般以第三人称语气完成,不加评论和补充的解释。

摘要页(abstract page)的定义:

> (摘要页是)论文摘要及关键词、分类号等的总和,单独编页。

摘要页的要求:

> 摘要应具有独立性和自含性,即不阅读论文的全文,就能获得必要的信息。摘要的内容应包含与论文等同量的主要信息,供读者确定有无必要阅读全文,也可供二次文献采用。摘要一般应说明研究工作目标、方法、结果和结论等,重点是结果和结论。
>
> 中文摘要一般字数为300—600字,外文摘要实词在300个左右。如遇特殊需要字数可以略多。
>
> 摘要中应尽量避免采用图、表、化学结构式、非公知公用的符号和术语。

> 应选取 3—8 个关键词，用显著的字符号另起一行，排在摘要的下方。关键词应体现论文特色，具有语义性，在论文中有明确的出处。
>
> 为便于国际交流，应标注与中文对应的英文关键词。

二、论文投稿和发表

（一）论文投稿中的作者权益

《著作权法》第三十五条[9]规定了论文投稿中的作者权益：

> 著作权人向报社、期刊社投稿的，自稿件发出之日起十五日内未收到报社通知决定刊登的，或者自稿件发出之日起三十日内未收到期刊社通知决定刊登的，可以将同一作品向其他报社、期刊社投稿。双方另有约定的除外。
>
> 作品刊登后，除著作权人声明不得转载、摘编的外，其他报刊可以转载或者作为文摘、资料刊登，但应当按照规定向著作权人支付报酬。

（二）论文发表的“五不准”

中国科协、教育部、科技部等七部委于 2015 年发布《发表学术论文“五不准”》[10]，明确规定：不准由“第三方”代写论文；不准由“第三方”代投论文；不准由“第三方”对论文内容进行修改；不准提供虚假同行评审人信息；不准违反论文署名规范。

（三）论文发表中的学术不端行为

《学术出版规范 期刊学术不端行为界定》界定了论文发表中的学术不端行为包括：① 不当署名（5 种表现形式）；② 一稿多投（6 种

表现形式)；③ 重复发表(6 种表现形式)。

《学术出版规范 期刊学术不端行为界定》对不当署名、一稿多投、重复发表分别进行了如下界定。① 不当署名：与对论文实际贡献不符的署名或作者排序行为。② 一稿多投：将同一篇论文或只有微小差别的多篇论文投给两个及以上期刊，或者在约定期限内再转投其他期刊的行为。③ 重复发表：在未说明的情况下重复发表自己(或自己作为作者之一)已经发表文献中内容的行为。

三、学术写作相关的规范

除了以上提到的参考文献格式规范、学位论文写作规范、学术论文写作规范，还有各方面的学术写作规范。以下为常用的国家标准、行业标准。

(一) 国家标准

GB/T 7714—2015 信息与文献 参考文献著录规则

GB/T 15834—2011 标点符号用法

GB/T 15835—2011 出版物上数字用法的规定

GB/T 16159—2012 汉语拼音正词法基本规则

GB/T 28039—2011 中国人名汉语拼音字母拼写规则

GB/T 22466—2008 索引编制规则(总则)

GB/T 7713.1—2006 学位论文编写规则

GB7713—87 科学技术报告、学术论文和学位论文编写格式

《中国地名汉语拼音字母拼写规则(汉语地名部分)》：中国地名委员会、中国文字改革委员会、国家测绘局 1984 年 12 月发布

(二) 行业标准

CY/T 118—2015 学术出版规范 一般要求

CY/T 119—2015 学术出版规范 科学技术名词

CY/T 120—2015 学术出版规范 图书版式
CY/T 121—2015 学术出版规范 注释
CY/T 122—2015 学术出版规范 引文
CY/T 123—2015 学术出版规范 中文译著
CY/T 124—2015 学术出版规范 古籍整理
CY/T 170—2019 学术出版规范 表格
CY/T 171—2019 学术出版规范 插图
CY/T 173—2019 学术出版规范 关键词编写规则
CY/T 174—2019 学术出版规范 期刊学术不端行为界定
CY/T 35—2001 科技文献的章节编号方法
CY/T 154—2017 中文出版物夹用英文的编辑规范

➢ Tips

标准文献的检索，本书并未展开，在此仅简要提及。标准文献的纸质版，可通过图书馆书目系统查找；新发布、出版的标准文献，也可通过书店购买。标准文献的电子版，仅部分可查到免费全文及提供下载。如全国标准信息公共服务平台[11]，整合了国家标准、行业标准、地方标准、团体标准、企业标准、国际标准、国外标准等；通过国家标准全文公开系统[12]，可查找国家标准，部分可免费查看、下载全文；通过行业标准信息服务平台[13]，可查找行业标准，部分可免费查看、下载全文。

第三节　论文投稿与期刊选择

本节重点讲解：如何面对投稿的困惑；如何甄别期刊、核心期刊真伪；如何查证期刊投稿方式、投稿网站。

论文投稿中的期刊选择，是指要选择属于正式出版物的期刊、核心期刊，避免投稿到不正规的期刊和出版物上，造成损失。这听起来简单，但知易行难，实际却不是那么容易做到。

一、投稿的困惑

期刊投稿的困惑，不只是学术研究刚入门的在读硕士生、青年教师，甚至博导之类的专家，也可能遇到，我们收集了如下比较典型的案例。

（一）假期刊

一位中学英语老师，为评职称找了家“水刊”花钱发论文。这家期刊的编辑说稿子排满了，可以推荐你去某刊，它是C刊(CSSCI期刊，简称“C刊”)，要贵一些。这位老师满心欢喜地告诉朋友说能发C刊了，朋友听了觉得十分可疑，但这位老师表示他已经查了，确实是某师大的学报。朋友仔细一看，刊名、网站看上去一模一样，但区别在于刊号。对方给的刊号根本查不到，是个假期刊。

一位高校老师，其C刊论文终于达到了一定的数量要求。学校审核其评审材料时却发现，其中一篇论文发表在了假C刊上，肯定是不算数的，导致这位老师没有达到学校评高级职称的C刊论文数量要求，未能通过评审。

（二）假网站

一位博士生投稿时很谨慎，反复对比几个备选网站，最后选了一个“真的”，因为他认为这个网站的域名包含期刊首字母缩写，域名结尾是.cn，比较可靠。结果投完稿才发现这些网站全都是假的。另外有位老师建议直接打期刊社电话验证，但没想到他查到的电话号码也是假的。

一家C刊向一位博导约稿，编辑请博导通过该期刊网站的在线投稿系统投稿，以方便评审、走审稿流程，但编辑没有提供网址。博导很慎重地搜索到了网站，完成了繁琐的注册、登录、投稿。几天后，编辑来问怎么还没投稿？博导将投稿网站截图发过去，编辑发现那是一个假网站。

（三）假约稿

近些年，高校青年教师（简称“青椒”）面临越来越大的科研压力，如果能获得约稿，简直是“天上掉馅饼”。有的“青椒”在发表了中文论文不久之后，就收到了自称来自SCI期刊编辑的邮件，编辑说看到他的中文论文写得很好，向他约稿，要求将他的中文论文翻译成英文。“青椒”们冷静后仔细查证，发现对方居然是假冒的编辑，所谓的SCI期刊约稿也是假的。

（四）稿件不规范

一位博导是好几家C刊的评审，他告诫自己的学生：投稿不要有碰运气的心理，稿件的质量高低先不说，要先把稿件格式规范了再投稿。有的作者论文摘要都不会写，关键词不知道是啥，参考文献是二三手转来的，论文格式与投稿期刊的都不一致，太耽误审稿专家的宝贵时间。这样不规范的论文，即使投稿了，也很难通过。

（五）投稿SSCI期刊

一位博士后在SSCI期刊上发表了文章，已经online（在线发表）半年多了，为什么在WOS（Web of Science）查不到？

（六）期刊中介

对一些学术研究刚入门的在读硕士生、高校“青椒”来说，写论文很累，发论文也很难，因此到处找人打听怎么发文章。有不少人打听到这样一种说法：因为发论文太难了，特别是地方院校发论文更难，光靠自己联系不到期刊社，所以只能找中介。据中介说，投C刊要看学校"平台"(指学校是不是名校,能给投稿人"撑腰")如何,地方院校要教授身份才可能投C刊,硕士生、地方院校的"青椒"投不上C刊,而期刊中介不仅能够代为投稿,还可以代写论文,中文英文都可以,就是要高价。据说一位文科老师找中介买了一篇英文论文,花6万元发了EI(Engineering Index),结果职称评审送外审专家时,被否决了。

二、学术素养和学术规范

(一)遵守写作规范

上文已经详细介绍了论文的引用规范、写作规范和发表规范,以及学术写作相关的国家标准、行业标准。学术论文的写作,不仅要体现作者的科研能力和创新性,而且要展现作者的基本学术规范掌握能力和学术素养,如论文应为原创,参考文献须阅读过原文才能列入等。论文编写格式、参考文献格式、关键词编写规则、摘要撰写要素、标点符号用法等都应参照相关的国家标准、行业标准,同时还要遵守投稿期刊的格式规范。

(二)摒弃期刊中介

《国务院办公厅关于优化学术环境的指导意见》[14]强调:"不准利用中介机构或其他第三方代写或变相代写论文,或通过金钱交易在国内外刊物上发表论文。"我们必须要知道的是,不少认真做学术研究的硕博士生、"青椒"都有走正规途径,靠自己投稿发文获得成功的经验。期刊投稿是否成功,跟学校"平台"没有必然的关联,关键还是看自己的研究是否"硬核",不要相信找期刊中介发文的所谓成功经验。找期刊中介而上当受骗的诸多教训,当事人多半只能"打掉牙往肚子里咽",羞于让外人知道,所以闭口不谈。所谓找期刊中介的"门路"比自己投稿更管用,是骗人的,更是违法的。

三、甄别期刊真伪

（一）中文期刊

正式出版的中文期刊应该具备 ISSN、CN。假冒的中文期刊属于非法出版物，主要有两类，一是“无中生有”的假期刊，即正式出版物中不存在这样的期刊名；一是“高仿”的假期刊，即假期刊“高仿”已有的正式出版物的期刊名，但“高仿”假期刊的 ISSN、CN 都是假的。

查证中文期刊是否为正式出版物，主要有两个方法。

1. 数据库的期刊导航

在知网、万方、维普等中文期刊数据库的期刊导航中，搜索期刊名，查看是否有该期刊（注意：仅能作为参考），以及更重要的是该期刊的 ISSN、CN。

2. 国家新闻出版署

在国家新闻出版署官网[15]，搜索期刊名，查看是否为国家批准的正式出版物，以及是否有 CN。

➢ Tips

知网、万方、维普等中文期刊数据库收录某期刊，并不代表该期刊就具有权威性，也不表明其一定就是正式出版物。而且，知网、万方、维普这 3 个中文期刊数据库，没有哪一个是所谓“收集齐了全中国所有的期刊论文”。因此，一种期刊若被知网、万方、维普其中一个数据库收录，不等于这个期刊就是正式出版物；一种期刊若没有被知网、万方、维普其中一个数据库收录，也不等于这个期刊就不是正式出版物。

（二）外文期刊

正式出版的外文期刊应该具备 ISSN。查证外文期刊是否为正式出版物，主要可以利用外文数据库或该期刊所属的出版商(Elsevier、Springer、Wiley、SAGE、IEEE 等)网站进行查证。

四、甄别核心期刊真伪

(一) 中文核心期刊

中文核心期刊主要有“南大核心”“北大核心”和 CSCD。南大核心，即南京大学的《中文社会科学引文索引(CSSCI)》，其有数据库[16]，该数据库提供 1998 年至今每两年更新一次的 CSSCI 来源期刊目录。北大核心，即北京大学的《中文核心期刊要目总览》，其没有数据库，只有纸质版，官方从未有电子版[17](注意：网上的电子版都是假的!)，已经出版了 1992、1996、2000、2004、2008、2011、2014、2017、2020 年版共 9 版。CSCD，即中国科学院的《中国科学引文数据库》，其有数据库，该数据库提供 1989 年至今每两年更新的 CSCD 来源期刊目录。

➢ Tips

知网、万方、维普等中文期刊数据库的“选择期刊范围”，都有 CSSCI、北大核心的选项，但是数据库并未根据来源期刊目录做及时更新，因此是不够准确的。这意味着知网、万方、维普等中文期刊数据库里显示某期刊为 CSSCI、北大核心，并不代表其一定仍是 CSSCI、北大核心。

(二) 外文核心期刊

WOS 每年更新 SCI、SSCI、AHCI 的来源期刊目录，可以据此查证。但特别要注意一些特殊情况，如，SSCI 期刊的 online 版，与纸质刊虽然出自同一家期刊社，但存在两种情况：一是其与纸质刊一模一样，刊名、ISSN 号一样，所刊发文章也一样，即纸质刊与 online 版是同一种期刊，那么如果纸质刊是 SSCI 期刊，则 online 版也是；一是 online 版与纸质刊的刊名一样，但 ISSN 号不一样，所刊发文章也不一样，即纸质刊与 online 版其实是两种期刊，那么如果纸质刊是 SSCI 期刊，online 版就不一定也是了。投稿时一定要看清楚。

➢ Tips

CSSCI、北大核心、SCI、SSCI、AHCI 的来源期刊都是动态的，不是一成不变的，都会定期更新来源目录，因此不能仅凭某年某刊属于 CSSCI、北大核心、SCI、SSCI、AHCI，就认定其现在还是 CSSCI、北大核心、SCI、SSCI、AHCI。

五、查证期刊投稿方式

在搜索引擎中搜索期刊名查找期刊投稿网站，是很“高危”的一种操作，因为大概率找到的是假的网站！在网络时代的今天，投稿方式主要有 3 种：一是打印稿件邮寄至编辑部；二是发邮件至编辑部邮箱；三是期刊网站在线投稿。那么如何避免被坑，找到正式期刊的官方投稿方式呢？

（一）查看纸质期刊

有的期刊，没有投稿网站，也没有投稿邮箱，投稿必须打印稿件邮寄至编辑部。这类期刊的投稿信息，不容易在网上查到，就要用最“古老”的方式：翻阅纸质期刊，找到编辑部联系方式和投稿方式。

（二）在数据库查看期刊投稿须知

在知网、万方、维普等中文期刊数据库中，先搜索期刊名，再用“全文字段”搜索“投稿”或“征稿”“来稿”，找到该期刊最新的投稿须知、征稿启事、来稿须知，即可获得该期刊的电话、邮箱、网站等联系方式、投稿方式，如《质谱学报》。

（三）查找期刊官方的微信公众号

一些学术期刊已开通了微信公众号，期刊社的公众号上有发布期刊投稿方式，这是可靠的。但要注意的是，首先必须要查证微信公众号的真伪。微信公众号也有假冒的，如《中国高等教育》是教育部主管、中国教育报刊社主办的期刊，其微信公众号就是刊名：中国高等教育。对此，就曾出现过一个也叫“中国高等教育”的微信公众号，曾发布过后被证实为谣言的点击量“10 万＋”的文章。因此，我们不能仅从微信公众号的名称就轻易做出判断，还要查看、确认微信公众号的账号主体是否确实为该期刊社。

六、查证期刊投稿网站

（一）从域名判断真假

很多人习惯“百度一下”查找期刊网站，往往输入一个期刊名称，出来一大堆投稿网站。这时通过域名做判断，是一种比较直接、有效的方式。一般来说，域名 URL 中出现 .gov、.edu 的网站是可靠的、权威的。.gov 是 governmental entities 的缩写，表示是政府机构；.edu 是 educational institutions 的缩写，表示是大学一类的教育机构。而且，.gov、.edu 只限于政府机构、大学等教育机构使用，普通机构或个人都没有注册申请资格，这也让.gov、.edu 的网站的可靠性、权威性得到保障。如《国际新闻界》的域名（http://cjjc.ruc.edu.cn）包含了.edu，这个网站是相对可靠的。上文提及的某网站域名包含期刊首字母缩写，域名结尾是.cn，而.cn 只表示是中国，普通机构或个人都可以申请注册，所以有.cn 并不代表这个网站是可靠的。

➢ Tips

域名中含.cn，以及刊名首字母缩写，不代表其就具有可靠性，一定不要因此被迷惑。

（二）查找数据库的期刊导航

在知网、万方、维普等中文期刊数据库的期刊导航中，搜索期刊名，有的期刊会显示投稿邮箱，有的期刊直接使用了知网提供的含在线投稿系统的期刊网站。但要注意的是，因为知网较早就建立了这个在线投稿系统，有的期刊后来又改用了新的期刊网站，所以，通过这种方式查到的投稿渠道，需要进一步查证。

（三）查找期刊主办机构的网站

有的期刊网站真假难辨，则可以通过主办机构的网站，找到期刊网站。如《文艺理论研究》是教育部主管、中国文艺理论学会和华东师范大学主办的期刊，在主办机构华东师范大学中文系的网站上，可以找到该期刊官网、联系邮箱，也确认了其知网在线投稿系统是唯一投稿通道。

（四）整合所有期刊投稿网站？

有的硕博士生之间会相互传授一些投稿经验，推荐一些号称整合期刊官方征稿信息的网站，如“万维书刊网”，觉得省时省力很方便。需要特别提醒的是，这类网站的主办方都不是出版机构，网站的可靠性其实存疑，仅供参考，一定要再查证才行。查证时，要注意不仅要查证投稿信息真假，还要查证信息是否及时更新。如在“万维书刊网”上查《国际新闻界》，虽然有极简短的最新信息，但其标为官网信息的投稿指南，显示为 2015 年版，而《国际新闻界》官网显示的投稿须知与格式规范已经是 2018 年版。

参考文献

[1] 教育部社会科学委员会学风建设委员会. 高校人文社会科学学术规范指南[M]. 北京：高等教育出版社，2009.
[2] 教育部科学技术委员会学风建设委员会. 高等学校科学技术学术规范指南(第二版)[M]. 北京：中国人民大学出版社，2017.

[3] 教育部科学技术委员会学风建设委员会. 高等学校科学技术学术规范指南[M]. 北京：中国人民大学出版社，2010.
[4] 国家新闻出版署. 学术出版规范 期刊学术不端行为界定：CY/T 174—2019 [S/OL]. [2022-06-30]. https://hbba.sacinfo.org.cn/stdDetail/106d3905ac9d1ea10368f707ccdc33a02680eb41d12c919462e74f79e0d288a1.
[5] 中国信息与文献标准化技术委员会. 信息与文献 参考文献著录规则：GB/T 7714—2015[S]. 北京：中国标准出版社，2015.
[6] 国家标准局. 科学技术报告、学位论文和学术论文的编写格式：GB/T 7713—87 [S]. 北京：中国标准出版社，1987.
[7] 国家新闻出版署. 学术出版规范 关键词编写规则：CY/T 173—2019 [S/OL]. [2022-06-30]. https://hbba.sacinfo.org.cn/stdDetail/5e5296c079bcabc7d8215c53a550af5ba92f11629a8b2bfd61e3fe1acf6db08d.
[8] 中国信息与文献标准化技术委员会. 学位论文编写规则：GB/T 7713.1—2006 [S]. 北京：中国标准出版社，2006.
[9] 中华人民共和国著作权法[M]. 北京：法律出版社，2020.
[10] 中国科协 教育部 科技部 卫生计生委 中科院 工程院 自然科学基金会关于印发《发表学术论文"五不准"》的通知 [EB/OL]. (2015-11-23) [2022-06-30]. http://www.moe.gov.cn/jyb_xxgk/moe_1777/moe_1779/201512/t20151214_224910.html.
[11] 国家市场监督管理总局 国家标准化管理委员会. 全国标准信息公共服务平台 [EB/OL]. [2022-06-30]. http://std.samr.gov.cn/.
[12] 国家标准化管理委员会. 国家标准全文公开系统[EB/OL]. [2022-06-30]. http://openstd.samr.gov.cn/bzgk/gb/.
[13] 国家标准化管理委员会. 行业标准信息服务平台[EB/OL]. [2022-06-30]. https://hbba.sacinfo.org.cn/.
[14] 国务院办公厅关于优化学术环境的指导意见[EB/OL]. (2015-12-29) [2022-06-30]. http://www.gov.cn/zhengce/content/2016-01/13/content_10591.htm.
[15] 国家新闻出版署[EB/OL]. [2022-06-30]. http://www.nppa.gov.cn/.
[16] 南京大学中国社会科学研究评价中心. 中文社会科学引文索引[EB/OL]. [2022-06-30]. http://cssci.nju.edu.cn/.
[17] 中文核心期刊要目总览[EB/OL]. [2022-06-30]. http://hxqk.lib.pku.edu.cn/.

第十五章 论文查重与论文抽检

当论文终于完成，进入论文查重环节，你是否遇到过以下困扰：

论文查重多问问学长学姐的经验就行？
某淘宝店铺，又便宜，查重率又比较准？
有免费查重系统？免费太诱人？
关注微信公众号，加微信群，扫码有优惠券？

那么查重的关键，到底是什么呢？是免费？是低价？
并不是！
安全、权威、准确才是关键！还要认清官方个人版。
本章就为你解析论文查重的方方面面。

第一节　论文查重及其检测依据

一、什么是论文查重

论文查重，也叫论文检测，或称文本相似性检测，是将论文与检测系统的检测比对资源（各种文献类型的数据库）进行比对，若是已有文献的内容，则显示为重复。

论文查重的作用，是防止学术不端，促进原创成果保护，维护学术公平。

重点来了，要保证检测结果权威、准确，查重系统的各种文献类型的数据库收录了多少资源，至关重要。

这也就是为什么有的同学顺利通过了淘宝买账号的查重，但过不了学校查重，因为前者缺乏检测比对资源。

➢ Tips

进行论文查重时，各查重系统都将引用文献（他引）、本人文献（自引）、没有引用标注的复制分别统计，如果引用格式规范且未超过"适当引用"的界限，就不用担心被查重系统误判。万一被查重系统误判，学校是会给学生申述机会的。

二、论文查重相关法规条例

政府与高校管理部门等一直高度重视学术规范、科研诚信和高校学风建设，为了促进学术成果寻求创新特色，规范文献引用，预防和纠正学术不端行为，教育部、科技部等部委制定了一系列法规条例，强调要严格实行论文查重和抽检制度。主要的法规条例有：《国家科技计划实施中科研不端行为处理办法（试行）》（2006 年）、《教育部关于严肃处理高等学校学术不端行为的通知》（2009 年）、《国务院学位委员会关于在学位授予工作中加强学术道德和学术规范建设的意见》（2010 年）、《学位论文作假行为处理办法》（2012 年）、《博士硕士学位论文抽检办法》（2014 年）[1]、《发表学术论文"五不准"》（2015 年）、《国务院办公厅关于优化学术环境的指导意见》（2015 年）、《高等学校预防与处理学术不端行为办法》（2016 年）、《关于进一步加强科研诚信建设的若干意见》(2018 年)、《关于几起高校学位论文作假行为查处情况的通报》(2020 年)、《关于进一步严格规范学位与研究生教育质量管理的若干意见》(2020 年)[2]、《国家自然科学基金项目科研不端行为调查处理办法》(2020 年)、《本科毕业论文(设计)抽检办法(试行)》(2020 年)[3]等。

三、什么情况下需要论文查重?

(一) 毕业论文/学位论文查重

本科毕业论文、博士硕士学位论文都需要进行论文查重。教育部在 2020 年再次强调：

“本科毕业论文抽检应重点对选题意义、写作安排、逻辑构建、专业能力以及学术规范等进行考察。”其中，学术规范的考察就包括对论文“进行学术不端行为检测”。[3]

“充分利用学术不端行为检测等信息技术手段”全面排查学位论文抄袭、买卖、代写等作假行为。[4]

(二) 投稿论文查重

投稿期刊也需要论文查重，大部分 C 刊(CSSCI 期刊，简称“C 刊”)的期刊社购买了查重系统的机构版，先查重再审稿；有的期刊社没有购买查重系统，需要作者自己提交论文查重的检测报告。

(三) 职称申报成果查重

已有高校实行职称申报成果查重的措施，防范职称申报中出现学术不端行为。

(四) 结项报告/报奖材料查重

国家社会科学基金项目、国家自然科学基金项目等国家级课题的申请或结项，以及国家科学技术奖等国家级奖项提名或申报，其规定越来越严格，包括对学术规范严格要求，相关申请书、结项报告、提名材料等都需要进行查重。

四、论文查重的检测依据

上文讲解了学术规范相关法规条例、学术不端行为的认定等。其中,国家新闻出版署 2019 年颁布的 CY/T 174—2019《学术出版规范 期刊学术不端行为界定》,是我国首个针对学术不端行为的行业标准。该标准起草单位是:同方知网数字出版技术股份有限公司、中国科学院科技战略咨询研究院。该标准也是知网等查重系统的检测依据,其将论文作者学术不端行为划分为八大类型(详见第十三章)。其中,学术不端行为中的剽窃包括如下[5]。

1. 观点剽窃,指“不加引注或说明地使用他人的观点,并以自己的名义发表”。

2. 数据剽窃,指“不加引注或说明地使用他人已发表文献中的数据,并以自己的名义发表”。

3. 图片和音视频剽窃,指“不加引注或说明地使用他人已发表文献中的图片和音视频,并以自己的名义发表”。

4. 研究(实验)方法剽窃,指“不加引注或说明地使用他人具有独创性的研究(实验)方法,并以自己的名义发表”。

5. 文字表述剽窃,指“不加引注地使用他人已发表文献中具有完整语义的文字表述,并以自己的名义发表”。

6. 整体剽窃,指“论文的主体或论文某一部分的主体过度引用或大量引用他人已发表文献的内容”。

7. 他人未发表成果剽窃,指“未经许可使用他人未发表的观点,具有独创性的研究(实验)方法,数据、图片等,或获得许可但不加以说明”。

其他学术不端行为中，与参考文献相关的学术不端行为包括[5]：

a）在参考文献中加入实际未参考过的文献。

b）将转引自其他文献的引文标注为直引，包括将引自译著的引文标注为引自原著。

g）经许可使用他人版权文献，却不加引注，或引用文献信息不完整。

h）经许可使用他人版权文献，却超过了允许使用的范围或目的。

第二节 查重系统分析与选择

首先要强调的是，知网曾发布公告表示，查重"只可用于机构的管理流程"，而且"从不向任何个人销售"。但知网在综合考虑学术规范管理需要和广大个人用户的实际需求之后，制定了全新的个人查重服务方案。自 2022 年 6 月 12 日起，知网开始向个人用户直接提供查重服务，即知网查重个人版，但是要记住，一定要认准知网官方网站[6]。

本节对知网、万方、维普、大雅这 4 个查重系统进行分析比较。

一、常用查重系统

查重系统很多，但并非所有查重系统都可靠，本章分析比较高校等机构用户常用的知网、万方、维普、大雅查重四大系统（截至 2022 年 6 月，请特别注意时效性，如果之后查重系统及其店铺名称、链接等有变化,以官网最新信息为准),这些查重系统的个人版,全部都是收费的。

（一）（知网）学术不端文献检测系统

（知网）学术不端文献检测系统（简称“知网查重”）,拥有高校（包括“双一流”高校）、期刊社（包括C刊）等众多机构用户。知网查重有机构版和个人版,个人版与机构版的重复率检测功能和结果相同。请认准知网个人查重服务唯一官网:

https://cx.cnki.net

知网查重不免费!知网查重个人版,1.5元/千字。检测文献包括本科论文、职称论文、投稿论文等,但注意重点是:知网查重个人版“不支持研究生学位论文查重”。

知网查重也可免费。由于研究生学位论文管理的严肃性和特殊性,以及各学校、学科的差异性,知网对于学位论文查重有特殊规定[6]:

> 鉴于研究生学位论文管理的特殊性以及各学校学科差异、办学水平、管理政策不同,知网继续通过研究生培养管理机构（研究生院）,向研究生提供学位论文免费查重服务,免费次数由原来的人均1.5次增加到人均3次。同时,拟为学校指定的内部机构提供包年不限次的服务方式,作为校内正规渠道,向研究生个人提供学位论文查重服务。

（二）万方检测系统

万方检测系统（简称“万方查重”）,拥有高校等机构用户。请认准唯一官网:

http://check.wanfangdata.com.cn/

万方查重有机构版和个人版，并且官网提供检测报告真伪验证。请注意认准官网的“官方店铺”链接：万方数据教育专营店、万方官方旗舰店。

万方查重还与一些软件商有合作，在 WPS、NoteExpress、坚果云等软件中可以直接使用万方查重。

注意：万方官网未显示万方查重有官方微信公众号！

（三）维普论文检测系统

维普论文检测系统（简称“维普查重”），拥有高校等机构用户。请认准唯一官网：

http://vpcs.cqvip.com/

维普查重有机构版和个人版，并且官网提供检测报告验真。请注意认准官网的“天猫旗舰店”链接：维普教育旗舰店。

维普官网提供“维普论文检测”官方微信公众号。

（四）（超星）大雅相似度分析

（超星）大雅相似度分析（简称“大雅查重”），拥有高校等机构用户。请认准唯一官网：

http://dsa.dayainfo.com/

大雅查重有机构版和个人版，并且官网提供检测报告真伪查询。

大雅查重在新冠肺炎疫情期间提供特殊优惠活动，使用学习通账号登录，每人享有 1 次免费检测权限（需先下载超星学习通 App）。[9]

大雅官网提供“大雅相似度分析论文检测系统”官方微信公众号。

二、查重系统的比较

（一）个人版的检测类型

1. 知网查重个人版。检测类型包括职称评审、学术研究、学术出版、毕业设计、其他。注意：知网查重个人版“不支持研究生学位论文查重”。

2. 万方查重个人版。检测类型包括一般新文献、职称论文、期刊论文、本科论文、硕博论文、高职高专论文、专著、课程作业。

3. 维普查重个人版。检测类型包括大学生版、研究生版、编辑部版、职称版。

4. 大雅查重个人版。检测类型未分类。

（二）检测比对资源

1. 知网查重。检测比对资源为知网中国学术期刊网络出版总库、中国博士学位论文全文数据库/中国优秀硕士学位论文全文数据库、中国重要会议论文全文数据库、中国重要报纸全文数据库、中国专利全文数据库、中国标准数据库、中国科技成果数据库、图书资源、优先出版文献库、学术论文联合比对库、互联网资源、英文数据库、港澳台学术文献库、互联网文档资源、CNKI 大成编客-原创作品库。[7]

2. 万方查重。检测比对资源为万方数据中国学术期刊数据库、优先出版论文数据库、中国博士学位论文全文数据库、中国优秀硕士学位论文全文数据库、中国优秀报纸全文数据库、国内外重要学术会议论文数据库、中国专利文献全文数据库、中国标准全文数据库、互联网学术资源数据库、学术网络文献数据库、特色英文文摘数据库。[8]

3. 维普查重。检测比对资源为维普中文科技期刊论文全文数据库、维普优先出版论文全文数据库、博士/硕士学位论文全文数据库、中文主要报纸全文数据库、中国主要会议论文特色数据库、中国专利特色数据库、港澳台文献资源、外文特色文献数据库、互联网数据资源/互联网文档资源、高校自建资源库、图书资源、古籍文献资源、个人自建资源库、年鉴资源、IPUB 原创作品。[9]

4. 大雅查重。检测比对资源为图书、期刊、学位论文、会议论文、报纸、网页、文档、外文等，有图书检测优势。[10]

5. 异同点。常用查重系统的检测比对资源的共同点是海量、类型多、年限长，主要有学术期刊、学位论文、会议论文、报纸、专利、标准、网页、英文资料等资源类型。各查重系统之间，检测比对资源有相同部分，也有各自的独有资源，如大雅查重有图书资源的优势。

（三）检测内容

1. 知网查重。上传全文，其中的致谢参与检测，而声明、目录、参考文献，系统会自动排除，不做查重，并根据目录和参考文献，判断文章的分段及引用情况。

2. 万方查重。上传全文，检测技术覆盖范围包括摘要、目录、正文、参考文献、致谢、附录。上传前要删除论文中一切学校、导师和个人信息。

3. 维普查重。上传全文，检测技术覆盖范围包括封面、版权声明、原创声明、中英文摘要、中英文关键词、目录、正文、参考文献、致谢，其中的封面、版权声明、原创声明、目录、参考文献、致谢，系统会自动排除，不做查重。

4. 大雅查重。上传全文，可自定义过滤，如参考文献、自引、发表年，不做查重。

（四）检测技术

1. 知网查重。检测技术为自主研发并已申请专利的自适应多阶指纹（AMLFP）特征检测技术、语义级别检测技术、SmartTextMiner知识挖掘技术、NLPE自然语言处理技术。[7]

2. 万方查重。检测技术为自主知识产权的全新相似度检测算法，基于有效的文本预处理程序识别参考文献引用。[8]

3. 维普查重。检测技术为动态语义跨域识别，以及指纹比对技术。[9]

4. 大雅查重。检测技术为多重动态指纹对比技术。[10]

（五）检测报告

1. 知网查重。检测报告包括检测文献的文字复制比例，相似片段分布图，相似文献列表。其列出检测文献中每一段相似文字的详细出处，以及每一段文字的具体位置。自动生成 4 种形式的检测报告：全文标明引文报告、简洁报告、去除自引报告和全文对照报告。

2. 万方查重。检测报告包括总体结论，即相似比；相似文献，即复制了哪些文献；相似文献片段，即复制的内容以及与原文对比。自动生成 4 种形式的检测报告如下。① 简明报告：检测结果、相似文献列表（仅列前 10 条）。② 原文标注报告：检测结果、相似文献列表（仅列前 10 条）、原文相似标注。③ 详细片段报告：详细检测结果（包括单篇最大相似比）、相似片段分布图、全部相似文献列表、相似片段详情。④ 全文比对报告：原文样式呈现，点击文档中有颜色标注的文本内容查看相似片段详情。⑤ 存档报告：检测结果、相似文献列表（仅列前 5 条）。

3. 维普查重。检测报告包括相似内容比对、相似文献汇总、引用片段出处等。自动生成 5 种形式的检测报告如下。① 原文对照报告（PDF）：检测的基本信息、原文对比详情。② 简洁报告（PDF）：检测结论，无其他详情页。③ 片段对照报告：检测结论、引用汇总、相似文献汇总，以及每一个片段的引用和相似文献名称，主要包括相似文献名称、来源、相似比和引用字数。④ 比对报告：原文的相似片段和引用片段与对比源片段的比对详情。⑤ 格式分析报告：准确检测出文章中的空格数、图片数、表格数、尾注、高频词，分析论文结构是否齐全，并且加入参考文献与关键词规范与参考示例。格式检测可帮助作者进行格式修改。

4. 大雅查重。检测报告包括相似度、相似段落、相似文献等。

从“典型相似文献”可按照文献类型查看相似图书、相似期刊论文、相似报纸、其他网络文档等。自动生成网页报告、HTML 报告、PDF 报告 3 种格式的检测报告。

（六）检测指标

1. 知网查重。检测指标包含总文字复制比、去除本人文献复制比、去除引用文献复制比、单篇最大文字复制比（包括作者本人文献）、跨语言检测结果（百分比）。根据检测指标，系统自动勾选 4 个选项（多选）：疑似剽窃观点、疑似剽窃文字表述、疑似整体剽窃、过度引用。

2. 万方查重。检测指标包含总相似比、参考文献相似比、辅助排除参考文献相似比、可能自引相似比、辅助排除可能自引相似比、单篇最大相似比。

3. 维普查重。检测指标包含总相似比、复写率、他引率、自引率、专业术语（比率）。

4. 大雅查重。检测指标为文献相似度，可自定义过滤（不做检测）：参考文献过滤、过滤文献、过滤发表年、过滤自引。

（七）检测报告颜色标注

1. 知网查重检测报告。设定绿色、黄色、橙色、红色这 4 种颜色标注，表示检测结果中的不同的文字重合情况：绿色，表示未检测到重合情况；黄色，表示检测到的重合比例在 0%—40%之间或重合文字大于 1000 字；橙色，表示检测到的重合比例在 40%—50%之间或重合文字大于 5000 字；红色，表示检测到的重合比例在 50%—100%之间或重合文字大于 10000 字。

2. 万方查重、维普查重检测报告。颜色标注的含义有所不同：黑色表示没有重复率的部分，合格；（万方）绿色、（维普）黄色，表示引用部分（包括直接引用和间接引用），合格；（万方）黄色，表示引用作者本人文献(自引)部分,适当比例则合格,过度引用则要修改;(维普)蓝色,表示专业术语(公式定理、法律条文、行业用语等),合格;红色,表示文字复制部分(非引用部分、自引部分),要修改。

➢ Tips

引用的标注,一定要注意使用规范的参考文献格式,如果引用标注不规范,则可能被误判为复制(抄袭)他人。

三、查重系统的选择

如果学校(机构)提供个人论文查重服务(不超过 3 次),那就不需要自己再去找查重系统,具体情况请自行查看学校(机构)官网。

知网、万方、维普、大雅查重都有个人版,查重系统的选择,好像不成问题。但知网查重个人版“不支持研究生学位论文查重”,而是:“知网继续通过研究生培养管理机构(研究生院),向研究生提供学位论文免费查重服务,免费次数由原来的人均 1.5 次增加到人均 3 次”。[6]因此,担心学位论文在研究生院免费查重次数不够用时,你也许要用到其他查重系统。那么,如何选择查重系统个人版呢?

(一) 查重系统三要素:权威、安全、准确

选择查重系统很重要,其重点不是免费或低价,切忌轻信免费查重或假冒的知网查重,要找权威、准确、安全的查重系统。

1. 权威。知网、万方、维普、大雅这些查重系统,是建立在自身已有各类型数据库的基础上,拥有海量的检测比对资源,并使用语义识别、指纹比对等检测技术。简单来说,“双一流”高校这类机构用户购买的查重系统(要在高校官网查证,而不是只看查重系统网站自身的介绍),是可靠的。如果一个查重系统的机构用户名单中并没有这些高校,一定要远离!

2. 安全。知网、万方、维普、大雅查重的个人版，都是自助检测，个人信息与论文内容仅本人可见，检测完成后系统自动删除论文，论文安全有保障，不用担心在查重后论文被盗用。知网查重个人版一定要认准知网查重官网，千万要避免淘宝、微信平台、搜索引擎等找到的知网查重个人版的山寨版、假冒版，检测安全才有保障。

3. 准确。拥有海量的检测比对资源，才不会得出虚假的低查重率。海量资源是查重系统准确性的基础保障。

（二）必须弃用的查重系统

网上各种查重系统良莠不齐，不仅有号称“免费”的查重系统，还有假冒知网、万方、维普、大雅的淘宝账号、微信公众号等，导致检测结果不准甚至虚假。更有甚者，某些系统会将提交查重的论文倒卖给他人，导致原作者的论文被他人抢先发表即“论文被盗”的情况。虽然论文的安全问题，也许在不规范的查重之后不会马上显现，但并不等于不会发生。

需要再三强调的是，除了高校等机构使用的四大查重系统（知网、万方、维普、大雅）之外，你其实不需要，也没必要花时间和精力去判断其他查重系统是否可靠，千万不要用那些打着“免费”幌子的查重系统。

如果不了解查重系统，一时不慎用错了查重系统，使自己的论文遭到泄露，在不知情的情况下被他人盗用，导致正式查重的时候重复率特别高，还有机会申诉吗？答案是：申诉成功的可能性很小！千万不要冒险！

（三）如何判断查重官网

最重要、最直接的方法，就是从知网、万方、维普、大雅（超星）各自的数据库总平台，分别找到这些查重系统的官方链接，认准知网、万方、维普、大雅查重的官网，以及官网给出的店铺链接或微信公众号，不要被网上太多的假冒网站、假冒账号所迷惑。知网、万方、维普、大雅查重系统都是各自独立的，如果某网站同时提供多个查重系统任由选择，则肯定是假冒的。

（四）查重率哪个准

“免费”查重、假冒知网查重不可信、不靠谱，要避雷。学位论文在学校（机构）免费查重次数不够用时，你也许还需要选择万方、维普、大雅查重的个人版。那么问题来了：如果你用的是万方（或维普、大雅）个人版查重，学校用的是知网查重，检测结果一样吗？查重率哪个准？

对查重系统的检测比对资源、检测内容、检测技术、检测报告等进行比较发现，这些查重系统都拥有海量的检测比对资源，有一些可能是相同的比对资源，但每个查重系统也都有各自独有的比对资源，这种差异导致检测结果的查重率可能也有差异。例如你摘抄的一篇论文被知网收录，维普没有收录，检测出来的查重率就是维普低于知网。以查重系统的检测比对资源中的期刊、学位论文、图书数据库这几类主要资源为例（见表 15－1），几个查重系统都各有中文期刊的独有资源。中文期刊论文数量最多的是维普，中文学位论文、中外文会议论文数量最多的是万方，中文图书、外文期刊最多的是大雅。

表 15－1　知网、万方、维普、大雅的主要资源比较

资源类型	知　网	万　方	维普	大雅（超星）
中文期刊	11000 多种（包括独家期刊） 5900 万篇论文	8000 多种（包括独家期刊） 5000 万篇论文	15000 多种 7100 万篇论文	7400 多种（包括独家期刊） 5000 万篇论文
外文期刊	7.5 万种 1.2 亿篇题录	4 万种 1.7 亿篇题录	未公开	8.1 万种

续 表

资源类型	知　网	万　方	维普	大雅(超星)
中文学位论文	530 万篇	720 万篇	未公开	未公开
中文图书	1.5 万本	未公开	未公开	400 万种
国内会议论文	260 万篇	300 万篇	未公开	未公开
国际会议论文	90 万篇	1200 万篇	未公开	未公开

由此可见，如果学校用的是知网查重，假设学校要求知网查重率 10%以下，而你用的是万方、维普、大雅个人版查重的其中一个，就要将查重率的过关设定到 5%以下，否则可能通不过学校知网查重。

注意：所谓知网"收集了全中国所有的期刊论文"，是错的！

第三节　论文查重与论文抽检

一、查重系统排查作假行为

教育部教育督导局 2020 年 8 月下发《关于几起高校学位论文作假行为查处情况的通报》(简称《通报》)，公布了 2020 年复旦大学、电子科技大学以及厦门大学和天津大学等高校的 3 起学位论文作假行为查处情况如下[4]。

1. 2020 年 1 月，复旦大学 2005 届博士毕业生王某博士学位论文存在严重抄袭，被撤销博士学位，注销博士学位证书。

2. 2020年6月，电子科技大学2007届硕士毕业生贾某林硕士学位论文存在严重抄袭，被撤销硕士学位，注销硕士学位证书。

3. 2020年7月，厦门大学2018届软件工程硕士毕业生林某硕士学位论文与同年毕业的天津大学软件工程硕士研究生刘某宸硕士学位论文高度雷同。经查证，林某、刘某宸的硕士学位论文均存在买卖、代写行为，均被撤销硕士学位，注销硕士学位证书。

我们来分析一下这3起博士硕士学位论文作假行为的查处情况。其中两篇存在严重抄袭的学位论文是十多年前的，当年还没有论文查重的制度，论文好像是侥幸通过了评审、答辩，作者毕业了，拿到了学位，但学校对学位论文作假行为采取的是终身追责，十多年后终究被查处。第3起是两位来自不同高校的硕士生同时买了同一篇他人代写的学位论文，因为学生获得学位后的学位论文，先统一由学校提交给学位论文数据库，再成为查重系统的检测比对资源，这两篇高度雷同的学位论文利用时间差，通过了查重系统的检测，成了漏网之鱼，但法网恢恢疏而不漏，两年后终究被查处。因此，一位学生曾感叹"作假的后果实在太大，就像一颗定时炸弹，不要以为毕业就万事大吉"。

针对学位论文抄袭、买卖、代写等作假行为，《通报》规定要倒查5年学位论文：

> 复核、排查近5年(2015年8月1日—2020年7月31日)授予博士、硕士学位的论文。要重点复核学位论文开题、中期考核、评阅、答辩和学位评定过程规范性，重点关注没有科研项目支撑的学位论文，充分利用学术不端行为检测等信息技术手段进行全面排查。

《通报》同时指出要认真开展警示教育：

> 鼓励学生潜心治学、刻苦钻研，告诫学生自觉恪守学术道德和学术规范，警示学生学校对学位论文抄袭、买卖、代写等作假行为将依法终身追责并通报工作单位，切勿抱有侥幸心理、因小失大。

《通报》还强调了导师的职责，导师“如指导的学位论文出现抄袭、买卖、代写等作假行为，将受到限招、停招、取消导师资格等严厉处罚”。

二、论文抽检重点考察学术规范

《本科毕业论文(设计)抽检办法(试行)》规定：“本科毕业论文抽检应重点对选题意义、写作安排、逻辑构建、专业能力以及学术规范等进行考察。”[3]《关于进一步严格规范学位与研究生教育质量管理的若干意见》(简称《若干意见》)指出：制订学位论文规范，重点是“真实体现研究生知识理论创新、综合解决实际问题的能力和水平，符合相应学科领域的学术规范和科学伦理要求。”[2] 本科毕业论文、博士硕士学位论文的抽检各有侧重。本科毕业论文抽检重点考察本科生基本学术规范和基本学术素养，博士硕士学位论文抽检重点考察研究生创新性、科研能力和学术规范，论文抽检的共同重点是学术规范。

《若干意见》指出：“论文重复率检测等仅作为检查学术不端行为的辅助手段，不得以重复率检测结果代替导师、学位论文答辩委员会、学位评定分委员会对学术水平和学术规范性的把关。”[2] 以 2020 年湖南省教育厅进行的论文抽检为例。根据教育部《博士硕士学位论文抽检办法》等相关规定，湖南省教育厅对有关学位授予单位2018—2019学年度授予学位的研究生硕士学位论文进行随机抽样检查，所有抽检论文均送往省外同行专家进行了“双盲”通讯评议。2020年11月湖南省教育厅公布2019年湖南省研究生硕士学位论文抽样检查通讯评议结果。通讯评议结果中，有32篇硕士论文被评为“不合格”，即3位通讯评议专家中有1位专家评价结论为“不合格”。有10篇硕士论文被评为“存在问题”，即3位通讯评议专家中有2位及以上专家评价结论为“不合格”或者3位专家中有1位专家评议意见为“不合格”，加送2位同行专家进行复评，而2位复评专家中有1位以上(含1位)专家评议意见为“不合格”。湖南省教育厅要求各高校制定并落实学位论文质量监控和提高质量的具体措施，严把学位授予质量关。处理如下。① 对“不合格”的32篇硕士论文，相关培养单位要对其所属学科和指导教师培养的研究生质量进行重点监控，省教育厅下一年度将继续抽检该导师指导的学位论文。② 对“存在问题”的10篇硕士论文，相关培养单位根据本单位的相关规定进行处理。对连续2年均有“存在问题学位论文”，且比例较高或篇数较多的学位授予单位，省教育厅将进行约谈。[11]

请记住：即使是侥幸通过了论文查重、专家审核、论文答辩，一旦被认定存在学位论文作假行为，将根据教育部《学位论文作假行为处理办法》及学校有关规定，取消相关人员学位申请资格或撤销其学位。

三、学位论文抽检结果处理办法

根据教育部《博士硕士学位论文抽检办法》(2014年)[1]、《本科毕业论文(设计)抽检办法(试行)》(2020年)[3]等，高校等相关机构对于学位论文抽检结果的处理，也制定了相应的规定，如某校学位论文抽检结果处理办法中，不仅要处理当事学生，对导师、学位授权点也有相应的处理措施如下[12]。

1. 导师。送审专家中有2位以上（含2位）专家评议意见为“不合格”的学位论文，将被认定为“存在问题学位论文”。对出现“存在问题学位论文”的导师，暂停其下一年度的相应招生资格，并核减其所在学院（系、所、中心）2个相应招生名额；对连续2年出现“存在问题学位论文”的导师，将暂停其相应招生资格5年，并核减其所在学院（系、所、中心）4个相应招生名额。暂停招生期间，再次指导出“存在问题学位论文”的，学校将撤销其指导教师资格，且5年内不再接受其指导教师资格申请。

2. 学位授权点。对出现“存在问题学位论文”的学位授权点，应进行限期整改。对连续3年出现“存在问题学位论文”的学科点，将依据相关程序撤销其学位点授权。

3. 学位。送审专家中有3位以上（含3位）专家评议意见为“不合格”的学位论文，报送学校学位评定委员会重新审议其学位问题。

对抽检中有评议专家指出学位论文存在作假行为，并经复评属实的，将依据《学位论文作假行为处理办法》，撤销其已获学位，将结果通报其所在单位，并向社会公布。自公布之日起，5年内学校不再接受其学位申请。

四、学位论文重合率检测结果处理办法

根据教育部《学位论文作假行为处理办法》及学校相关制度，各高校对学位论文重合率检测结果的处理，都制定了相应的规定，如某校对不同重合率结果的具体处理程序中，对学位论文的检测结果论文文字重合率在50%（含）以上者、在30%（含）至50%之间者、在10%（含）至30%之间者，经审核、认定，一般处理办法分别为：认定期间暂

缓受理学位申请、改换论文题目重新撰写论文、论文修改后延期答辩等；学位论文的检测结果论文文字重合率在5%(含)至10%之间者、在5%以下者，一般就走常规流程进行专家审核、进入答辩程序等。

对于学位论文的检测结果论文文字重合率的“合格线”，各高校可能略有差异，将重合率10%以下设为“合格线”，是比较常见的。但并不是重合率10%以上就全部“一刀切”，如某高校对可能有争议的重合率30%(含)至50%之间、10%(含)至30%之间，做出了不同情况不同处理方式的规定[13]：

学位论文的检测结果论文文字重合率在30%(含)至50%之间者，暂不能进入学位论文答辩程序，由所在培养单位将学位论文提交分委员会进行审核。

(1) 对存在作假行为的论文，提交学校专门委员会进行认定。认定期间暂缓受理学位申请；

(2) 确认论文存在不端行为，但文字经修改，能够符合学术规范，学术观点不属于抄袭、剽窃者，须在一年内进行论文修改，至少延期半年才能提出学位论文答辩申请；

(3) 确认重合文字不属于学术不端行为，应由导师或专家写出书面意见，详细说明论文不存在学术不端行为，导师、论文作者(学位申请者)、培养单位负责人、分委员会主席签字并加盖公章后交学位办，申请人方可进行论文答辩程序。

学位论文的检测结果论文文字重合率在10%(含)至30%之间者，由培养单位决定组织专家或提交分委员会对论文进行复核。

(1) 确认重合文字系学术不端，且该部分文字及观点系论文的主要组成部分者，不能进入答辩程序，由学位评定分委员会决定是否改换论文题目重新撰写论文，新写论文时间不得少于一年；

(2) 确认虽属于学术不端行为，但经修改后能达到合格学位论文要求者，须至少修改三个月后方能进入答辩程序；

(3) 确认重合文字不属于学术不端行为者，应由导师或专家(分委员会)写出书面意见，详细说明论文不存在学术不端行为，导师、论文作者(学位申请者)、培养单位负责人签字并加盖公章后交学位办，申请人方可申请进行论文答辩。

注意，要强调的是，检测结果论文文字重合率不是唯一的判断依据。知网个人查重服务官网[6]特别提到“本系统为您提供的是相关线索而非判断依据和(或)判断标准”。知网官网进一步说明[6]：

系统提供的百分比只是描述检测文献中重合文字所占的比例大小程度，并非给定特定检测文献的抄袭严重程度。系统的功能定位是提供线索的工具，帮助用户更精准、便捷地发现可能存在的抄袭剽窃、一稿多投等情况，而并不给予性质上的实质判定。是否认定为抄袭等，需要用户根据具体文献的内容及考核的侧重点和考核标准进行判定。

第四节　论文查重的通关秘籍

一、论文降重的误区

首先来分析一下同学之间悄悄流传的降低查重率(简称“降重”)的秘诀是否有效。

（一）改写

据说：连续13个字(一说13个字符)以上重复，就会被知网识别为“疑似剽窃文字表述”，用倒装、调换语序、替换字词、扩写、删减等进行改写，系统就检测不出来了。

分析：查重系统都已使用语义识别等检测技术，没有以连续多个字重复作为识别依据，系统在识别重复和引用文字时，结合上下文，判定有一定的语义级别的内容(也可能造成误判)，并不只是根据一两个字词或单独句子做判断。完整内容的重合情况，由系统根据算法综合得出，对文献内容的原样抄袭、改写、语句顺序调整、主动被动句互换等，都能自动检测和识别，并能快速定位和动态标注显示。[7]

注意：专业术语、专有名词，不要随意改写、替换，以免显得不专业或引起歧义。

（二）软件翻译

据说：用翻译软件将文字先中译英，再英译中，句子就跟原来不样了。

分析：同理，查重系统都已使用语义识别等检测技术。即使文本不同，但使用同类词、近义词等相似表述方式描述的同一概念、观点、语义；即使单个文字片段相似度不高，但从前后段落分析，行文方式、逻辑结构有相似之处，查重系统都能自动检测和识别。[9]

（三）图片法、表格

据说：将文字、表格转成图片，或将文字转为表格，系统就检测不出来了。

分析：查重系统会检测“疑似文字的图片”，系统支持表格、公式、图片格式的内容的检测。[7]

（四）引用

据说：只要按格式规范标注了引用，查重率就不用担心了。

分析：引用不等同于抄袭，超过“适当引用”的界限，即过度引用，也属于学术不端行为。[9]

（五）抄书

据说：知网查重的检测比对资源中，图书很少，系统检测不出从书上抄的文字。

分析：“机智”的小伙伴太多了，这一招早就有人用了，而这些“钻空子”的论文已经被收录到数据库作为比对资源。

（六）外文文献翻译

据说：抄中文的，查重系统能检测出来，那就抄外文的，把外文文献翻译成中文，不标注引用，直接放在自己的论文中，系统就检测不出来。

分析：查重系统有跨语言检测功能[7]。上一章提及的于某茹学术不端案例，就是将外文论文翻译后当作自己的文章发表。还有过美国知名语言学教授到中国高校讲学时发现，国内一篇硕士学位论文几乎全部翻译自他的一本 20 世纪 90 年代出版的专著。这类案例，也许逃过了当时的论文查重，但终究没有逃过学者的“火眼金睛”。而且，教育部 2000 年已经发文规定，学位论文倒查五年。[4]

（七）空格

据说：在所有字之间插入空格，将空格与字的间距调到最小，空格切断了词语，系统就检测不出来了。就是几万字的论文这么插入空格、调间距，太累了。

分析：维普查重可准确检测出文章中的空格数[9]，这个功能很容易就会被其他查重系统学到。

（八）花钱买降重

据说：花钱买降重，要买软件降重，花费较少；买人工降重，很贵。

分析：买软件降重，降重效果差；买人工降重，他人不懂你的专业，可能改得不知所云。花钱买降重，不仅可能降低论文质量，而且有“论文被盗”的风险。

看来，所谓的降重秘诀都不奏效，到底该怎么办？其实，根本不需要去盲目使用所谓降重技巧，不需要费尽心思上网搜降重秘诀，因为你搜他搜，查重系统的程序员也在搜。程序员会根据这些所谓降重秘诀，升级系统功能，及时堵住“漏洞”。我们一起来看看经过勤奋的程序员的努力，查重系统已有论文查重相关的多项获批专利，举例如下。

知网查重：《一种自动检测学术不端文献的方法及系统》（2010年）、《文本复制检测装置》（2010年）、《应用于抄袭检测的信息指纹索引方法》（2011年）、《一种PDF文档表格识别的方法》（2016年）、《一种基于OCR的漏识文字自动检测的方法》（2017年）、《一种PDF文档逻辑图识别的方法》（2017年）、《一种面向出版社异地资源联合比对的全文相似性分析方法》（2019年）、《一种基于视觉深度学习的文档信息碎片化抽取方法》（2020年）等。万方查重：《文本检测方法、装置、计算设备及计算机可读存储介质》（2018年）等。

二、论文降重的正确方式

至此，现实已经无比清晰了，严格遵守学术规范，才是论文查重的唯一通关秘籍。

（一）原创

与其沉迷降重“诀窍”，把心思浪费在“走歪路”上，不如专心写论文啊！最有效的方法就是自己写，阅读大量文献，动脑筋思考，输出自己的想法，用自己的语言表达。两个字概括：原创！在第九章中S

同学历时 3 个半月查找乐谱的案例，相关研究很少，可引用的参考文献也少，主要根据一手资料（乐谱、剧本）进行研究和写作，其学位论文就完全不用担心论文查重。

（二）适当引用

学术研究需要在前人研究的基础上进行。引用，是每篇学术论文应该具备的内容。从知网、万方、维普、大雅查重系统的检测指标和查重率构成来看，虽然引用率计入总查重率，但是都另有一个去除引用的百分比。所以，适当引用是没有问题的，不要为了降重而故意不标注引用。

知网查重的总文字复制比＝引用文献复制比＋去除引用文献复制比[7]

知网还另外列出：去除本人文献复制比、单篇最大文字复制比、跨语言检测结果（百分比），其中单篇最大文字复制比包括作者本人文献。

万方查重的总相似比＝参考文献相似比＋辅助排除参考文献相似比＝可能自引相似比＋辅助排除可能自引相似比[8]

万方还另外列出单篇最大相似比。

维普查重的全文总相似比＝复写率＋他引率＋自引率＋专业术语[9]

大雅查重可自定义过滤（不做检测）：参考文献过滤、过滤文献、过滤发表年、过滤自引。[10]

（三）合理自引

作者自己个人的文献放在学位论文、课题结项报告中是合理的，也是被允许的，但同样也要做引用标注，知网、万方、维普、大雅查重系统都在检测结果中单独列出自引率。

需要注意的是，学位论文的作者只有一个，故学位论文查重时，系统是将该学生独立发表的论文判断为自引；而课题结项报告、期刊论文就可能有合作者，系统是将作者和合作者的已发表论文判断为自引。

注意：引用＝他引＋自引。他引，指文献被除作者及合作者以外其他人的引用；自引，指文献被作者及合作者的引用（详见第十章）。

（四）格式规范

查重系统对声明、目录、参考文献等不做查重，并单独列出引用率、自引率，因此格式规范就显得尤为重要。论文写作格式、引用标注格式、参考文献格式等，都应该格式规范（详见第十四章），查重系统才能判断出声明、目录、参考文献、引用和自引，避免误判。如，为了使查重系统准确识别参考文献，要在正文后标明“参考文献”，并按照《信息与文献 参考文献著录规则》（GB/T 7714—2015）规范参考文献格式。

（五）选择可靠的查重系统

所谓的免费查重或假冒的知网查重，可能号称免费或收费价格低，但是，这些查重系统有的因为检测比对资源少，给出不合实际的低查重率；有的为收取降重费用，故意给出虚高的查重率。知网、万方、维普、大雅查重系统，是不提供所谓降重功能的，需要自己根据检测结果进行修改、降重。所以，选择查重系统，不是首选免费的、低价的，而是要首选可靠的。

（六）误判说明

如果发现检测结果存在查重系统的误判，如系统未识别专业术语、专有名词、作者本人的会议论文等情况，作者可以提交说明。

三、查重系统不是万能的

论文查重的作用，是防止学术不端，促进原创成果保护，维护学术公平。论文查重只是防止学术不端行为的辅助手段，除抄袭、剽窃等之外，“学术不端行为还包括伪造、篡改研究数据、研究结论；购买、代写、代投论文，虚构同行评议专家及评议意见；违反论文署名规范，擅自标注或虚假标注获得科技计划（专项、基金等）等资助；弄虚作假，骗取科技计划（专项、基金等）项目、科研经费以及奖励、荣誉等多种行为。以上行为都无法直接用查重检测来发现”。[6]

论文查重并不能替代学术价值的判定，文字重复率与论文的质量也没有直接关联。而且，“不能简单地用查重系统检测结果代替导师、学位论文答辩委员会、学术委员会、审稿人等同行评议对学术水平和学术规范性的把关作用”。[6]检测通过之后，还有专家审查论文，对论文结构、逻辑、文字表达等进行审查。即使答辩之后，还有每年的论文抽检。总之，撰写学位论文等学术论文，没有投机取巧的捷径，唯有树立科研诚信意识，坚守学术规范，踏踏实实、认认真真写论文和做学术。

➢ Tips

答辩通过后的学位论文，如果没有特殊情况，建议不要选择保密，正常提交给学校后，由学校统一上传到数据库。因为一旦学位论文被数据库收录、作为检查比对资源之后，他人就无法抄袭你的论文了，这其实是保护了学位论文的版权。

一些同学自行寻找查重系统时，只盯着“免费”，完全没意识到将自己的论文提交给不正规的查重系统，是暴露在不知何时会被泄露、被抄袭，甚至被转卖的风险下；等正式提交学校收藏时，却又担心正规途径会“泄露”自己的论文，选择论文“保密”，让自己的论文错失得到版权保护的机会。论文安全意识、版权意识，亟须增强啊！

参考文献

[1] 国务院学位委员会 教育部关于印发《博士硕士学位论文抽检办法》的通知[EB/OL]. (2014-01-29) [2022-06-30]. http://www.moe.gov.cn/srcsite/A22/s7065/201402/t20140212_165556.html.

[2] 国务院学位委员会 教育部《关于进一步严格规范学位与研究生教育质量管理的若干意见》[EB/OL]. (2020-09-28) [2022-06-30]. http://www.moe.gov.cn/srcsite/A22/moe_826/202009/t20200928_492182.html.

[3] 教育部关于印发《本科毕业论文(设计)抽检办法(试行)》的通知 [EB/OL]. (2020-12-24) [2022-06-30]. http://www.moe.gov.cn/srcsite/A11/s7057/202101/t20210107_509019.html.

[4] 教育部教育督导局. 关于几起高校学位论文作假行为查处情况的通报(华南理工大学转载)[EB/OL]. (2020-08-26) [2022-06-30]. http://www2.scut.edu.cn/_upload/article/files/8e/38/3faa847649e099c7f477cc01436c/a7227cac-90c7-4855-a4e4-edc96140c89d.pdf.

[5] 国家新闻出版署. 学术出版规范 期刊学术不端行为界定: CY/T 174—2019 [S/OL]. [2022-06-30]. https://hbba.sacinfo.org.cn/stdDetail/106d3905ac9d1ea10368f707ccdc33a02680eb41d12c919462e74f79e0d288a1.

[6] 中国知网. 知网个人查重服务[EB/OL]. (2022-06-12) [2022-06-30]. https://cx.cnki.net/.

[7] CNKI科研诚信管理系统研究中心[EB/OL]. [2022-06-30]. https://check.cnki.net/.

[8] 万方检测[EB/OL]. [2022-06-30]. http://check.wanfangdata.com.cn/.

[9] 维普论文检测系统[EB/OL]. [2022-06-30]. http://vpcs.cqvip.com/.

[10] 超星大雅相似度分析[EB/OL]. [2022-06-30]. http://dsa.dayainfo.com/.

[11] 湖南省教育厅. 关于公布2019年湖南省研究生硕士学位论文抽样检查通讯评议结果的通知 [EB/OL]. (2020-10-30) [2022-06-30]. http://jyt.hunan.gov.cn/jyt/sjyt/xxgk/tzgg/202011/t20201109_1024463.html.

[12] 北京大学关于学位论文抽检结果的处理办法 [EB/OL]. (2015-04-16) [2022-06-30]. http://grs.pku.edu.cn/docs/20210519133056764227.

pdf.
[13] 华东师范大学博士、硕士学位论文重合率检测结果处理办法(2015)[EB/OL]. (2015-10-20) [2022-06-30]. http://www.yjsy.ecnu.edu.cn/f8/60/c3602a63584/page.htm.

图书在版编目(CIP)数据

学术搜索 ：从入门到精通 / 郭劲赤著 .— 上海 ：上海社会科学院出版社，2022
ISBN 978 - 7 - 5520 - 3986 - 3

Ⅰ.①学… Ⅱ.①郭… Ⅲ.①网络检索 Ⅳ.①G254.92

中国版本图书馆 CIP 数据核字(2022)第 195536 号

学术搜索：从入门到精通

著　　者：郭劲赤
责任编辑：曹艾达
封面设计：周清华
出版发行：上海社会科学院出版社
上海顺昌路 622 号　邮编 200025
电话总机 021 - 63315947　销售热线 021 - 53063735
http://www.sassp.cn　E-mail：sassp@sassp.cn
排　　版：南京展望文化发展有限公司
印　　刷：上海龙腾印务有限公司
开　　本：890 毫米×1240 毫米　1/32
印　　张：14.875
插　　页：1
字　　数：370 千
版　　次：2022 年 12 月第 1 版　　2022 年 12 月第 1 次印刷

ISBN 978 - 7 - 5520 - 3986 - 3/G・1211　　定价：78.00 元